Theorie und Praxis der Freiheitsentziehungen
nach Strafverfahrens- und Polizeirecht – im Lichte
des Habeas-Corpus-Artikels des Grundgesetzes, Art. 104 GG

# Frankfurter öffentlich-rechtliche Studien

Herausgegeben von Erhard Denninger und Walter Schmidt

Band 8

Peter Lang

Frankfurt am Main · Berlin · Bern · Bruxelles · New York · Wien

Iris Hartlaub

# Theorie und Praxis der Freiheitsentziehungen nach Strafverfahrens- und Polizeirecht – im Lichte des Habeas-Corpus-Artikels des Grundgesetzes, Art. 104 GG

Peter Lang
Europäischer Verlag der Wissenschaften

Die Deutsche Bibliothek - CIP-Einheitsaufnahme

Hartlaub, Iris:

Theorie und Praxis der Freiheitsentziehungen nach Strafverfahrens- und Polizeirecht – im Lichte des Habeas-Corpus-Artikels des Grundgesetzes, Art. 104 GG / Iris Hartlaub. - Frankfurt am Main ; Berlin ; Bern ; Bruxelles ; New York ; Wien : Lang, 2000
(Frankfurter öffentlich-rechtliche Studien ; Bd. 8)
Zugl.: Frankfurt (Main), Univ., Diss., 1998
ISBN 3-631-34826-6

D 30
ISSN 0171-6697
ISBN 3-631-34826-6

Für meine Mutter und meine Großmutter

# Inhalt

# Abkürzungsverzeichnis

| | |
|---|---|
| a.A. | anderer Ansicht |
| ABl. | Amtsblatt |
| Abs. | Absatz |
| a.E. | am Ende |
| AE PolG | Alternativentwurf einheitlicher Polizeigesetze des Bundes und der Länder, vorgelegt vom „Arbeitskreis Polizeirecht" (Denninger u.a.) 1979 |
| a.F. | alte Fassung |
| AG | Amtsgericht |
| Allg. | Allgemein |
| amtl. | amtlich |
| Anm. | Anmerkung |
| AnwBl. | Anwaltsblatt |
| AöR | Archiv des öffentlichen Rechts |
| Art. | Artikel |
| ASOG | Allgemeines Gesetz zum Schutz der öffentlichen Sicherheit und Ordnung - Berlin- v. 14.4.1992 (GVBl. S. 119), geändert durch Gesetz v. 19.7.1994 (GVBl. S. 241) |
| AsylVfG | Gesetz über das Asylverfahren |
| Aufl. | Auflage |
| Bay LT Dr. | Bayerischer Landtag Drucksachen |
| BayVBl. | Bayerische Verwaltungsblätter |
| BayObLG | Bayerisches Oberstes Landgericht |
| BayObLGZ | Amtliche Sammlungen von Entscheidungen des BayObLG in Zivilsachen |
| bayPAG | Bayerisches Polizeiaufgabengesetz v. 14.9.1990 (BayRS 2021-1-1-I) |
| BayRS | Bereinigte Sammlung des Bayerischen Landesrechts |
| BayVerf | Verfassung von Bayern |
| BayVerfGH | Bayerischer Verfassungsgerichtshof |

| | |
|---|---|
| BayVGH | Bayerischer Verwaltungsgerichtshof |
| Bd. | Band |
| bdgPolG | Gesetz über die Aufgaben und Befugnisse der Polizei im Land Brandenburg v. 19.3.1996 (GVBl. I S. 74) |
| BdgVerf | Verfassung von Brandenburg |
| Begr. | Begründung |
| Ber. | Berichtigung |
| BesVerwR | Besonderes Verwaltungsrecht |
| BGB | Bürgerliches Gesetzbuch |
| BGBl. | Bundesgesetzblatt |
| BGH | Bundesgerichtshof |
| BGHSt (Z) | Amtliche Sammlungen von Entscheidungen des BGH in Strafsachen (Zivilsachen) |
| Bl. | Blatt |
| BRD | Bundesrepublik Deutschland |
| Brem. | Bremen |
| bremPolG | Polizeigesetz von Bremen v. 21.3.1983 (Brem. Gbl. S. 141, S. 301), zuletzt geändert durch Gesetz v. 3.5.1994 (Brem. Gbl. S. 123) |
| BSHG | Bundessozialhilfegesetz |
| BT Dr. | Bundestag-Drucksachen |
| BT Prot. | Bundestag-Protokolle |
| BVerfG | Bundesverfassungsgericht |
| BVerfGE | Amtliche Sammlung der Entscheidungen des Bundesverfassungsgerichts |
| BVerwG | Bundesverwaltungsgericht |
| BVerwGE | Amtliche Sammlung der Entscheidungen des BVerwG |
| bwDVOPolG | Verordnung des Innenministeriums von Baden-Württemberg zur Durchführung des Polizeigesetzes (Baden-Württemberg), Stand 16.9.1994 (Gbl. S. 567) |
| bwPolG | Baden-Württembergisches Polizeigesetz i.d.F. v. 13.1.1992 (Gbl. S. 1; Ber. S. 596 und 1993 S. 155), geändert durch Gesetz vom 7.2.1994 (Gbl. S. 73) |
| BWVerf | Verfassung von Baden-Württemberg |

| | |
|---|---|
| bzw. | beziehungsweise |
| ca. | circa |
| CDU | Christlich-Demokratische Union |
| CSU | Christlich-Soziale Union |
| d. | der |
| ders. | derselbe |
| d.h. | das heißt |
| DKStPO | Strafprozeßordnung von Dänemark |
| DM | Deutsche Mark |
| DÖV | Die öffentliche Verwaltung |
| DPolBl. | Deutsches Polizeiblatt |
| Dr. | Doktor |
| DR | Decisions and Reports |
| DRZ | Deutsche Rechts-Zeitschrift, Tübingen (1.1946 - 5.1950); später mit der Süddeutschen Juristenzeitung vereinigt zu: Juristenzeitung |
| DRiZ | Deutsche Richterzeitung |
| dt. | deutsch |
| DVBl. | Deutsches Verwaltungsblatt |
| E. | Entscheidungen |
| EGMR | Europäischer Gerichtshof für Menschenrechte |
| Einf. | Einfügung |
| EMRK | Europäische Konvention zum Schutz der Menschenrechte und Grundfreiheiten vom 4.11.1950 |
| etc. | etcetera |
| EUGRZ | Europäische Grundrechte - Zeitschrift |
| f. | folgende Seite |
| f. | für |
| ff. | fortfolgende Seiten |
| FamRZ | Zeitung für Familienrecht |
| FAZ | Frankfurter Allgemeine Zeitung |
| FEntzG | (Bundes-) Gesetz über das gerichtliche Verfahren bei Freiheitsentziehungen v. 29.6.1956 (BGBl. I S. 599) |
| Ffm | Frankfurt am Main |
| FfO | Frankfurt an der Oder |

| | |
|---|---|
| FGG | Gesetz über die Angelegenheiten der freiwilligen Gerichtsbarkeit v. 17.5.1898 i.d.F. der Bekanntmachung v. 20.5.1898 (RGBl. S. 771- BGBl. III 315 - 1), zuletzt geändert durch Gesetz v. 6.6.1995 (BGBl. I S. 778) |
| FGO | Finanzgerichtsordnung |
| Fn. | Fußnote |
| FS f. | Festschrift für |
| GA | Goltdammers Archiv für Strafrecht |
| Gbl. | Gesetzblatt |
| Ges. jur. Schriften | Gesammelte juristische Schriften |
| GeschlKrG | Gesetz zur Bekämpfung der Geschlechtskrankheiten v. 23.7.1953 (BGBl. I S. 700) |
| GG | Grundgesetz für die Bundesrepublik Deutschland v. 23.5.1949 (BGBl. III - 100-1), zuletzt geändert durch Gesetz v. 3.11.1995, BGBl. I S.1942) |
| GVBl. | Gesetz- und Verordnungsblatt |
| GVG | Gerichtsverfassungsgesetz i.d.F. der Bekanntmachung v. 9. Mai 1975 (BGBl. I S. 1077), zuletzt geändert durch Gesetz v. 19.7.1996 (BGBl. I 1014) |
| GWB | Gesetz gegen Wettbewerbsbeschränkungen i.d.F.v. 20.2.1990 (BGBl. I 235) |
| HandwO | Handwerksordnung |
| Hbs. | Halbsatz |
| HessJMBl. | Hessisches Justizministerialblatt |
| HChE | Entwurf über den Verfassungskonvent am Herrenchiemsee |
| hmbSOG | Hamburger Gesetz zum Schutz der öffentlichen Sicherheit und Ordnung (SOG), v. 14.3.1966 (GVBl. S. 77), zuletzt geändert durch Gesetz v. 1.7.1993 (GVBl. S. 149) |
| HmbDatenPolG | Hamburgisches Gesetz über die Datenverarbeitung der Polizei |
| Hrsg. | Herausgeber |

| | |
|---|---|
| HSOG | Hessisches Gesetz über die öffentliche Sicherheit und Ordnung i.d.F. der Bekanntmachung vom 31.3.1994 (GVBl. I S. 174) |
| i.d.F. | in der Fassung |
| insb. | insbesondere |
| i.S. | im Sinne |
| i.V.m. | in Verbindung mit |
| Jb. | Jahrband |
| JöR | Jahrbuch für öffentliches Recht |
| JR | Juristische Rundschau |
| jur. | juristisch |
| Jura | Juristische Ausbildung |
| JuS | Juristische Schulung |
| JVA | Justizvollzugsanstalt |
| Kap. | Kapitel |
| KFZ | Kraftfahrzeug |
| KG | Kammergericht |
| KOM | Kommission |
| Kom E | Entwurf der Kommission der Europäischen Union |
| LCIC | Luxemburger Strafprozeßordnung |
| LG | Landgericht |
| LPD | Landespolizeidirektion |
| LSAVerf | Verfassung von Sachsen-Anhalt |
| max. | maximal |
| m. abl. Anm. v. | mit ablehnender Anmerkung von |
| m. Anm. v. | mit Anmerkung von |
| MDR | Monatsschrift für Deutsches Recht |
| ME | Musterentwurf eines einheitlichen Polizeigesetzes, Gerd Heise/ Reinhard Riegel, 2. Aufl. 1987 |
| MRK | Allgemeine Erklärung der Menschenrechte in der Generalversammlung der Vereinten Nationen am 10. Dezember 1948 beschlossenen Fassung |
| m.w.N. | mit weiteren Nachweisen |
| Nds. | Niedersachsen |
| NdsRpfl. | Niedersächsischer Rechtspfleger |
| n.F. | neue Fassung |

| | |
|---|---|
| NGefAG | Niedersächsisches Gefahrenabwehrgesetz i.d.F. v. 13.4.1994 (Nds. GVBl. S. 172) geändert durch Artikel I des Gesetzes vom 20. Mai 1996 (Nds. GVBl. S. 230) |
| NJW | Neue Juristische Wochenschrift |
| NPA | Neues Polizeiarchiv |
| NLSV | Niederländische Strafprozeßverordnung |
| Nr. | Nummer |
| NS | Nationalsozialistisch |
| NStPO | Norwegische Strafprozeßordnung |
| NStZ | Neue Zeitschrift für Strafrecht |
| NVwZ | Neue Zeitschrift für Verwaltungsrecht |
| NVwZ-RR | Neue Zeitschrift für Verwaltungsrecht - Rechtsprechungsreport |
| NW | Nordrhein-Westfalen |
| öff. | öffentlich |
| ÖStPO | Strafprozeßordnung von Österreich |
| OLG | Oberlandesgericht |
| OLGSt | Amtliche Sammlung von Entscheidungen der OLGe in Strafsachen |
| OVG | Oberverwaltungsgericht |
| OVGE | Amtliche Sammlung der Entscheidungen der OVGe Lüneburg und Münster |
| OWiG | Ordnungswidrigkeitengesetz i.d.F. der Bekanntmachung v. 19.2.1987 (BGBl. I S. 602), zuletzt geändert am 28.10.1994 (BGBl. I 3186) |
| PGO | Polizeigewahrsamsordnung |
| PGO Bdg. | Polizeigewahrsamsordnung von Brandenburg vom 5.4.1995 |
| PGO Bremen | Polizeigewahrsamsordnung von Bremen vom 15.12.1989 |
| PGO Hess. | Polizeigewahrsamsordnung von Hessen vom 17.1.1991 |
| PGO MV | Polizeigewahrsamsordnung von Mecklenburg-Vorpommern vom 9.3.1994 |
| PGO Nds. | Polizeigewahrsamsordnung von Niedersachsen vom 17.1.1974 in der Fassung vom 30.6.1985 |

| | |
|---|---|
| PGO NW | Polizeigewahrsamsordnung von Nordrhein-Westfalen vom 27.7.1979 |
| PGO SchlHol | Polizeigewahrsamsordnung von Schleswig-Holstein vom 29.11.1982 |
| PGO LSA | Polizeigewahrsamsordnung von Sachsen-Anhalt vom 27.3.1995 |
| PKW | Personenkraftwagen |
| PolG NW | Polizeigesetz des Landes Nordrhein-Westfalen i.d.F. der Bekanntmachung v. 24.2.1990 (GVBl. NW. S. 70; Ber. S. 580), geändert durch Gesetz v. 24.11.1992 (GVBl. NW. S. 446) |
| Preuß. Polizeirecht | Preußisches Polizeirecht |
| Prot. | Protokolle |
| R. | Recht |
| Rec. | Recueil des Cours, Académie de Droit International |
| RGBl. | Reichsgesetzblatt |
| RGRK | Das Bürgerliche Gesetzbuch: mit besonderer Berücksichtigung der Rechtsprechung der Reichsgerichte und des Bundesgerichtshofs; Kommentar, hrsg. v. den Reichsgerichtsräten und Bundesrichtern, 10./11.Aufl., Berlin 1962 |
| rhpfPOG | Polizei- und Ordnungsbehördengesetz Rheinland-Pfalz i.d.F. der Bekanntmachung vom 9.7.1993 (GVBl. S. 407) |
| RiStBV | Richtlinien für das Strafverfahren und das Bußgeldverfahren in der ab 1.2.1997 (bundeseinheitlich) geltenden Fassung |
| RiZ (R) | Richterzeitung - Rechtsprechung |
| RMdI | Reichsminister des Inneren |
| Rpfleger | Der Deutsche Rechtspfleger |
| Rz. | Randzeichen |
| S. | Seite |
| SaarlPolG | Gesetz Nr. 1252 zur Neuordnung des Saarländischen Polizeirechts v. 8.11.1989 (ABl. S. 1750), geändert durch Gesetz v. 26.1.1994 (ABl. S. 509), Artikel 1 - Saarländisches Polizeigesetz, geändert durch |

| | |
|---|---|
| | Gesetz v. 15.7.1992 (ABl. S. 838) |
| SächsPolG | Polizeigesetz des Freistaates Sachsen i.d.F. der Bekanntmachung v. 15.8.1994 (GVBl. S. 1541), zuletzt geändert am 14.5.1996 |
| SächsGVBl. | Sächsisches Gesetz- und Verordnungsblatt |
| SächsVerf | Verfassung von Sachsen |
| SächsVerfGH | Verfassungsgerichtshof des Landes Sachsen |
| schlhLVwG | Allgemeines Landesverwaltungsgesetz für das Land Schleswig-Holstein i.d.F. der Bekanntmachung v. 2.6.1992 (GVBl. S. 243; Ber. S. 534), zuletzt geändert durch Gesetz v. 12.12.1995 (GVBl. S. 484) |
| SGG | Sozialgerichtsgesetz |
| SJZ | Süddeutsche Juristen-Zeitung |
| sog. | sogenanntes |
| SOG LSA | Gesetz über die öffentliche Sicherheit und Ordnung von Sachsen-Anhalt, v. 19.12.1991 (GVBl. LSA S. 538; Ber. 1994 S. 539) zuletzt geändert durch Gesetz vom 9.8.1995 (GVBl. LSA S. 238) |
| SOG MV | Gesetz über die öffentliche Sicherheit und Ordnung in Mecklenburg-Vorpommern v. 4.8.1992 (GVBl. S. 498) |
| SPD | Sozialdemokratische Partei Deutschlands |
| SPG | Spanische Strafprozeßordnung |
| Std. | Stunde |
| StGB | Strafgesetzbuch |
| StPO | Strafprozeßordnung |
| st. Rspr. | ständige Rechtsprechung |
| StV | Strafverteidiger - Zeitschrift |
| StVollzG | Strafvollzugsgesetz |
| SZ | Süddeutsche Zeitung |
| thürPAG | Thüringer Gesetz über die Aufgaben und Befugnisse der Polizei v. 4.6.1992 (GVBl. S. 199) |
| ThürVerf | Verfassung von Thüringen |
| TierSG | Tierseuchengesetz |
| u. | und |
| u.a. | unter anderem |
| U-Haft | Untersuchungshaft |

| | |
|---|---|
| UN Doc. | United Nations Document |
| Urt. | Urteil |
| u.U. | unter Umständen |
| UVollzO | Untersuchungshaftvollzugsordnung |
| v. | von |
| Vf. | Verfahren |
| Verf. f. d. | Verfassung für das |
| VersammlG | Versammlungsgesetz |
| VerwArch. | Verwaltungsarchiv |
| VerwR | Verwaltungsrecht |
| VerwRspr. | Verwaltungsrechtsprechung |
| VG | Verwaltungsgericht |
| VGH | Verwaltungsgerichtshof |
| vgl. | vergleiche |
| Vol. | Volume |
| Vorbem. | Vorbemerkung |
| VwGO | Verwaltungsgerichtsordnung i.d.F. der Bekanntmachung v. 31. März 1991 (BGBl. I S. 686), zuletzt geändert durch Gesetz v. 1.11.1996 (BGBl. I S. 1626) |
| VwVfG | Verwaltungsverfahrensgesetz v. 25. Mai 1976 (BGBl. I S. 125), zuletzt geändert durch Gesetz v. 12.9.1996 (BGBl. I S. 1354) |
| Wahlp. | Wahlperiode |
| WaffG | Waffengesetz i.d.F. der Bekanntmachung v. 8.3.1976 (BGBl. I, S. 1695) |
| WHG | Wasserhaushalts-Gesetz i.d.F. der Bekanntmachung v. 8.3.1996 (BGBl. I S. 1695) |
| ZaöRV | Zeitschrift für Ausländisches Recht und Völkerrecht |
| z.B. | zum Beispiel |
| ZfStrVo | Zeitschrift für Strafvollzug und Straffälligenhilfe |
| Ziff. | Ziffer |
| ZRP | Zeitschrift für Rechtspolitik |
| ZStrW | Zeitschrift für die gesamte Strafrechtswissenschaft |
| ZZP | Zeitschrift für Zivilprozeß |

# Vorwort

Die vorliegende Arbeit wurde im wesentlichen im März 1998 abgeschlossen und im November 1998 vom Fachbereich Rechtswissenschaften der Universität Frankfurt/M. als Dissertation angenommen. Gesetzgebung, Rechtsprechung und Literatur wurden bis einschließlich Juni 1998 eingearbeitet. Die Arbeit von Christian Stoermer (Der polizeiliche Gewahrsam unter besonderer Berücksichtigung des Unterbindungsgewahrsams, Berlin 1998) konnte bei Drucklegung nicht mehr berücksichtigt werden. Herzlich danken möchte ich meinem Lehrer, Herrn Prof. Dr. Erhard Denninger. Er hat mein Interesse an diesem Thema geweckt und mich beim Schreiben mit Rat und Anregungen unterstützt. Mein Dank gilt auch Herrn Prof. Dr. Georg Hermes, der das Zweitgutachten erstellt hat. Für die stetige und unermüdliche Bereitschaft zur Recherche der benötigten Fachliteratur möchte ich mich besonders bei Frau Raber, Frau Hörl, Frau Pabst, Frau Pelka, Frau Guntrun und Frau Clasen der Bibliothek des Bundeskriminalamtes in Wiesbaden bedanken. Für die Beantwortung der Fragebögen sowie ihre jederzeit bereitwillig gewährte Informationshilfe danke ich allen an der empirischen Erhebung beteiligten Mitarbeitern des Polizeivollzugsdienstes und Amtsrichtern. Mein besonderer Dank gilt hierbei den Innenministerien der Länder Thüringen, Berlin, Schleswig-Holstein und des Saarlandes, die sich um die Beschaffung des Datenmaterials vornehmlich bemühten. Für die freundliche Gestattung eines Interviews danke ich der Amtsgerichtspräsidentin in Wiesbaden.

Frankfurt/ Main, im November 1998 — Iris Hartlaub

# Gegenstand und Gang der Untersuchung

Die ausführliche, auch das Verfahren miteinbeziehende Regelung der staatlichen Machtbefugnisse bei Freiheitsentziehungen ist ein rechtsstaatliches Anliegen mit langer Geschichte. Der sog. Habeas-Corpus-Gedanke fand seinen ersten rechtlich formulierten Niederschlag in Art. 39 der Magna Charta Libertatum von 1215. Seine jeweilige Bedeutung und Ausgestaltung änderte sich im Laufe der Jahrhunderte. Nach den schrecklichen Erfahrungen aus der NS-Zeit hat es der Parlamentarische Rat für erforderlich gehalten, über § 138 Paulskirchenverfassung und Art. 114 WRV hinausgehende Voraussetzungen einer Freiheitsentziehung detailliert zu regeln. Art. 104 GG, der die Rechtsgarantien bei Freiheitsentziehungen enthält, gehört nach der Rechtsprechung des Bundesverfassungsgerichts zu den „fundamentalen Freiheitsrechten" (BVerfGE 65, 317, 322) und ist wesentlicher Bestandteil der Grundrechtsnormen. Seine Bedeutung und Ausgestaltung im deutschen Rechtssystem ist Gegenstand dieser Arbeit, wobei sich der Schwerpunkt der Untersuchung auf Freiheitsentziehungen im Bereich des allgemeinen Polizeirechts bezieht. Unberücksichtigt bleiben u.a. die Freiheitsentziehungen nach den jeweiligen landesrechtlichen Regelungen für die Unterbringung Geisteskranker und Alkoholsüchtiger sowie nach dem Bundesseuchengesetz oder im Bereich des Ausländerrechts. Auf Freiheitsentziehungen im Bereich der Strafverfolgung wird im Rahmen der Erörterungen zu Art. 104 Abs. 3 GG, der Untersuchung der zulässigen Höchstdauer von freiheitsentziehenden Maßnahmen sowie des Rechtsschutzsystems eingegangen.

Die Arbeit will die in Art. 104 GG normierten verfassungsrechtlichen Voraussetzungen und Gewährleistungen aufzeigen und erörtern, sowie einen Einblick geben, wie diese Rechtsgarantien bei Freiheitsentziehungen in der polizeilichen und amtsgerichtlichen Praxis „umgesetzt" werden. Hierzu wurde eine bundesweite empirische Erhebung bei Polizeibehörden und Amtsgerichten durchgeführt. Dem Anspruch eines „Einblicks" in die polizeiliche und amtsgerichtliche Praxis ist bereits zu entnehmen, daß sich die Umfrage nicht als eine vollständige soziologische Untersuchung hierzu verstanden wissen will. Eine Zusammenfassung und Darstellung der Ergebnisse dieser empirischen Erhebung erfolgt bereits zu Beginn der Arbeit, um so in den sich anschließenden Kapiteln, die sich mit den dogmatischen Einzelheiten zu Art. 104 GG befassen, eine Bezugnahme auf die gesammelten Daten und Angaben der Praktiker zu ermöglichen. Die eingehende

Würdigung und Auswertung dieser Umfrage findet dann im Rahmen der jeweils zu untersuchenden Schwerpunktbereiche zu Art. 104 GG statt.

Die Arbeit gliedert sich in fünf Abschnitte. Zum Verständnis der Bedeutung der in Art. 104 GG normierten Rechtsgarantien befaßt sich der erste Abschnitt mit der Entstehungsgeschichte der „deutschen Magna Charta“. Der Diskussion des Parlamentarischen Rates sind hierbei wichtige Anhaltspunkte zum Verständnis der in Art. 104 GG normierten Regelungen zu entnehmen.

In dem zweiten Abschnitt der Arbeit werden die Ergebnisse der bundesweiten empirischen Erhebung bei Polizeibehörden und Amtsgerichten dargestellt. Für jeden dieser Bereiche wird zunächst kurz die Zielvorstellung und die Durchführung der Umfrage erläutert. Im Anschluß daran werden die gewonnenen Daten und Angaben aufgeführt und in einer „ersten Stellungnahme“ analysiert.

Der dritte Abschnitt befaßt sich mit den einzelnen tatbestandlichen Voraussetzungen des Art. 104 GG. Zunächst wird die nach Art. 104 GG notwendige Differenzierung zwischen „Freiheitsbeschränkung“ und „Freiheitsentziehung“ getroffen. Im Anschluß daran werden die Bedeutung der Richterzuständigkeit, die verfassungsrechtlichen Anforderungen an die richterliche Entscheidung sowie das Verfahren bei Freiheitsentziehungen durch den Richter erörtert. Die verfassungsrechtlich gebotene mündliche Anhörung des Betroffenen wird hierbei besonders ausführlich behandelt. Bei der sich anschließenden Untersuchung der Voraussetzungen der vorläufigen Freiheitsentziehung durch die Exekutive interessieren insbesondere die verfassungsrechtlichen Anforderungen an die „unverzügliche“ Herbeiführung der richterlichen Entscheidung, wie sie in Art. 104 Abs. 2 S.2 GG vorgesehen ist.

Mit den einzelnen Modalitäten einer Freiheitsentziehung befaßt sich der vierte Abschnitt der Arbeit. Schwerpunkt des ersten Teils dieses Abschnitts ist die Prüfung der Verfassungsmäßigkeit eines bis zu 14 Tagen andauernden, richterlich angeordneten Polizeigewahrsams. Anlaß hierzu war die Novellierung des Sächsischen Polizeigesetzes im Jahre 1994, die für sämtliche in § 22 SächsPolG vorgesehenen Varianten der Ingewahrsamnahme eine Höchstfrist von 14 Tagen für den richterlich angeordneten Polizeigewahrsam vorsah. Besondere Berücksichtigung bei der Untersuchung findet das Urteil des Sächsischen Verfassungsgerichtshofs v. 14.5.1996 (Vf. 44-II-94). Auf Antrag von 41 Mitgliedern des Sächsischen Landtags entschied der Verfassungsgerichtshof in dem Verfahren der abstrakten Normenkontrolle, daß die Anwendung der Höchstfristregelung für den Polizeigewahrsam zur Feststellung der Identität, zum Schutz der Person und zur Durchsetzung eines Platzverweises verfassungswidrig ist.

Im Rahmen dieser Untersuchung wird zudem die Fristenregelung des Art. 5 der Europäischen Menschenrechtskonvention berücksichtigt. Von den weiteren rechtlichen Problemen, die sich im Hinblick auf die Regelungen der EMRK bei einzelnen polizeigesetzlichen Regelungen ergeben (vgl. z.B. Art. 5 Abs.1 lit. b: Freiheitsentziehung „....zur Erzwingung der Erfüllung einer durch das Gesetz vorgeschriebenen Verpflichtung" - und der Frage der Anforderungen an eine „konkrete gesetzliche Pflicht"), wird der Frage nachgegangen, ob eine polizeigesetzliche Ingewahrsamnahme zur Verhinderung von Ordnungswidrigkeiten mit erheblicher Bedeutung für die Allgemeinheit, wie sie in der überwiegenden Anzahl der Polizeigesetze geregelt ist, gegen Art. 5 Abs. 1 S. 2 lit. c EMRK verstößt.

Im Anschluß daran wird die Durchführung polizeilicher Ingewahrsamnahmen auf dem Gebiet der Gefahrenabwehr untersucht. Neben den Einzelheiten zur verfassungskonformen Behandlung festgehaltener Personen, also z.B. ihrer Belehrung, soll anhand einzelner Eingriffsregelungen untersucht werden, ob die in den Gewahrsamsordnungen der Länder vorgeschriebenen Ge- und Verbote mit den Grundsätzen des Rechtsstaates vereinbar sind. Diese Untersuchung kann aufgrund der Vielzahl der Regelungen in den Gewahrsamsordnungen lediglich einen Überblick verschaffen.

Der letzte Abschnitt der Arbeit beschäftigt sich mit dem Rechtsschutz bei freiheitsentziehenden Maßnahmen. Das Rechtsschutzsystem ist sowohl im Bereich des Strafverfahrensrechts als auch der Gefahrenabwehr unübersichtlich und verworren gestaltet. Behandelt werden die Rechtsschutzmöglichkeiten, die der Betroffene auf dem Gebiet des Strafverfahrensrechts und des allgemeinen Polizeirechts gegen jeweils richterlich und polizeibehördlich angeordnete Zwangsmaßnahmen hat. Hierbei wird unterschieden, ob die freiheitsentziehenden Maßnahmen noch andauern oder sich beispielsweise durch Vollzug erledigt haben. Im zuletzt genannten Fall stellt sich die Frage nach den Möglichkeiten eines nachträglichen Rechtsschutzes. Darüber hinaus wird das Gebot einer nachträglichen richterlichen Entscheidung bei polizeigesetzlich angeordneten Freiheitsentziehungen erörtert, bei denen wegen ihrer „Kurzfristigkeit" von der Herbeiführung einer richterlichen Entscheidung abgesehen wurde. Das Ergebnis dieser Untersuchung wird abschließend kritisch gewürdigt.

# 1. Kapitel: Historischer Überblick zur Entstehungsgeschichte des Art. 104 GG als Habeas-Corpus- Artikel[1] des Grundgesetzes

## A. Zur Herkunft des Habeas-Corpus-Gedankens

„Habeas-corpus"[2] waren die Anfangsworte altertümlicher Gerichtsbefehle im angelsächsischen Recht. Spätestens seit der englischen Parlamentsakte von 1679 werden unter den Begriff „habeas-corpus" die ausführlichen, auch das Verfahren mit einbeziehenden, justiziellen Garantien bei Freiheitsentziehungen zusammengefaßt.[3]

Der Habeas-Corpus-Gedanke ist im Grundgesetz in Art. 104 normiert: Die Freiheit der Person darf nur aufgrund eines förmlichen Gesetzes beschränkt werden; die Freiheitsentziehung bedarf der vorherigen richterlichen Anordnung.

Die Freiheit der Person mittels rechtlicher Regelungen gegen willkürliche Zugriffe hoheitlicher Gewalt zu schützen, hat eine lange Tradition.

### *I. Magna Charta Libertatum von 1215*

Der Habeas-Corpus-Gedanke fand einen ersten Niederschlag in Art. 39 der *Magna Charta Libertatum* von 1215: „ Kein freier Mann soll ergriffen, gefangen gelegt, aus seinem Besitz vertrieben, heimatlos gemacht, geächtet oder auf andere Weise zugrunde gerichtet werden, und wir werden gegen ihn nicht vorgehen, noch ihn verhaften lassen, außer durch rechtmäßiges Urteil seiner Standesgenossen oder nach Landesrecht".[4] Doch handelte es sich hierbei nur um die Beschränkung von Herrschaftsverhältnissen, nicht aber um deren grundrechtliche Ausgestaltung. Denn die Magna Charta Libertatum verstand sich nicht als Gesetzesrecht, sondern als Vertragsrecht. Im Rahmen dieser Vereinbarung handelte es sich um ein Privileg und nicht um die Statuierung eines allgemeinen Rechtssatzes.[5]

---

1 Hamann/Lenz, GG, Art. 104 Anm. A 1.

2 Aus dem Lateinischen: „Du habest den Körper".

3 Vgl. Azzola-AK-GG, Art. 104 Rz. 1.

4 Textauszug bei Heidelmeyer, Die Menschenrechte, S. 47 f.; ausführlich zur Geschichte des Habeas-Corpus-Gedankens Riedel EuGRZ 1980, 192 ff.

5 Vgl. Faith Thompson, Magna Charta. Its Role In The Making Of The English Constitution 1300-1629, S. 10 f.

## *II. Petition of Rights von 1628*

Im 17. Jahrhundert im Verlaufe von Verfassungskämpfen zwischen Parlament und Common Law-Richterschaft einerseits, gegen die Stuart-Könige und ihre Gefolgsleute andererseits, kam es dann zu einer separaten Habeas-Corpus-Garantie.[6] In der *Petition of Rights* von 1628 stimmte Karl I. nach heftigem Widerstand auch einer Bestimmung zu, wonach „niemand verhaftet oder auf andere Weise belästigt oder beunruhigt werden soll bezüglich solcher Anforderungen oder hinsichtlich der Verweigerung derselben".[7] Doch blieb diese mühsam dem König abgerungene Formel während der parlamentslosen Ära ein Stück Papier, da die königlichen Sondergerichte weiterhin willkürliche Festnahmen unter schlichter Berufung auf den Willen des Königs vornahmen.[8]

## *III. Habeas-Corpus-Akte von 1679*

Die *Habeas-Corpus-Akte* war ein grundlegendes englisches Gesetz von 1679 zum Schutz der Freiheit, wonach niemand ohne richterliche Überprüfung und Anordnung in Haft genommen und in Haft gehalten werden durfte; außerdem wurde das Haftverfahren definiert.[9] „Habeas-Corpus" – ein Gerichtsbefehl oder -erlaß – richtete sich an den Gefängnisdirektor, in dessen Haftanstalt sich der betreffende Antragsteller befand, und verlangte die sofortige gerichtliche Vorführung des Häftlings zur Überprüfung der Rechtmäßigkeit der Haft.[10] Ferner gebot der Gerichtsbefehl, daß der Tag der Verhaftung sowie der Grund der Festnahme und Inhaftierung angegeben wurde. Eine befristete Aufhebung der Garantien war nur bei Gefährdung der öffentlichen Sicherheit durch Parlamentsbeschluß möglich.[11]

Mit den anderen genannten englischen Gesetzen gehörte die Habeas-Corpus-Akte zu den Vorläufern der Virginia Bill of Rights (1776) und der Déclaration des droits de l'homme et du citoyen (1789). Obwohl der verbürgte Schutz zunächst weder für alle Bürger, noch lückenlos galt, stellte die Habeas-Corpus-Akte

6 Vgl. Faith Thompson, Magna Charta. Its Role In The Making Of The English Constitution 1300-1629, S. 296 ff.

7 Vgl. Petition of Rights, Ziffer 8 i.V.m. Ziffer 5 in: Mayer, Die Verfassungen Europas, S. 234.

8 Vgl. Commentaries on the Law of England, Bd. 3, S. 131; ausführlich hierzu Riedel, Kontrolle der Verwaltung im englischen Rechtssystem, S. 58-61.

9 Vgl. Riedel EuGRZ 1980, 192 f.

10 Vgl. den englischen Gerichtsbefehl aus dem 17. Jahrhundert in: Riedel EuGRZ 1980, 192.

11 Vgl. Riedel EuGRZ 1980, 193.

einen wichtigen Schritt auf dem Weg zu den verfassungsmäßig garantierten Grundrechten dar.

## B. Die Ausgestaltung des Habeas-Corpus-Gedankens in den deutschen Verfassungen zwischen 1818 und 1914

### *I. Der Habeas-Corpus-Gedanke in den süddeutschen Landesverfassungen (1818-1820)*

Die süddeutschen Landesverfassungen[12] enthielten einen Katalog von Grundrechten, die die Stellung der bürgerlichen Gesellschaft im Staat verfassungsmäßig abschirmten. Die Grundrechtsgarantien waren in dieser Epoche ein Stück der großen Staats- und Sozialreform.[13] An der Spitze der Freiheitsgarantien stand die Gewährleistung der Freiheit der Person.[14] Diese Sicherungen wirkten sich vor allem als Schutz gegen willkürliche Verhaftungen und Verfolgungen aus. Nur unter den gesetzlich bestimmten Voraussetzungen durfte der Einzelne verhaftet werden.[15] So lautete § 15 der Verfassungsurkunde für das Großherzogtum Baden vom 22.8.1818[16].: „Niemand darf in Kriminalsachen einem ordentlichen Richter entzogen werden. Niemand kann anders als in der gesetzlichen Form verhaftet werden und länger als zweimal 24 Stunden im Gefängnis festgehalten werden, ohne über den Grund seiner Verhaftung vernommen zu sein". Ähnlich bestimmte Art. 33 der Verfassungsurkunde des Großherzogtums Hessen vom 17.12.1820[17], daß „kein Hesse anders als in den durch das Recht und die Gesetze bestimmten

---

12 Ausführlich hierzu Schultes, Die süddeutschen Länderverfassungen, S. 22 ff.

13 Vgl. Huber, Deutsche Verfassungsgeschichte, Bd. I, S. 351.

14 So § 8 Abs. 4 der Verfassungsurkunde für das Königreich Bayern von 1818, § 24 Abs. 3 der Verfassungsurkunde für das Königreich Württemberg von 1819 in: Willms, Die deutschen Länderverfassungen, Frankfurter Hefte, August 1946 Heft 5, S. 14 ff.; Art. 23 der Verf. f.d. Kurfürstentum Hessen von 1820 in: v. Calker, Das Staatsrecht des Großherzogtums Hessen, Das öff.R.d.Gegenwart, S. 29; § 13 Abs. 2 der Verfassungsurkunde für das Großherzogtum Baden von 1818 in: Thoma, Badische Gesetze staats- und verwaltungsrechtlichen Inhalts, S. 373.

15 Vgl. § 8 Abs. 4 der Verfassungsurkunde für das Königreich Bayern von 1818; § 15 Abs. 2 Verfassungsurkunde für das Großherzogtum Baden von 1818; § 26 Abs. 3 Verfassungsurkunde für das Königreich Württemberg von 1819; ausführlich der gesamte 9. Abschnitt (Rechtspflege) der Verf. f.d. Kurfürstentum Hessen von 1820.

16 Vgl. Thoma, Badische Gesetze staats- und verwaltungsrechtlichen Inhalts, S. 373.

17 Vgl. v. Calker, Das Staatsrecht des Großherzogtums Hessen, Das öff. R. d. Gegenwart, S. 29.

Fällen und Formen, verhaftet und bestraft werden darf. Keiner darf länger als 48 Stunden über den Grund seiner Verhaftung in Ungewißheit gelassen werden und dem ordentlichen Richter soll, wenn die Verhaftung von einer anderen Behörde geschehen ist, in möglichst kurzer Frist von dieser Verhaftung die erforderliche Nachricht gegeben werden". Somit wurde bereits Anfang des 19. Jahrhunderts festgelegt, daß die Verhaftung einer Person regelmäßig nur auf richterliche Anordnung erfolgen sollte. Wenn ausnahmsweise eine andere Behörde gehandelt hatte, war der Richter „in möglichst kurzer Frist"[18] davon in Kenntnis zu setzen.

### *II. Die Normierung der Habeas-Corpus-Rechte in § 138 der Reichsverfassung von 1849*

Schon auf dem Wiener Kongreß dachten die Verfechter fortschrittlicher Verfassungsideen an die bundesverfassungsrechtliche Gewährleistung der Grundrechte der Einzelnen und der Korporationen. Der Ausbau dieses Systems der deutschen Grundrechte zu einem umfassenden Freiheitsschutz war ein Hauptanliegen der Verfassungsbewegung von 1848 und führte zur Aufstellung eines Grundrechtskatalogs.[19] Gemäß § 138 der am 28.3.1949 verabschiedeten Reichsverfassung[20] war die Zulässigkeit der Verhaftung vom Vorliegen eines richterlichen Haftbefehls abhängig. Grund dafür war die Absicht, eine möglichst enge Gesetzesbindung zu erreichen, die man beim Richter am ehesten gewährleistet sah. Der Richter sei unabhängiger als der Administrativ- und namentlich der Polizeibeamte.[21] Ausnahmen von der Richtervorschaltung waren nur bei Eingriffen auf frischer Tat, d.h. dem „Flagrantfall", sowie bei Gefahr im Verzuge vorgesehen. Letzteres ergab sich für die Polizei zum einen aus § 138 Abs. 3 der Reichsverfassung, der für den Fall der polizeilich angeordneten Festnahme die Freilassung des Betroffenen am darauf folgenden Tage vorsah, wenn er nicht der „richterlichen Behörde" übergeben wurde. Zum anderen war bei der späteren Zustellung des

---

18 Vgl. die Parallele in Art. 104 Abs. 2 S. 2 GG: „unverzüglich".

19 Verhandlungen der deutschen Nationalversammlung 1848-1849, Bd. 6, S. 4281-4298.

20 Auch „Paulskirchenverfassung" genannt, vgl. Kunig in: v. Münch, GG, Art. 104 vor Rz. 1; eingehend hierzu Weber, Betrachtungen über die neue Verfassung Deutschlands und deren Ausführung, S. 35 ff.; Hansemann, Die deutsche Verfassung vom 28.3.1849, S. 50; Bergstraesser, Die Verfassung des Deutschen Reichs vom Jahre 1849, S. 21 ff.

21 Vgl. Wigard, Stenographischer Bericht über die Verhandlungen der deutschen konstituierenden Nationalversammlung zu Frankfurt a.M., S. 61, Sitzung v. 17.8.1848.

richterlichen Haftbefehls binnen 24 Stunden (Abs. 2) an solche Fälle gedacht worden, in denen ein Haftbefehl sachbedingt erst nach der Verhaftung erlassen werden konnte.[22]

Die deutschen Einzelstaaten waren allerdings nur zum Teil bereit, die ihnen durch die Reichsgesetzgebung bindend auferlegten Grundrechte als gültig anzuerkennen, und das Reichsministerium besaß de facto kein rechtliches Mittel, die Einzelstaaten zu einer Umsetzung der Grundrechte zu zwingen.[23] Eine rechtsverbindliche Wirksamkeit vermochte die Reichsverfassung von 1849 somit nicht mehr zu erlangen.[24]

### *III. Art. 114 der Weimarer Reichsverfassung*

Gemäß ihrer überlieferten Funktion dienten die Grundrechte im Weimarer Staatssystem dem Schutz bestimmter Rechtsgüter gegenüber Eingriffen der öffentlichen Gewalt.[25] Doch dieser eingeräumte Grundrechtsschutz hatte nach der Weimarer Verfassung nur in sehr wenigen Fällen einen jedweden Eingriff öffentlicher Gewalt ausschließenden Charakter. Die Mehrzahl der verfassungsrechtlichen Gewährleistungen war unter bestimmten Voraussetzungen durch einen Eingriffsvorbehalt begrenzt.[26]

Art. 114 der WRV von 1919 lautete:" Die Freiheit der Person ist unverletzlich. Eine Beeinträchtigung oder Entziehung der persönlichen Freiheit durch die öffentliche Gewalt ist nur auf Grund von Gesetzen möglich. Personen, denen die Freiheit entzogen wird, sind spätestens am darauffolgenden Tage in Kenntnis zu setzen, von welcher Behörde und aus welchen Gründen die Entziehung der Freiheit angeordnet worden ist; unverzüglich soll ihnen Gelegenheit gegeben werden, Einwendungen gegen ihre Freiheitsentziehung vorzubringen." Art. 114 WRV war durch den allgemeinen Gesetzesvorbehalt begrenzt, der die wichtigste und weitestgehende Ermächtigung zum Eingriff in den durch Grundrechte gewährleiste-

---

22 Vgl. Kühne, Die Reichsverfassung der Paulskirche, S. 334.

23 Vgl. Huber, Deutsche Verfassungsgeschichte, Bd. II, S. 781-783. Die Frankfurter Grundrechte standen de iure bis 1851 in Kraft. Dann hob der Bundestag sie im Zuge der allgemeinen verfassungspolitischen Reaktion auf das Grundrechtsgesetz auf; eingehend hierzu Huber, Deutsche Verfassungsgeschichte, Bd. III, S. 136 ff.

24 Stern, Staatsrecht I, S. 68.

25 Vgl. zum Wesensgehalt der Grundrechte Thoma, Die jur. Bedeutung der grundrechtlichen Sätze der dt. Reichsverfassung im allgemeinen in: H.C. Nipperdey, Die Grundrechte und Grundpflichten der Reichsverfassung, Bd.1, S. 1 ff.

26 Einzelheiten hierzu bei Thoma, Die jur. Bedeutung der grundrechtlichen Sätze der dt. Reichsverfassung im allgemeinen in: Nipperdey, Die Grundrechte und Grundpflichten der Reichsverfassung, Bd. 1, S. 45 ff.

ten Rechtsbereich zuließ.[27] Die diesem Vorbehalt unterworfenen Grundrechte galten als leerlaufend, weil sie dem Eingriff der gesetzgebenden Gewalt schutzlos ausgesetzt und somit nichts anderes als die Wiederholung des ohnedies geltenden Grundsatzes der „Gesetzmäßigkeit der Verwaltung" waren.[28] Die Freiheit des Einzelnen konnte also durch jeden Verwaltungsakt, der auf einer irgendwie gearteten gesetzlichen Grundlage beruhte, beschränkt oder entzogen werden.[29] So konnten Personen ohne richterliche Untersuchung oder nachträgliche richterliche Zustimmung von Polizeibehörden oder deren Organen in polizeilichen Gewahrsam genommen werden, wenn „ die Aufrechterhaltung der öffentlichen Sicherheit, Sittlichkeit oder Ruhe dies erforderte".[30] Demzufolge reichte die polizeiliche Generalklausel zur Freiheitsentziehung aus.

Von außerordentlicher Tragweite war der Diktaturvorbehalt in Art. 48 Abs. 2 und 4 WRV. Demnach waren der Reichspräsident und die Landesregierungen im Notstandsfall befugt, bestimmte Grundrechte vorübergehend außer Kraft zu setzen, unter ihnen auch Art. 114 der WRV.

27 Vgl. Huber, Deutsche Verfassungsgeschichte, Bd. VI, S. 98 f.

28 Vgl. Thoma, Die jur. Bedeutung der grundrechtlichen Sätze der dt. Reichsverfassung im allgemeinen in: Nipperdey, Die Grundrechte und Grundpflichten der Reichsverfassung, Bd. 1, S. 37 f. und Anschütz, Die Verfassung des Deutschen Reichs, Art. 114 Anm. 7.

29 Ausreichend war das Vorhandensein irgendeiner Rechtsnorm. „Ob diese Rechtsnorm in einem formellen Gesetz (Reichs- oder Landesgesetz...) oder aber einer gesetzmäßigen Rechtsverordnung geschrieben steht, oder ob sie überhaupt nicht geschrieben steht, sondern von der rechtsbildenden Macht der Gewohnheit getragen wird, bleibt sich gleich", Anschütz, Die Verfassung des Deutschen Reichs, Art. 114 Anm. 4.

30 Vgl. § 2 des Gesetzes zum Schutz der persönlichen Freiheit v. 12.2.1850 in: v. Lympius, Die Verfassung und Verwaltung in Preußen und im Deutschen Reich, S. 93 f., vgl. hierzu auch die einschlägigen Bestimmungen der einzelnen Polizeigesetze, so z.B. § 14 des preußischen Polizeigesetzes v. 1.6.1931 (inhaltlich identisch mit § 10 Abs. 2 Preuß. Polizeirecht a.F.) :" Die Polizeibehörden haben ... die nach pflichtgemäßem Ermessen notwendigen Maßnahmen zu treffen, um von der Allgemeinheit oder dem Einzelnen Gefahren abzuwehren, durch die die öffentliche Sicherheit oder Ordnung bedroht wird", vgl. Anschütz, Die Verfassung des Deutschen Reichs, Art. 114 Anm. 14.

## C. Die Zeit der NS-Herrschaft

### *I. Abschaffung der Grundrechte*

Mit der nationalsozialistischen Machtergreifung am 30.1.1933[31] war die Weimarer Republik am Ende[32] und zu diesem Zeitpunkt auch die Geltung der Freiheits- und Menschenrechte in Deutschland. Das schwärzeste und menschenrechtsverachtende Kapitel deutscher Geschichte begann. Innerhalb kurzer Zeit gab es in Deutschland keine Gewaltenteilung, keine Grundrechte, keinen Rechtsstaat, keine Volksvertretung und keinen Föderalismus mehr - nur noch eine zunehmend terroristische Diktatur der Nationalsozialisten.[33]

Der Grundrechtskatalog der Weimarer Reichsverfassung wurde von den Nationalsozialisten als Relikt des liberalen Staates abgelehnt und durch die „Verordnung zum Schutz von Volk und Staat" vom 28.2.1933[34] beseitigt.[35] Diese Verordnung gilt mit Recht als das grundlegende, niemals aufgehobene Ausnahmegesetz des Dritten Reiches, welches Beschränkungen der wichtigsten Grundrechte, wie z.B. der Freiheit und Unverletzlichkeit der Person, das Recht der freien Meinungsäußerung, der Pressefreiheit und der Unverletzlichkeit der Wohnung und des Eigentums auch außerhalb der hierfür bestimmten gesetzlichen Grenzen zuließ und sie damit außer Kraft setzte.[36] Nach der NS-Doktrin konnte der „Volksgenosse" nur insoweit individuelle Rechte gegenüber dem Staat geltend machen, als diese den von der Partei definierten Belangen der Volksgemeinschaft nicht widersprachen.[37]

Die Habeas-Corpus-Rechte, die schon seit über einem Jahrhundert in unterschiedlicher Ausprägung Einzug in die einzelnen deutschen Verfassungen gehalten hatten, wurden mit der Übernahme der nationalsozialistischen Herrschaft in Deutschland ausgelöscht.

---

31 Tag der Ernennung Hitler's zum Reichskanzler, Einzelheiten bei Huber, Deutsche Verfassungsgeschichte, Bd. VII, § 84 IV 1.

32 Vgl. Kimminich, Deutsche Verfassungsgeschichte, S. 567.

33 Ausführlich hierzu Botzenhart, Deutsche Verfassungsgeschichte 1906-1949, S. 173 ; vgl. auch das sog. „Ermächtigungsgesetz" v. 24.3.1933.

34 Sog. „Reichstagsbrandverordnung", RGBl. I, S. 83; vgl. hierzu Willoweit, Deutsche Verfassungsgeschichte, Vom Frankenreich bis zur Teilung Deutschlands, § 39 II 1.

35 Vgl. Michalka, Die nationalsozialistische Machtergreifung, S. 13 ff.; Böckenförde, Staatsrecht und Staatsrechtslehre im Dritten Reich, S. 43; Broszat, Der Staat Hitlers. Grundlegung und Entwicklung seiner inneren Verfassung, S. 85 f.

36 Vgl. Kimminich, Deutsche Verfassungsgeschichte, S. 568.

37 Vgl. Botzenhart, Deutsche Verfassungsgeschichte 1906-1949, S. 170.

## *II. Die Errichtung eines „totalen Polizeistaates"*

Ab 1933 brach bis 1945 die Entwicklung des rechtsstaatlichen Polizeirechts ab. Das nationalsozialistische Regime entfesselte die Polizeigewalt zum Instrument zur Durchsetzung seiner Macht. Vor allem in Gestalt der politischen Polizei (Geheime Staatspolizei „Gestapo"[38]) schuf sich das Regime ein Werkzeug totaler Unterdrückung.[39] Die Gestapo war zur Führung polizeilicher Ermittlungen bei Hoch-, Landesverrat und Sprengstoffsachen sowie bei sonst strafbaren Angriffen auf Partei und Staat ermächtigt.[40] Sie konnte ohne Schranken und Kontrolle die berüchtigte „Schutzhaft"[41] und „Vorbeugehaft"[42] verhängen, hinter der sich regelmäßig die Einweisung in ein Konzentrationslager verbarg.[43] Die Dauer der Schutzhaft war unbegrenzt und eine Inanspruchnahme gerichtlichen Rechtsschutzes nicht möglich. In vielen Fällen erfolgte sie trotz richterlichen Freispruchs[44] oder im Anschluß an eine Strafverbüßung.[45] Die Gestapo war somit unbeschränkter „Herr über Leben und Freiheit".[46]

Neben der Gestapo konnte auch die Kriminalpolizei frei von bestehenden gesetzlichen Schranken und von richterlicher Kontrolle tätig sein. Sie war z.B. ermächtigt, im Rahmen eines kriminalpolizeilichen Ermittlungsverfahrens „Polizeihaft" bis zu drei Wochen anzuordnen, wenn „ihre Anordnung dem gesunden Volksempfinden entspricht".[47] Mit dieser Ermächtigung hatte die Kriminalpolizei

---

38 Einzelheiten bei Heuer, Die Geheime Staatspolizei, S. 25 f.

39 Schulz in: Bracher/Sauer/Schulz, Die nationalsozialistische Machtergreifung, S. 539 ff.

40 Gesetz über die Geheime Staatspolizei v. 10.2.1936 sowie die Verordnung zur Ausführung dieses Gesetzes v. 10.2.1936; vgl. hierzu Erläuterungen bei Drews/Wacke/Vogel/ Martens, Gefahrenabwehr, S. 11.

41 Einzelheiten bei Terhorst, Polizeiliche planmäßige Überwachung und polizeiliche Vorbeugehaft im Dritten Reich, S. 143 ff.

42 Einzelheiten bei Terhorst, Polizeiliche planmäßige Überwachung und polizeiliche Vorbeugehaft im Dritten Reich, S. 150 ff.

43 Vgl. Schulz in: Bracher/Sauer/Schulz, Die nationalsozialistische Machtergreifung, S. 541 ff.

44 Vgl. hierzu Ostendorf, Strafverteidigung im „Dritten Reich" StV 1983, 120, 123.

45 Vgl. Staff, Justiz im Dritten Reich, S. 58.

46 So Gerhard Schulz in: Bracher/Sauer/Schulz, Die nationalsozialistische Machtergreifung, S. 543; das BVerfG (E 6, 132, 208) bezeichnete die Gestapo als „diejenige Behörde, die vor allen anderen staatlichen Einrichtungen die Unrechts- und Willkürmaßnahmen durchzuführen hatte ..., nämlich die Bekämpfung aller Gegner des Nationalsozialismus mit rechtswidrigen Mitteln, insbesondere ungesetzlicher Freiheitsbeschränkung oder Freiheitsberaubung ...".

47 So der Runderlaß des RMdI vom 19.3.1943 in: Terhorst, Polizeiliche planmäßige Überwachung und polizeiliche Vorbeugehaft im Dritten Reich, S. 7.

die Möglichkeit, einen Häftling auch dann in ihrer Gewalt zu behalten, wenn sie nicht rechtzeitig genügend Beweismaterial zur Erwirkung eines richterlichen Haftbefehls beibringen konnte.[48] Neben der Ermächtigung zur Anordnung von Vorbeugehaft „wegen asozialen Verhaltens"[49] konnte die Kriminalpolizei auch sog. „Identitätshaft" verhängen, wenn sich das Personenfeststellungsverfahren auf andere Weise nicht durchführen ließ.[50] Eine richterliche Überprüfung der polizeilichen Maßnahmen gab es nicht.[51]

## D. Die Entstehungsgeschichte des Art. 104 GG

### *I. Die Lage nach der Befreiung von der NS-Herrschaft durch die Alliierten*

Die politische und moralische Katastrophe des „Dritten Reichs" hatte die Möglichkeit inhumaner Ausübung staatlicher Gewalt gezeigt.

Als Reaktion wurden in die Landesverfassungen der amerikanischen und französischen Besatzungszone, die vor dem Erlaß des Grundgesetzes in Kraft traten, detaillierte Habeas-Corpus-Regelungen aufgenommen.[52] In mehreren Ver-

48 Terhorst, Polizeiliche planmäßige Überwachung und polizeiliche Vorbeugehaft im Dritten Reich, S. 7.

49 Zur Bekämpfung der Trunkenheit im Straßenverkehr vgl. Terhorst, Polizeiliche planmäßige Überwachung und polizeiliche Vorbeugehaft im Dritten Reich, S. 144: Die Vorbeugehaft, die unabhängig von der Einleitung eines Strafverfahrens möglich sein sollte, dauerte vier Wochen, es sei denn, das „asoziale Verhalten" ließ sich mit weiteren Tatsachen begründen.

50 Vgl. Terhorst, Polizeiliche planmäßige Überwachung und polizeiliche Vorbeugehaft im Dritten Reich, S. 144 f.

51 Vgl. Terhorst, Polizeiliche planmäßige Überwachung und polizeiliche Vorbeugehaft im Dritten Reich, S. 159 m.w.N.

52 Vgl. Art. 5 der Verfassung für Württemberg-Baden v. 30.11.1946; Art. 18 der Verfassung für Württemberg Hohenzollern v. 20.5.1947; vgl. hierzu Schulte, Die süddeutschen Länderverfassungen, S. 12, 14; Art. 102 Abs. 2 der Verfassung des Freistaates Bayern vom 2.12.1946 in: Leusser, Die Verfassung des Freistaates Bayern v. 2.12.1946, JöR N.F., Bd. 3 (1954), S. 149-177; zur Kommentierung vgl. Nawiasky/Leusser, Die Verfassung des Freistaates Bayern, Komm., Art. 102; Art. 19 Abs. 1 und 2 der Verfassung des Landes Hessen vom 1.12.1946 in: v. Brünneck, Die Verfassung des Landes Hessen v. 1.12.1946, JöR N.F., Bd.3 (1954), S. 213-270; vgl. eingehend hierzu Jellinek, DRZ 1947, 2 ff.; Art. 5 Abs. 2 der Verfassung für Rheinland Pfalz v. 18.5.1947 in: Schätzel, DRZ 1947, 245 ff.; Art. 5 Abs. 4 der Landesverfassung der Freien Hansestadt Bremen vom 21.10.1947 in: Kuhlenkampff/Coenen, Die Landesverfassung der Freien Hansestadt Bremen v. 21.10.1947, S. 179-212.

fassungsurkunden[53] war die regelmäßige richterliche Kontrolle der Fortdauer einer Untersuchungshaft im Abstand von einem bzw. zwei Monaten vorgeschrieben und vereinzelt[54] das Recht der Verteidigung selbständig garantiert.

Von den Landesverfassungen der sowjetischen Zone enthielt nur die Verfassung des Landes Sachsen vom 15.3.1947[55] justizielle Grundrechte in Art. 9 Abs. 2 S. 3, wobei auch hier die richterliche Kontrolle einer Freiheitsentziehung, die Benachrichtigung eines Angehörigen auf Wunsch des Festgehaltenen, das Recht der Verteidigung und der Zwang zur Angabe des Haftgrundes vorgeschrieben wurden.[56]

Auf die Neugestaltung der Polizei haben die Besatzungsmächte besonders starken Einfluß genommen, weil sie nach Ansicht der Alliierten neben der 1945 aufgelösten Wehrmacht das stärkste Machtinstrument des NS-Staates gewesen war.[57] Sie beschränkten sich nicht auf die Beseitigung der speziellen Institutionen der Polizei, sondern gestalteten die gesamte Polizeiorganisation um. Der Wegfall jeder gesetzgebenden und richterlichen Funktion der Polizei wurde verfügt: Die Polizei durfte keine Polizeiverordnungen mehr erlassen, und die polizeilichen Strafverfügungen wurden abgeschafft. Die Polizei wurde dezentralisiert und kommunalisiert.[58]

### *II. Der Entwurf des Verfassungskonvents auf Herrenchiemsee*

Vorrangiges Ziel auf Herrenchiemsee war die Sicherung der alten Freiheitsrechte. In den Grundrechten sollten u.a. der Allmacht des Staates Schranken gesetzt werden, damit der Mensch in seiner Würde wieder anerkannt werde.[59]

Das Grundrecht der Unverletzlichkeit der Freiheit war nach dem Herrenchiemsee-Entwurf (HChE) des Grundgesetzes ursprünglich in zwei Artikeln behandelt. Art. 2 HChE gewährte das Recht auf Leben, Freiheit und Sicherheit, Art.

53 In allen zuvor aufgeführten Verfassungsurkunden, außer in der des Freistaates Bayern.

54 So in Art. 5 Abs. 2 der Verfassung für Rheinland-Pfalz v. 18.5.1947 und in Art. 5 Abs. 3 der freien Hansestadt Bremen v. 21.10.1947.

55 Ausführlich hierzu Stober, Quellen zur Entstehungsgeschichte der Sächsischen Verfassung, S. 15 ff.

56 Vgl. Stober, Quellen zur Entstehungsgeschichte der Sächsischen Verfassung, S. 17.

57 Vgl. Bernet/Groß/Mende, Polizeirecht in Hessen, Einleitung, Rz. 12.

58 Vgl. Bernet/Groß/Mende, Polizeirecht in Hessen, Einleitung, Rz. 13.

59 So der Abgeordnete Dr. v. Mangoldt, vgl. Parlamentarischer Rat, Bonn 1948/49, Schriftlicher Bericht zum Entwurf des Grundgesetzes für die Bundesrepublik Deutschland, Drucksachen Nr. 850, 854.

3 HChE hingegen die Unverletzlichkeit der persönlichen Freiheit.[60] Art. 3 Abs. 3 des HChE lautete: „Jeder von der öffentlichen Gewalt Festgenommene ist auf Verlangen, spätestens am Tage nach der Festnahme dem zuständigen Richter vorzuführen. Dieser hat dem Festgenommenen mitzuteilen, von welcher Behörde und aus welchen Gründen die Festnahme verfügt worden ist und ihm Gelegenheit zu geben, Einwendungen gegen die Festnahme zu erheben und eine Person seines Vertrauens von der Festnahme zu verständigen. Der Richter hat entweder die Festhaltung zu bestätigen oder den Festgenommenen unverzüglich in Freiheit zu setzen." In der Begründung zu Art. 3 Abs. 3 HChE[61] hieß es: „Der Artikel gewährleistet die persönliche Bewegungsfreiheit im engeren Sinne. Er enthält die übliche Umgrenzung des Verhaftungsrechts der staatlichen Behörde. Er gewährt darüber hinaus auch Schutz vor außerstrafrechtlicher Beschränkung der persönlichen Freiheit, indem er beispielsweise die Unterbringung in einem Irrenhaus, die Schutzaufsicht, Zwangsgestellung von Geschlechtskranken, die Unterbringung von gefährdeten Jugendlichen einer richterlichen Kontrolle unterwirft".

In Abkehr von Art. 114 der Weimarer Reichsverfassung orientierten sich Art. 3 Abs. 3 HChE und der spätere Art. 104 GG an §138 der Reichsverfassung von 1849.[62] So wurde anknüpfend an § 138 Reichsverfassung von 1849 in Art. 3 Abs. 3 HChE die richterliche Kontrolle polizeilicher Festnahmen festgelegt.[63] In den einzelnen Entstehungsphasen des Grundgesetzes wurde die richterliche Kontrolle dann zum Prinzip der vorherigen richterlichen Anordnung ausgebaut, das wiederum bereits in §138 Abs. 2 Reichsverfassung von 1849 normiert war.[64]

### *III. Die Verhandlungen des Parlamentarischen Rates - Die Normierung des Art. 104 GG -*

Um die Klarheit und Übersichtlichkeit des Grundrechtskataloges zu gewährleisten, gliederte der Ausschuß für Grundsatzfragen[65] die Materie des Art. 3 Abs. 3

60 Vgl. Bucher, Der Parlamentarische Rat 1948-1949, Bd. 2, S. 513 f.

61 Bucher, Der Parlamentarische Rat 1948-1949, Bd. 2, S. 514.

62 Ebenso aber ohne Begründung Azzola-AK-GG, Art. 104 Rz. 17; a.A. v. Doemming, JöR N.F. 1 (1951), S. 745. Das BVerfG (E 10, 318, 320) vertritt die Auffassung, daß Art. 104 Abs. 2-4 GG an Art. 114 WRV anknüpft, jedoch durch seinen Inhalt wesentlich von diesem Vorbild abweicht.

63 Vgl. Ausführungen unter B II: § 138 Abs. 2 Reichsverfassung von 1849 sah bei polizeibehördlichen Verhaftungen die Übergabe an die richterliche Behörde vor.

64 Vgl. Ausführungen zu § 138 Reichsverfassung unter B II.

65 Ein Fachausschuß des Parlamentarischen Rates, vgl. Holtkotten, Bonner Komm, Art. 104 Anm. I.

HChE auf. Der Grundsatz des Art. 3 HChE, „Die Freiheit der Person ist unverletzlich“, wurde in den späteren Art. 2 GG eingefügt und die Rechtsgarantien bei Freiheitsentziehungen in den Abschnitt „Rechtspflege“ aufgenommen.[66]

In den Verhandlungen des Parlamentarischen Rates war hauptsächlich die Erstreckung des richterlichen Entscheidungsmonopols auf den Bereich auch außerstrafrechtlicher Freiheitsentziehungen umstritten.[67] Von den konservativen Abgeordneten wurden gegen die Extension des richterlichen Entscheidungsmonopols im allgemeinen und ihre Aufnahme in die Verfassung im besonderen ordnungspolitische Bedenken geltend gemacht. So behauptete der Abgeordnete Dr. Dr. de Chapeaurouge (CDU), daß die Vorschrift der polizeilichen Praxis widerstrebe. Der Richter könne gar nicht unverzüglich entscheiden, und den Verbrechern werde Tür und Tor geöffnet. Dem hielt der Abgeordnete Dr. Greve (SPD) entgegen, daß die Extension des richterlichen Entscheidungsmonopols notwendig sei, um eine Wiederkehr der Schutzhaft auszuschließen. Er sei grundsätzlich dagegen, daß es der Polizei so leicht wie möglich gemacht werde, Leute festzuhalten. So sei es für die Polizei unproblematisch, einen Gesunden zu einem Geisteskranken abzustempeln und ihn unter diesem Umstand festzuhalten. Hier müsse ein Richter entscheiden, ob die Festnahme fortdauern solle oder nicht. Abschließend stellte der Vorsitzende des Rechtspflegeausschusses, der Abgeordnete Zinn, klar, daß der Richter von Amts wegen entscheiden müsse und die richterliche Entscheidung nicht binnen einer Frist, sondern unverzüglich einzuholen sei.[68]

Da der konservative Flügel gespalten war, während das linke Lager des Hauses geschlossen für eine Extension des Rechtsschutzes bei Freiheitsentziehungen votierte, wurde Art. 104 GG schließlich mit großer Mehrheit in seiner jetzigen Fassung angenommen.[69]

## E. Die völkerrechtliche Normierung des Habeas Corpus

Die Tendenz zur verfassungsrechtlichen Ausweitung des Habeas Corpus blieb nicht auf die deutsche Verfassungsentwicklung beschränkt.

---

66 Ehemals Art. 136 a GG, vgl. Holtkotten, Bonner Komm., Art. 104 Anm. I; ausführlich hierzu Kracht DVBl. 1950, 518.

67 Vgl. die Diskussionen zwischen den Abgeordneten Dr. Dr. Chapeaurouge (CDU), Dr. Kleindienst (CDU), Dr. Laforet (CSU) und Dr. Greve (SPD) bei Holtkotten, Bonner Komm., Art. 104 Anm. I und Kracht DVBl. 1950, 518 f.

68 Vgl. Holtkotten, Bonner Komm., Art. 104 Anm. I.

69 Vgl. Kracht DVBl. 1950, 518.

Ein Verbot der willkürlichen Festnahme und Inhaftierung normierte die UN-Menschenrechtserklärung vom 10.12.1948[70] in Art. 9 MRK und unter Bezug hierauf, aber zugleich wesentlich detaillierter, die Europäische Menschenrechtskonvention vom 4.11.1950[71] in Art. 5 EMRK.

70 Resolution 217 (III) Universal Declaration of Human Rights in: United Nations, General Assembly, Official Records third Session (part I) Resolutions (Doc. A/810) S. 71.

71 BGBl. 1952 II S. 685, 953.

# 2. Kapitel: Bundesweite empirische Erhebung bei Polizeibehörden und Amtsgerichten bezüglich der praktischen Umsetzung der Freiheitsentziehungsgarantien des Art. 104 GG

## A. Einleitung

Ausgangspunkt dieser Untersuchung ist die Frage, wie die in Art. 104 GG normierten Freiheitsentziehungsgarantien in der polizeilichen und amtsgerichtlichen Praxis umgesetzt werden. Hierzu wurde eine bundesweite empirische Erhebung bei Polizeibehörden und Amtsgerichten durchgeführt.

Diese Umfrage erhebt nicht den Anspruch einer vollständigen soziologischen Untersuchung, sondern soll lediglich einen Einblick in die polizeiliche und amtsgerichtliche Praxis im Umgang mit freiheitsentziehenden Maßnahmen geben. Die Auswertung der Erhebung an dieser Stelle der Arbeit ermöglicht eine spätere Bezugnahme auf die einzelnen Aussagen und Angaben. Eine eingehende Würdigung der Ergebnisse der Umfrage erfolgt im Rahmen der sich anschließenden dogmatischen Erörterungen zu Art. 104 GG.

## B. Bundesweite empirische Erhebung bei Polizeibehörden

### *I. Aufgabenstellung*

Zunächst sollte die polizeiliche Praxis im Umgang mit freiheitsentziehenden Maßnahmen beleuchtet werden. Hier interessierte insbesondere, wie lange im Durchschnitt einzelne polizeiliche Maßnahmen andauern, bzw. wie lange sich der Betroffene im Durchschnitt in Polizeigewahrsam <u>ohne</u> richterliche Anordnung befindet. Zudem sollte in Erfahrung gebracht werden, wie oft präventivpolizeiliche Ingewahrsamnahmen von den Polizeibehörden und nicht durch den Richter angeordnet und in wievielen dieser Fälle eine nachträgliche richterliche Entscheidung über die Ingewahrsamnahme herbeigeführt wurde. Darüber hinaus sollten die Polizeipräsidenten Stellung zu der Frage nehmen, ob sie einen mehrtägigen, richterlich angeordneten Polizeigewahrsam für erforderlich halten.

## *II. Vorbereitung und Durchführung*

### *a) Genehmigung der Innenminister der Länder*

Voraussetzung für die Durchführung der Umfrage war zunächst die entsprechende Genehmigung der Innenminister der Länder. Im Grundsatz äußerten die sechzehn angeschriebenen Innenministerien keine Bedenken gegen das Vorhaben. Doch wiesen einige Ministerien darauf hin, daß die entsprechenden Dienststellen keine detaillierten Statistiken über die polizeilichen Ingewahrsamnahmen führten. Mit der Begründung, daß die dann erforderliche Auswertung der Einzelakten einen unvertretbar hohen Verwaltungsaufwand darstellt, lehnten bereits einige Innenministerien im Vorfeld die Beantwortung der erbetenen Einzelstatistiken ab.[72]

Andere Ministerien hingegen, wie das Thüringer Innenministerium, das Innenministerium von Schleswig-Holstein, das Ministerium des Innern des Saarlandes und die Senatsverwaltung für Inneres des Landes Berlin, erklärten sich sofort bereit, das empirische Vorhaben zu unterstützen. Sie ermittelten entweder selbst die Daten der gewünschten Einzelerhebungen für einen bestimmten Zeitraum oder gaben den ihnen unterstellten Polizeibehörden die entsprechende Anweisung zur Bearbeitung der Fragebögen.

### *b) Fragenprogramm*

Der Fragebogen unterteilte sich in zwei Bereiche: Der Teil A beschäftigte sich mit der Dauer und der Teil B mit der Anzahl präventiv-polizeilicher Ingewahrsamnahmen.

Der Teil A des Fragebogens beinhaltete zehn Fragen, die sich auf die Dauer der einzelnen polizeilichen Maßnahmen sowie die Erforderlichkeit eines mehrtägigen, richterlich angeordneten Polizeigewahrsams bezogen. Da absehbar war, daß der Erhalt exakter Zahlenangaben, wie bereits in Teil B verlangt, mit einigen Schwierigkeiten verbunden sein würde, bezogen sich die Angaben zu der Dauer der Ingewahrsamnahmen im Teil A auf die grundsätzlichen Erfahrungswerte des Bearbeiters.

Der Schwerpunkt der Umfrage lag auf dem Teil B der Erhebung. Der Zeitraum der Befragung umfaßte die Jahre 1990 bis 1995 sowie für das Jahr 1996 den Zeitraum vom 1. Januar bis zum 30 August 1996.[73] Gefragt wurde z.B. nach der Anzahl der einzelnen Ingewahrsamnahmen, in wievielen dieser Fälle die Inge-

---

72 So die Innenministerien der Länder Baden-Württemberg, Sachsen, Nordrhein-Westfalen, Bayern und Brandenburg.

73 Der Fragebogen wurde am 5.9.1996 versandt.

wahrsamnahme zwischen 22.00 Uhr und 6.00 Uhr bzw. am Wochenende erfolgte, in wievielen dieser Fällen eine richterliche Entscheidung herbeigeführt wurde, und wie oft es vorkam, daß die polizeibehördliche Anordnung der Ingewahrsamnahme nachträglich durch den Richter für rechtswidrig erklärt wurde. Ebenso sollten die Gründe angegeben werden, warum man in den übrigen Fällen von der Herbeiführung einer richterlichen Anordnung absah. Gefragt war zudem auch, in wievielen Fällen es zur richterlichen Anordnung eines mehrtägigen Polizeigewahrsams kam, und in wievielen dieser Fälle eine vorzeitige Entlassung des Betroffenen angeordnet wurde.

Die Fragebögen berücksichtigten nicht die jeweils geltenden polizeigesetzlichen Regelungen im Tätigkeitsbereich des Bearbeiters, sondern beinhalteten alle in der Bundesrepublik möglichen Varianten der Ingewahrsamnahmen. Die Bearbeiter sollten somit die für sie nicht in Betracht kommenden Möglichkeiten der Ingewahrsamnahme unbeantwortet lassen.

### *c) Auswahl der Polizeibehörden*

Aus jedem der 16 Bundesländer sollten maximal zwei Polizeipräsidenten befragt werden. Ausgewählt wurden zunächst die Polizeipräsidenten derjenigen Städte, die des öfteren mit Großveranstaltungen oder gewalttätigen Demonstrationslagen konfrontiert sind, wie z.B. Hannover („Chaos-Tage"), München (z.B. Fußballspiele der beiden Bundesligavereine), Berlin und Frankfurt (z.B. gewalttätige Demonstrationslagen durch Anhänger verschiedener politischer Gesinnungen).

In den neuen deutschen Ländern erhielten die Polizeipräsidenten bzw. -direktoren von Potsdam, Frankfurt/Oder, Erfurt, Schwerin und Rostock die Fragebögen. In Sachsen-Anhalt wurden der Polizeipräsident von Magdeburg und in Sachsen die Polizeipräsidenten von Dresden und Leipzig befragt.

Um dem Anspruch einer bundesweiten Erhebung gerecht zu werden, erhielten den Fragebogen zudem die Polizeipräsidenten von Saarbrücken, Kiel, Hamburg, Bremen, Mainz, Düsseldorf, Köln, Wiesbaden, Nürnberg, Karlsruhe und Stuttgart.

### *d) Rücklauf*

Mangels einer entsprechenden Anweisung durch die Innenministerien blieb es außer in den Fällen von Thüringen, Schleswig-Holstein, dem Saarland und Berlin den jeweiligen Polizeipräsidenten bzw. -direktoren überlassen, ob sie zu den Fragen Stellung nehmen und die gewünschten Daten in ihrer Behörde ermitteln lassen wollten.

Von den 23 angeschriebenen Polizeipräsidenten antworteten drei überhaupt nicht (Bremen, Leipzig und Rostock) und zwei lehnten kategorisch jede Stellungnahme ab (Frankfurt/M. und Magdeburg). Außer dem Polizeipräsidenten von Hamburg beantworteten die übrigen 17 Polizeipräsidenten zumindest den Teil A der Umfrage. Der Polizeipräsident von Düsseldorf hat zudem den Teil A der Erhebung von diensterfahrenen Mitarbeitern der fünf Polizeiinspektionen seiner Behörde beantworten lassen. Ebenso versandten der Polizeipräsident von Dresden und das Thüringer Innenministerium diesen Teil der Umfrage an alle fünf bzw. sieben Polizeidirektionen ihres Verantwortungsbereichs zur Stellungnahme.

Konkrete Zahlenangaben zu Teil B der Erhebung gaben die Polizeipräsidenten von Berlin, Kiel sowie das Thüringer Innenministerium ab. Das Thüringer Innenministerium war besonders bemüht, ein möglichst breites Spektrum an polizeilichem Erfahrungswissen zu präsentieren und ließ bei den sieben Polizeidirektionen der Thüringer Landespolizei die erforderlichen Angaben und Daten für den Zeitraum eines Jahres (1.7.1995 - 30.6.1996) ermitteln. Jährliche Schätzungen kamen aus Saarbrücken und Stellungnahmen bzw. einzelne Zahlen aus Wiesbaden, Mainz und München.

### *III. Ergebnisse der empirischen Erhebung*

#### *a) Teil A des Fragenkatalogs: Erfahrungswerte*

Dauer der präventiv-polizeilichen Ingewahrsamnahmen (ohne richterliche Anordnung):

| **Frage 1:** | **Sind nach Ihrer Erfahrung für eine Identitätsfeststellung**[74,75] **1-6 Stunden Gewahrsam** | **6-12 Stunden Gewahrsam** | **mehr als 12 Std. Gewahrsam erforderlich?** |
|---|---|---|---|
| **Berlin** | | **x** | |
| **(Dresden) Dresden**[76] | **x** | | **x**[77] |
| **(Dresden) Bautzen** | | [78]**x** | |
| **(Dresden) Zittau** | | | **x** |
| **(Dresden) Pirna** | | **x** | |
| **(Dresden) Riesa** | **x** | | |
| **Düsseldorf - Ost**[79] | **x** | | |
| **Düsseldorf - Nord** | **x** | | |
| **Düsseldorf - Süd** | | **x** | |
| **Düsseldorf - Mitte** | **x** | | |
| **Düsseldorf - Südwest** | | **x** | |
| **(FfO) Frankfurt /Oder**[80] | | **x**[81] | |

74 Vgl. Art. 13 Abs. 2 bayPAG, § 29 Abs. 3 S. 2 SOG MV, § 22 Abs. 1 Nr. 3 SächsPolG, § 10 Abs. 2 S. 3 rhpfPOG, § 21 Abs. 3 ASOG, § 18 Abs. 4 HSOG, § 11 Abs. 2 Nr. 5 und 8 bremPolG, § 14 Abs. 2 S. 3 thürPAG, § 20 Abs. 4 SOG LSA, § 12 Abs. 2 hmbSOG, § 12 Abs. 2 S. 3 PolGNW, § 12 Abs. 2 S. 3 bdgPolG, § 181 Abs. 3 schlhLVwG, § 28 Abs. 1 Nr. 3 bwPolG, § 13 Abs. 2 S. 2 NGefAG, § 9 Abs. 2 Nr. 4, 6 SaarlPolG.

75 Die nachfolgend in Parenthese gesetzten Ausführungen sind Anmerkungen bzw. Kommentierungen der Bearbeiter.

76 In den Zuständigkeitsbereich des Polizeipräsidiums Dresden fallen die Polizeidirektionen Dresden, Bautzen, Görlitz, Pirna und Riesa.

77 „Bei Ausländern".

78 „Relativ hoher Ausländeranteil, deren Überprüfung über zwölf Stunden gehen kann".

79 Der Polizeipräsident von Düsseldorf beauftragte diensterfahrene Mitarbeiter der fünf Polizeiinspektionen seiner Behörde, die Fragen des Teils A des Fragebogens zu beantworten.

| | | | |
|---|---|---|---|
| **(FfO)Märkisch-Oderland** | | **x** | |
| **(FfO) Eisenhüttenstadt** | | **x** | |
| **(FfO) Fürstenwalde** | **x** | | |
| **Hannover** | **x** | | |
| **Karlsruhe** | **x** | | |
| **Kiel** | | **x**[82] | |
| **Köln** | **x** | | |
| **Mainz** | | **x**[83] | |
| **München** | **x** | | |
| **Nürnberg** | **x**[84] | | |
| **Potsdam** | | | **x** |
| **Saarbrücken** | | | **x**[85] |
| **Schwerin** | **x** | | |
| **Stuttgart** | **x** | | |
| **Thüringen**[86] | **x** | **xxxxxx** | |
| **Wiesbaden** | **x** | | |

80 Das Polizeipräsidium Frankfurt /Oder umfaßt die Schutzbereiche Frankfurt/Oder, Märkisch-Oderland, Eisenhüttenstadt und Fürstenwalde.

81 „Bei Ausländern länger".

82 „In Abhängigkeit Tages- oder Nachtzeit".

83 „Grundsätzlich sind zwölf Stunden ausreichend. Im Einzelfall ergab sich jedoch das Erfordernis, die in Rheinland-Pfalz zulässige Höchstfrist von 24 Stunden in Anspruch zu nehmen".

84 „In der Regel ist ein Stundenansatz von weit unter sechs Stunden ausreichend".

85 „In sich mehrenden Fällen (Ausländer)".

86 Es handelt sich hierbei um das Ergebnis der Erhebung innerhalb der sieben Polizeidirektionen der Thüringer Landespolizei. Im Gegensatz zu den Polizeipräsidien von Dresden, Frankfurt/Oder und Düsseldorf konnten die Stellungnahmen nicht auf die einzelnen Polizeidirektionen zurückgeführt werden.

| **Frage 2:** | **Sind nach Ihrer Erfahrung für eine zwangsweise Durchsetzung der Vorladung[87]** | | | |
|---|---|---|---|---|
| | **1-6 Stunden Gewahrsam** | **6-12 Stunden Gewahrsam** | **12 -24 Stunden Gewahrsam** | **mehr als 24 Std. Gewahrsam erforderlich?** |
| **Berlin** | | **x** | | |
| **(Dresden) Dresden** | **x** | | | |
| **(Dresden) Bautzen** | | **x** | | |
| **(Dresden) Zittau** | | | **x** | |
| **(Dresden) Pirna** | | **x** | | |
| **(Dresden) Riesa** | **x** | | | |
| **Düsseldorf- Ost** | **x** | | | |
| **Düsseldorf - Nord** | (nicht beantwortet) | | | |
| **Düsseldorf - Süd** | **x** | | | |
| **Düsseldorf - Mitte** | (nicht beantwortet) | | | |
| **Düsseldorf - Südwest** | (nicht beantwortet) | | | |
| **(FfO) Frankfurt/Oder** | | **x** | | |
| **(FfO)Märkisch-Oderland** | | | **x** | |
| **(FfO) Eisenhüttenstadt** | | | **x** | |
| **(FfO) Fürstenwalde** | **x** | | | |

87 Polizeiliche Vorladungen dürfen nach § 11 ME und Art. 15 Abs. bayPAG, § 27 Abs. 3 bwPolG, § 20 Abs. 3 ASOG, § 30 Abs. 3 HSOG, § 50 Abs. 3 SOG MV, §16 Abs. 3 NGefAG, § 10 Abs. 3 PolGNW, § 12 Abs. 3 rhpfPOG, § 11 Abs. 4 SaarlPolG, § 35 Abs. 3 SOG LSA, § 199 Abs. 3 schlhLVwG zwangsweise durch Vorführung oder mit anderen Mitteln durchgesetzt werden, wenn dies zur Abwehr einer Gefahr für Leib, Leben oder Freiheit einer Person erforderlich ist. Bremen (§12 Abs. 3 bremPolG) hat diesen Grund der Vorführung gestrichen und nur den weiteren Grund der Durchführung erkennungsdienstlicher Maßnahmen übernommen. Einige Landesgesetze stellen die Vorführung grundsätzlich unter den Vorbehalt richterlicher Entscheidung: § 30 Abs. 4 HSOG, § 35 Abs. 3 SOG LSA, § 10 Abs. 3 S. 2 PolGNW, § 15 Abs. 3 bdgPolG.

| | | | | |
|---|---|---|---|---|
| **Hannover** | x[88] | x | x | x |
| **Karlsruhe** | (nicht beantwortet) | | | |
| **Kiel** | (nicht beantwortet) | | | |
| **Köln** | | x | | |
| **Mainz** | x[89] | | | |
| **München** | x | | | |
| **Nürnberg** | x[90] | | | |
| **Potsdam** | | | x | |
| **Saarbrücken** | x | | | |
| **Schwerin** | x | | | |
| **Stuttgart**[91] | | | | |
| **Thüringen** | xx | xxxx | | x |
| **Wiesbaden** | x | | | |

88 „Alles möglich, je nach Einzelfall und tatsächlicher Durchführbarkeit".
89 „In der Regel bis zu sechs Stunden, in Ausnahmefällen bis zu zwölf Stunden".
90 „In der Regel ist ein Stundenansatz von weit unter sechs Stunden ausreichend".
91 „Wird in Stuttgart nicht praktiziert".

| Frage 3: | Sind nach Ihrer Erfahrung für einen Datenabgleich[92] | | | |
|---|---|---|---|---|
| | 1-6 Stunden Gewahrsam | 6-12 Stunden Gewahrsam | 12 -24 Stunden Gewahrsam | mehr als 24 Std. Gewahrsam |
| | | | | erforderlich? |
| Berlin | | x | | |
| (Dresden) Dresden | x | | x[93] | |
| (Dresden) Bautzen | | x[94] | | |
| (Dresden) Zittau | | x | | |
| (Dresden) Pirna | x | x[95] | | |
| (Dresden) Riesa | x | | | |
| Düsseldorf - Ost | x | | | |
| Düsseldorf - Nord | x | | | |
| Düsseldorf - Süd | x | | | |
| Düsseldorf - Mitte | x | | | |
| Düsseldorf - Südwest | (nicht beantwortet) | | | |
| (FfO) Frankfurt/Oder | x[96] | | | |
| (FfO) Märkisch-Oderland | x | | | |
| (FfO) Eisenhüttenstadt | x | | | |
| (FfO) Fürstenwalde | x | | | |
| Hannover | x | | | |
| Karlsruhe | x | | | |

92 Vgl. § 25 Abs. 1 S. 4 HSOG, § 30 Abs. 1 S. 4 SOG LSA.
93 „Bei Ausländern".
94 „Relativ hoher Ausländeranteil, deren Überprüfung über zwölf Stunden gehen kann".
95 „Bei Ausländern".
96 „Bei Ausländern länger".

| | | | | |
|---|---|---|---|---|
| **Kiel** | | x[97] | | |
| **Köln** | x | | | |
| **Mainz** | „keine rechtliche Möglichkeit" | | | |
| **München** | „Rechtlich nicht möglich" | | | |
| **Nürnberg** | x[98] | | | |
| **Potsdam** | | x | | |
| **Saarbrücken** | x | | | |
| **Schwerin** | x | | | |
| **Stuttgart**[99] | | | | |
| **Thüringen** | xx | xxxx | x | |
| **Wiesbaden** | x | | | |

97 „In Abhängigkeit Tages- oder Nachtzeit".

98 „In der Regel ist ein Stundenansatz von weit unter sechs Stunden ausreichend".

99 „Datenabgleich allein erlaubt keinen Gewahrsam. Die Frage ist mit Frage 1 bereits beantwortet".

| Frage 4: | Wie lange befindet sich der Betroffene im Durchschnitt in Schutzgewahrsam?[100] | | | |
|---|---|---|---|---|
| | 1-6 Stunden | 6-12 Stunden | 12 -24 Stunden | mehr als 24 Std. |
| Berlin | | x | | |
| (Dresden) Dresden | | x | | |
| (Dresden) Bautzen | | | x | |
| (Dresden) Zittau | | x | | |
| (Dresden) Pirna | | x | | |
| (Dresden) Riesa | x | x[101] | | |
| Düsseldorf - Ost | x | | | |
| Düsseldorf - Nord | | x | | |
| Düsseldorf - Süd | x | | | |
| Düsseldorf - Mitte | | x | | |
| Düsseldorf - Südwest | | x | | |
| (FfO) Frankfurt/Oder | | x | | |
| (FfO)Märkisch-Oderland | x | | | |
| (FfO) Eisenhüttenstadt | | | x | |
| (FfO) Fürstenwalde | | x | | |
| Hannover | | x | | |
| Karlsruhe | x | | | |
| Kiel | x | | | |

100 Vgl. Art. 17 Abs. 1 Nr. 1 bayPAG, § 55 Abs. 1 Nr. 1 SOG MV, § 22 Abs. 1 Nr. 2 SächsPolG, § 13 Abs. 1 Nr. 1 hmbSOG, § 14 Abs. 1 Nr. 1 rhpfPOG, § 30 Abs. 1 Nr. 1 ASOG, § 32 Abs. 1 Nr. 1 HSOG, § 15 Abs. 1 Nr. 1 bremPolG, § 13 Abs. 1 Nr. 1 SaarlPolG, § 19 Abs. 1 Nr. 1 thürPAG, § 37 Abs. 1 Nr. 1 SOG LSA, § 35 Abs. 1 Nr. 1 PolGNW, § 17 Abs. 1 Nr. 1 bdgPolG, § 204 Abs. 1 Nr. 1 schlhLVwG, § 28 Abs. 1 Nr. 2 bwPolG, § 18 Abs. 1 Nr. 1 NGefAG.

101 „Bei Ausländern".

| | | | | |
|---|---|---|---|---|
| **Köln** | | **x** | | |
| **Mainz** | | **x**[102] | | |
| **München** | **x** | | | |
| **Nürnberg** | **x**[103] | | | |
| **Potsdam** | | **x** | | |
| **Saarbrücken** | **x** | | | |
| **Schwerin** | | **x** | | |
| **Stuttgart** | **x** | | | |
| **Thüringen** | **xx** | **xxxxx** | | |
| **Wiesbaden** | **x**[104] | | | |

102 „Im Einzelfall ergibt sich das Erfordernis, auf die in Rheinland-Pfalz geltende Höchstgrenze von 24 Stunden zurückzugreifen".

103 „In der Regel ist ein Stundenansatz von weit unter sechs Stunden ausreichend".

104 „Im Durchschnitt sechs-acht Stunden".

| Frage 5: | Wie lange befindet sich der Betroffene im Durchschnitt in Präventiv- bzw. Unterbindungsgewahrsam?[105]<br>1-6 Stunden | 6-12 Stunden | 12 -24 Stunden | mehr als 24 Std. |
|---|---|---|---|---|
| Berlin | | x | | |
| (Dresden) Dresden | x | | | |
| (Dresden) Bautzen | | x | | |
| (Dresden) Zittau | | x | | |
| (Dresden) Pirna | | x | | |
| (Dresden) Riesa | x | | | |
| Düsseldorf - Ost | x | | | |
| Düsseldorf - Nord | x | | | |
| Düsseldorf - Süd | (nicht beantwortet) | | | |
| Düsseldorf - Mitte | | x | | |
| Düsseldorf - Südwest | x | | | |
| Frankfurt/Oder (FfO) | | | | x |
| (FfO)Märkisch-Oderland | | x | | |
| (FfO) Eisenhüttenstadt | „keine Erfahrung" | | | |
| (FfO) Fürstenwalde | | x | | |
| Hannover | | x | | |
| Karlsruhe | x | | | |
| Kiel | | x | | |
| Köln | x | | | |

105 Vgl. Art. 17 Abs. 1 Nr. 2 bayPAG, § 55 Abs. 1 Nr. 2 SOG MV, § 22 Abs. 1 Nr. 1 SächsPolG, § 13 Abs. 1 Nr. 2 hmbSOG, § 14 Abs. 1 Nr. 2 rhpfPOG, § 30 Abs. 1 Nr. 2 ASOG, § 32 Abs. 1 Nr. 2 HSOG, § 15 Abs. 1 Nr. 2 bremPolG, § 13 Abs. 1 Nr. 2 SaarlPolG, § 19 Abs. 1 Nr. 2 thürPAG, § 37 Abs. 1 Nr. 2 SOG LSA, § 35 Abs. 1 Nr. 2 PolGNW, § 17 Abs. 1 Nr. 1 bdgPolG, § 204 Abs. 1 Nr. 1 schlhLVwG, § 28 Abs. 1 Nr. 2 bw PolG, § 18 Abs. 1 Nr. 2 NGefAG.

| | | | | |
|---|---|---|---|---|
| **Mainz** | | | **x** | |
| **München** | **x**[106] | | | |
| **Nürnberg** | | **x** | | |
| **Potsdam** | | **x** | | |
| **Saarbrücken** | **x** | | | |
| **Schwerin** | | **x** | | |
| **Stuttgart** | | **x** | | |
| **Thüringen** | | **xxxxx** | **xx** | |
| **Wiesbaden** | **x**[107] | | | |

106 „In der Regel Fußballeinsätze; Unterbindungsgewahrsam".
107 „Im Durchschnitt sechs-acht Stunden".

| **Frage 6:** | **Sind nach Ihrer Erfahrung für den Vollzug von Platzverweisungen**[108] | | | |
|---|---|---|---|---|
| | **1-6 Stunden** Gewahrsam | **6-12 Stunden** Gewahrsam | **12 -24 Stunden** Gewahrsam | **mehr als 24 Std.** Gewahrsam **erforderlich?** |
| **Berlin** | x | | | |
| **(Dresden) Dresden** | x | | | |
| **(Dresden) Bautzen** | | x | | |
| **(Dresden) Zittau** | x | | | |
| **(Dresden) Pirna** | | x | | |
| **(Dresden) Riesa** | x | | | |
| **Düsseldorf - Ost** | x | | | |
| **Düsseldorf - Nord** | | x | | |
| **Düsseldorf - Süd** | x | | | |
| **Düsseldorf - Mitte** | x | | | |
| **Düsseldorf -Südwest** | x | | | |
| **(FfO) Frankfurt/Oder** | | | x | |
| **(FfO)Märkisch-Oderland** | x | | | |
| **(FfO) Eisenhüttenstadt** | x | | | |
| **(FfO) Fürstenwalde** | x | | | |
| **Hannover** | x | | | |
| **Karlsruhe** | x | | | |
| **Kiel** | x | | | |

108 Vgl. Art. 17 Abs. 1 Nr. 3 bayPAG, § 55 Abs. 1 Nr. 4 SOG MV, § 22 Abs. 1 Nr. 4 SächsPolG, § 13 Abs. 1 Nr. 3 hmbSOG, § 14 Abs. 1 Nr. 2 rhpfPOG, § 30 Nr. 3 ASOG, § 32 Abs. 1 Nr. 3 HSOG, § 15 Abs. 1 Nr. 3 bremPolG, § 19 Abs. 1 Nr. 3 thürPAG, § 37 Abs. 1 Nr. 3 SOG LSA, § 35 Abs. 1 Nr. 3 PolGNW, § 17 Abs. 1 Nr. 3 bdgPolG, § 204 Abs. 1 Nr. 4 schlhLVwG, § 18 Abs. 1 Nr. 3 NGefAG.

| | | | | |
|---|---|---|---|---|
| **Köln** | x | | | |
| **Mainz** | | x[109] | | |
| **München** | x | | | |
| **Nürnberg** | x[110] | | | |
| **Potsdam** | | x | | |
| **Saarbrücken** | „Fragestellung unverständlich“ | | | |
| **Schwerin** | x | | | |
| **Stuttgart** | | | x | |
| **Thüringen** | xxxxx | xx | | |
| **Wiesbaden** | x | | | |

109 „Grundsätzlich sind zwölf Stunden ausreichend. Im Einzelfall mußte diese Frist auch schon überschritten werden“.

110 „In der Regel ist ein Stundenansatz von weit unter sechs Stunden ausreichend“.

| Frage 7: | Sind nach Ihrer Erfahrung für die Zuführung von Minderjährigen[111] 1-6 Stunden Gewahrsam | 6-12 Stunden Gewahrsam | 12 -24 Stunden Gewahrsam | mehr als 24 Std. Gewahrsam erforderlich? |
|---|---|---|---|---|
| Berlin | x | | | |
| (Dresden) Dresden | x | | | |
| (Dresden) Bautzen | | x | | |
| (Dresden) Zittau | x | | | |
| (Dresden) Pirna | x[112] | | | |
| (Dresden) Riesa | x | | | |
| Düsseldorf - Ost | x | | | |
| Düsseldorf - Nord | x | | | |
| Düsseldorf - Süd | x | | | |
| Düsseldorf - Mitte | x | | | |
| Düsseldorf - Südwest | x | | | |
| (FfO) Frankfurt/Oder | x | | | |
| (FfO)Märkisch-Oderland | | x | | |
| (FfO) Eisenhüttenstadt | x | | | |
| (FfO) Fürstenwalde | x | | | |
| Hannover | x[113] | | | |
| Karlsruhe | x | | | |
| Kiel | x | | | |

111 Vgl. Art. 17 Abs. 2 bayPAG, § 55 Abs. 2 SOG MV, § 22 Abs. 2 SächsPolG, § 13 Abs. 2 hmbSOG, § 14 Abs. 2 rhpfPOG, § 30 Abs. 2 ASOG, § 32 Abs. 2 HSOG, § 15 Abs. 2 bremPolG, § 19 Abs. 2 thürPAG, § 37 Abs. 2 SOG LSA, § 35 Abs. 2 PolGNW, § 17 Abs. 2 bdgPolG, § 204 Abs. 2 schlhLVwG.

112 „Oder gar nicht".

113 „Ganz kurzfristig".

| | | | | |
|---|---|---|---|---|
| **Köln** | x | | | |
| **Mainz** | | x[114] | | |
| **München** | | x | | |
| **Nürnberg** | x[115] | | | |
| **Potsdam** | x | | | |
| **Saarbrücken**[116] | | | | |
| **Schwerin** | x | | | |
| **Stuttgart** | x | | | |
| **Thüringen** | xxxxx | xx | | |
| **Wiesbaden** | x | | | |

114 „Grundsätzlich sind max. zwölf Stunden erforderlich. Aufgrund relativ seltener Ausnahmefälle ist jedoch auch bei dieser Fallkonstellation eine längere Frist - 24 Stunden - unverzichtbar".

115 „In der Regel ist ein Stundenansatz von weit unter sechs Stunden ausreichend".

116 „Minderjährige dürfen nicht in Gewahrsam genommen werden. Höchstens Aufsicht im Wachbereich; keine freiheitsentziehende Maßnahme".

| Frage 8: | Sind nach Ihrer Erfahrung zur Rückführung Entwichener[117] | | | |
|---|---|---|---|---|
| | 1-6 Stunden Gewahrsam | 6-12 Stunden Gewahrsam | 12 -24 Stunden Gewahrsam | mehr als 24 Std. Gewahrsam |
| | | | | erforderlich? |
| Berlin | x | | | |
| (Dresden) Dresden | | x | | |
| (Dresden) Bautzen | | x | | |
| (Dresden) Zittau | | x | | |
| (Dresden) Pirna | | x | | |
| (Dresden) Riesa | x | | | |
| Düsseldorf - Ost | | x | | |
| Düsseldorf - Nord | x | | | |
| Düsseldorf - Süd | | x | | |
| Düsseldorf - Mitte | | x | | |
| Düsseldorf - Südwest | | | x | |
| (FfO) Frankfurt / Oder | | | x | |
| (FfO)Märkisch-Oderland | | | x | |
| (FfO) Eisenhüttenstadt | x | | | |
| (FfO) Fürstenwalde | x | | | |
| Hannover | x[118] | | | |
| Karlsruhe | x | | | |
| Kiel | | x | | |

117 Vgl. Art. 17 Abs. 3 bayPAG, § 55 Abs. 3 SOG MV, § 22 Abs. 3 SächsPolG, § 13 Abs. 3 hmbSOG, § 30 Abs. 3 ASOG, § 32 Abs. 3 HSOG, § 15 Abs. 3 bremPolG, § 13 Abs. 3 SaarlPolG, § 19 Abs. 3 thürPAG, § 37 Abs. 3 SOG LSA, § 35 Abs. 3 PolGNW, § 17 Abs. 3 bdgPolG, § 204 Abs. 3 schlhLVwG, § 18 Abs. 2 NGefAG.

118 „(Rechtslage = nächste JVA) Asylverfahren = Rückführung z.T. mehr als 24 Stunden".

| | | | | |
|---|---|---|---|---|
| **Köln** | | x | | |
| **Mainz** | „Rechtlich nicht geregelt" | | | |
| **München** | x | | | |
| **Nürnberg** | x[119] | | | |
| **Potsdam** | x | | | |
| **Saarbrücken** | | | x[120] | |
| **Schwerin** | | x | | |
| **Stuttgart** | | x | | |
| **Thüringen** | xx | xxxxx | | |
| **Wiesbaden** | x | | | |

119 „In der Regel ist ein Stundenansatz von weit unter sechs Stunden ausreichend".
120 „Geht problemlos am folgenden Tag".

| Frage 9: | Sind nach Ihrer Erfahrung zur Sicherung des Schutzes privater Rechte[121] | | | |
|---|---|---|---|---|
| | 1-6 Stunden Gewahrsam | 6-12 Stunden Gewahrsam | 12 -24 Stunden Gewahrsam | mehr als 24 Std. Gewahrsam |
| | | | | erforderlich? |
| Berlin | | | | x |
| (Dresden) Dresden | „Im SächsPolG nicht geregelt“ | | | |
| (Dresden) Bautzen | „Im SächsPolG nicht geregelt“ | | | |
| (Dresden) Zittau | „Im SächsPolG nicht geregelt“ | | | |
| (Dresden) Pirna | „Im SächsPolG nicht geregelt“ | | | |
| (Dresden) Riesa | „Im SächsPolG nicht geregelt“ | | | |
| Düsseldorf - Ost | x | | | |
| Düsseldorf - Nord | | | | x |
| Düsseldorf - Süd | x | | | |
| Düsseldorf - Mitte | (nicht beantwortet) | | | |
| Düsseldorf - Südwest | x | | | |
| (FfO) Frankfurt/Oder | | | x[122] | |
| (FfO)Märkisch-Oderland | x | | | |
| (FfO) Eisenhüttenstadt | | x | | |
| (FfO) Fürstenwalde[123] | | | | |
| Hannover | x | | | |
| Karlsruhe | (nicht beantwortet) | | | |
| Kiel | x | | | |

121 Vgl. § 55 Abs. 1 Nr. 3 SOG MV, § 13 Abs. 1 Nr. 4 hmbSOG, § 30 Abs. 1 Nr. 4 ASOG, § 32 Abs. 1 Nr. 4 HSOG, § 15 Abs. 1 Nr. 2 bremPolG, § 35 Abs. 1 Nr. 4 PolGNW, § 17 Abs. 1 Nr. 4 bdgPolG, § 204 Abs. 1 Nr. 3 schlhLVwG.

122 „Absolute Ausnahme“.

123 „Noch nicht vorgekommen; Verhältnismäßigkeit ist zu beachten“.

| | | | | |
|---|---|---|---|---|
| **Köln** | „Keine meßbaren Erfahrungswerte" | | | |
| **Mainz** | „Rechtlich nicht geregelt" | | | |
| **München** | „Rechtlich nicht möglich" | | | |
| **Nürnberg** | **x**[124] | | | |
| **Potsdam** | | **x** | | |
| **Saarbrücken** | „Bisher kein Fall bekannt" | | | |
| **Schwerin** | **x** | | | |
| **Stuttgart** | „Keine Fälle" | | | |
| **Thüringen** | **xxxxxx** | **x** | | |
| **Wiesbaden** | **x** | | | |

124 „In der Regel ist ein Stundenansatz von weit unter sechs Stunden ausreichend".

| **Frage 10:** | **Halten Sie einen mehrtägigen, richterlich angeordneten Polizeigewahrsam für erforderlich?** | | |
|---|---|---|---|
| | **Nein** | **ja** | **Wenn ja, über welchen Zeitraum?** |
| **Berlin** | | **x** | **4 Tage** |
| **(Dresden) Dresden** | | **x** | **14 Tage** |
| **(Dresden) Bautzen** | | **x** | **14 Tage** |
| **(Dresden) Zittau** | **x** | | |
| **(Dresden) Pirna** | | **x** | **7 Tage** |
| **(Dresden) Riesa** | | **x** | **14 Tage** |
| **Düsseldorf - Ost** | | **x** | **3 - 10 Tage** |
| **Düsseldorf - Nord** | | **x** | **2 Tage** |
| **Düsseldorf - Süd** | **x** | | |
| **Düsseldorf - Mitte** | **x** | | |
| **Düsseldorf - Südwest** | | **x** | **kommt auf die Lage an** |
| **(FfO) Frankfurt/Oder** | | **x** | **4 Tage** |
| **(FfO)Märkisch-Oderland** | | **x** | **4 Tage** |
| **(FfO) Eisenhüttenstadt** | | **x** | **3 Tage** |
| **(FfO) Fürstenwalde** | | **x** | **4 Tage** |
| **Hamburg** | **x** | | |
| **Hannover** | | **x** | **mindestens 4 Tage** |
| **Karlsruhe** | | **x** | **nicht mehr als 14 Tage** |
| **Kiel** | | **x**[125] | |

125 „Die Dauer des Polizeigewahrsams ist abhängig von der Dauer der jeweiligen Veranstaltung: Wenn z.B. eine Veranstaltung drei Wochen andauert, dann kann auch nach zwei Wochen und sechs Tagen noch die erforderliche „Gefahr" gegeben und Polizeigewahrsam demzufolge notwendig sein".

| | | | |
|---|---|---|---|
| **Köln** | **x** | | |
| **Mainz** | **x**[126] | | |
| **München** | | **x** | **14 Tage** |
| **Nürnberg** | | **x** | **14 Tage** |
| **Potsdam** | | **x** | **6 Tage** |
| **Saarbrücken** | | **x** | **3 Tage** |
| **Schwerin** | | **x** | **3 Tage** |
| **Stuttgart** | | **x** | **14 Tage (mindestens)** |
| **Thüringen** | **xx** | **xxxxx** | **4 x 10 Tage, 1 x 5 Tage** |
| **Wiesbaden** | | **x** | **Muß einzelfallbezogen entschieden werden** |

126 „Die Höchstfrist von 24 Stunden hat sich in der Praxis als ausreichend bewährt".

*b) Teil B des Fragenkatalogs: Daten*

*1. Anzahl der Fälle präventiv-polizeilicher Ingewahrsamnahmen ohne richterliche Anordnung*

| | **Berlin** 1.1.1995 - 31.12. 1995 | **Kiel** 1.1.1995 - 31.12.1995 | **Saarbrücken** jährl. Schätzungen | **Thüringen**[127] 1.7.1995 - 30.6.1996 | **Wiesbaden** 1.1.1995-31.12.1995 |
|---|---|---|---|---|---|
| Identitätsfeststellung | **85** | **79** | **ca. 50** | **730** | (keine Angabe) |
| Schutz privater Rechte | - | **2** | - | **64** | (keine Angabe) |
| Schutzgewahrsam | - | **1032** | **700** | **987** | **94** |
| Präventiv-/Unterbindungsgewahrsam | **51** | - | **300** | **1125** | **202** |
| Vollzug von Platzverweisungen | **10** | **235** | - | **227** | (keine Angabe) |
| Zuführung von Minderjährigen | **4** | - | **(kein Gewahrsam) ca. 20** | **217** | (keine Angabe) |
| Rückführung Entwichener | - | **5** | **ca. 50** | **102** | (keine Angabe) |
| Datenabgleich | - | - | - | **11** | (keine Angabe) |
| Zwangsweise Durchsetzung der Vorladung | - | - | **(unter) 10** | **332** | (keine Angabe) |

127 Diese und die nachfolgenden Zahlen aus Thüringen beinhalten die Angaben aller sieben Polizeidirektionen der Thüringer Landespolizei für den genannten Zeitraum.

2. *Von den unter 1. aufgeführten Fällen erfolgte die Ingewahrsamnahme zwischen 22.00 Uhr und 6.00 Uhr morgens in:*

| Berlin | Kiel | Saarbrücken | Thüringen | Wiesbaden |
|---|---|---|---|---|
| 10 Fällen | 510 Fällen | bestenfalls 40% der Fälle | 1976 Fällen | überwiegend zur Nachtzeit |

*- zwischen 6.00 Uhr morgens und 22.00 Uhr erfolgte die Ingewahrsamnahme in:*

| Berlin | Kiel | Saarbrücken | Thüringen |
|---|---|---|---|
| 140 Fällen | 843 Fällen | Hauptzeit später Nachmittag | 1819 Fällen |

*- am Wochenende (zwischen Freitag- und Sonntagabend) erfolgte die Ingewahrsamnahme in:*

| Berlin | Kiel | Saarbrücken | Thüringen | Wiesbaden |
|---|---|---|---|---|
| 15 Fällen | 395 Fällen | mehr als die Hälfte | 1493 Fällen | Schwerpunkte nur in Verbindung mit Volksfesten |

*3. Anzahl der herbeigeführten richterlichen Anordnungen*

*aa) In wievielen Fällen wurde eine richterliche Entscheidung über die Ingewahrsamnahme herbeigeführt?*

| | Berlin<br>1.1.1995 - 31.12.1995 | Kiel<br>1.1.1995 - 31.12.1995 | Saarbrücken<br>jährliche Schätzungen | Thüringen<br>1.7.1995 - 30.6.1996 |
|---|---|---|---|---|
| Identitätsfeststellung | **in 19 Fällen** | - | **1 x bisher** | **in 79 Fällen** |
| Schutz privater Rechte | - | - | - | **in 8 Fällen** |
| Schutzgewahrsam | - | - | **unter 10% der Fälle** | **in 47 Fällen** |
| Präventiv-/Unterbindungsgewahrsam | **in 5 Fällen** | **in 5 Fällen** | **10-20% der Fälle** | **in 289 Fällen** |
| Vollzug von Platzverweisungen | **in 5 Fällen** | - | - | - |
| Zuführung von Minderjährigen | - | - | - | **in 8 Fällen** |
| Rückführung Entwichener | - | - | - | **in 1 Fall** |
| Datenabgleich | - | - | - | - |
| Zwangsweise Durchsetzung der Vorladung | - | - | - | **in 193 Fällen** |

*bb) Davon wurde die polizeibehördliche Anordnung der Ingewahrsamnahme durch richterliche Entscheidung für rechtswidrig erklärt:*

| Berlin | Kiel | Saarbrücken | Thüringen | Mainz |
|---|---|---|---|---|
| nie | nie | nie | in 5 Fällen | seit 1990 kein Fall bekannt |

*cc) Davon wurde die Fortdauer des Polizeigewahrsams durch richterliche Entscheidung für unzulässig erklärt in:*

| Berlin | Kiel | Saarbrücken | Thüringen | Mainz |
|---|---|---|---|---|
| nie | nie | einem Fall | 24 Fällen | seit 1990 kein Fall bekannt |

*dd) Warum wurde in den übrigen Fällen von der Herbeiführung einer richterlichen Entscheidung abgesehen?*

| Weil: | Berlin | Kiel | Saarbrücken | Thüringen |
|---|---|---|---|---|
| Kein Richter erreichbar war: | - | - | **80-90% der Fälle** | **in 49 Fällen** |
| Der Grund für die Maßnahme weggefallen ist: | **in 100 Fällen** | - | **in wenigen Fällen** | **in 1817 Fällen** |
| Es sich um eine nur „kurzfristige Freiheitsentziehung" handelte: | **in 21 Fällen** | **in den übrigen Fällen** | **kaum** | **in 1929 Fällen** |

4. *Wenn eine richterliche Anordnung der Fortdauer der Freiheitsentziehung erfolgte, in wievielen Fällen erstreckte sich der polizeigesetzlich angeordnete Gewahrsam auf:*[128]

| | Saarbrücken | Thüringen |
|---|---|---|
| bis zu 24 Stunden | **in allen Fällen** | **in 312 Fällen** |
| max. 2 Tage | | **in 34 Fällen** |
| max. 3 Tage | | **in 3 Fällen** |
| max. 4 Tage | | **in 1 Fall** |
| max. 5 Tage | | **in 6 Fällen** |
| max. 6 Tage | | - |
| max. 7 Tage | | - |
| max. 8 Tage | | - |
| max. 9 Tage | | - |
| max. 10 Tage | | **in 1 Fall** |
| max. 11 Tage | | |
| max. 12 Tage | | |
| max. 13 Tage | | |
| max. 14 Tage | | |

128 Aus Berlin und Kiel war kein entsprechendes Zahlenmaterial zu erhalten.

5. *Von den unter 4. aufgeführten Fällen wurde eine vorzeitige Entlassung angeordnet in:*

| Saarbrücken | Thüringen |
|---|---|
| keinem Fall | 116 Fällen |

*c) Zusätzliche Daten*

1. *Von dem Polizeipräsidenten in Wiesbaden*

Wiesbaden konnte mangels einer zentralen Erhebung der gewünschten Daten auf den Polizeirevieren und -stationen keine Auskünfte über die durchschnittliche Zeitdauer von Identitätsfeststellungen oder sonstigen polizeigesetzlichen Ingewahrsamnahmen liefern. Doch war es möglich, folgende Gesamtzahlen zur Identitätsfeststellung, zum Schutz- und Präventivgewahrsam sowie zur Abschiebehaft zu liefern:

*Identitätsfeststellung*

Mit Ausnahme der Direktion Sonderdienste handelt es sich bei den nachfolgenden Zahlenwerten um die Gesamtzahlen der im Polizeipräsidium Wiesbaden durchgeführten Personalienfeststellungen. Eine Differenzierung zwischen Freiheitsentziehung und Freiheitsbeschränkung erfolgte nicht.

| 1.1.1991- 31.12.1991 | 1.1.1992- 31.12.1992 | 1.1.1993- 31.12.1993 | 1.1.1994- 31.12. 1994 | 1.1.1995- 31.12.1995 |
|---|---|---|---|---|
| 4.689 | 4.771 | 5.156 | 5.300 | 4.889 |

*Weitere Datenerhebungen:*

- *Präventiv-polizeiliche Anordnung gem. § 32 Abs.1 Nr.1 HSOG (Schutzgewahrsam):*

| 1.1.1991- 31.12.1991 | 1.1.1992- 31.12.1992 | 1.1.1993- 31.12.1993 | 1.1.1994- 31.12.1994 | 1.1.1995- 31.12.1995 | 1.1.1996- 30.6.1996 |
|---|---|---|---|---|---|
| 86 | 129 | 92 | 54 | 94 | 39 |

- *Präventiv-polizeiliche Anordnung gem. § 32 Abs.1 Nr. 2 HSOG (Präventiv-/Unterbindungsgewahrsam)*[129]*:*

| 1.1.1991-31.12.1991 | 1.1.1992-31.12.1992 | 1.1.1993-31.12.1993 | 1.1.1994-31.12.1994 | 1.1.1995-31.12.1995 | 1.1.1996-30.6.1996 |
|---|---|---|---|---|---|
| 240 | 293 | 249 | 237 | 202 | 114 |

- *Einlieferung zwecks Abschiebehaft*[130/131]*:*

| 1.1.1991-31.12.1991 | 1.1.1992-31.12.1992 | 1.1.1993-31.12.1993 | 1.1.1994-31.12.1994 | 1.1.1995-31.12.1995 | 1.1.1996-30.6.1996 |
|---|---|---|---|---|---|
| 100 | 73 | 207 | 321 | 194 | 83 |

### 2. *Von dem Polizeipräsidenten in München*

Im Zuständigkeitsbereich des Polizeipräsidiums von München sind Ingewahrsamnahmen in erster Linie im Zusammenhang mit Fußballspielen der beiden lokalen Bundesligavereine relevant (sog. Unterbindungsgewahrsam).

In der Bundesligasaison 95/96 kam es bei den Spielen beider Vereine zu ca. 130 Ingewahrsamnahmen, in der Spielsaison 96/97 bisher[132] zu ca. 20. Nach Schätzung der für diesen Bereich zuständigen Dienststelle lag die durchschnittliche Dauer dieser Ingewahrsamnahmen bei ca. zwei Stunden.

---

129 „Die Einlieferungen in das Polizeigewahrsam gem. § 32 HSOG erfolgen überwiegend zur Nachtzeit, und dementsprechend ist bei der durchschnittlichen Zeitdauer bis zur Vorführung beim Richter oder der Herbeiführung einer richterlichen Entscheidung der Grund für die Maßnahme bereits weggefallen. Wenn der Zeitpunkt des Wegfalls des Einlieferungsgrundes als „kurzfristig" abzusehen ist (z.B. Alkoholeinwirkung), wird im Einvernehmen mit dem Amtsrichter auch tagsüber von der Herbeiführung einer richterlichen Anordnung abgesehen ".

130 „Abschiebehäftlinge werden grundsätzlich erst nach vorheriger Vorführung beim Richter in das Polizeigewahrsam eingeliefert, es sei denn, die Abschiebung ist rechtskräftig und vollstreckbar angeordnet und eine Vorführung würde den Abschiebetermin gefährden".

131 „Abschiebehäftlinge befinden sich zwischen einem bis höchstens 14 Tage im Polizeigewahrsam. Sollte in dieser Zeitspanne eine Rückführung nicht möglich sein, werden sie in einer Justizvollzugsanstalt untergebracht".

132 Stand vom 10.12.1996.

*IV. Stellungnahme*

Ein erster Überblick über die Angaben zu Teil A des Fragebogens zeigt, daß eine Ingewahrsamnahme von über zwölf Stunden zur Durchsetzung der einzelnen präventiv-polizeilichen Maßnahmen überwiegend nicht für erforderlich gehalten wird.

Doch sind hiervon auch Abweichungen festzustellen. Mehr als zwölf Stunden Gewahrsam halten ca. 7% der Bearbeiter der Fragebögen für eine Identitätsfeststellung, ca. 1% für einen Datenabgleich und ca. 6% für den Vollzug von Platzverweisungen für erforderlich. Nach den Angaben von ca. 5 % der Bearbeiter[133] befindet sich der Betroffene im Durchschnitt zwischen zwölf und 24 Stunden in Schutzgewahrsam und weitere 9%[134] veranschlagen den gleichen Zeitraum für den Präventiv-/bzw. Unterbindungsgewahrsam.

Die Erforderlichkeit eines Polizeigewahrsams von bis zu 24 Stunden wird bei den Fragen zwei und acht prozentual am häufigsten bejaht; ca. 13% der Bearbeiter halten einen zwölf bis 24-stündigen Gewahrsam für die zwangsweise Durchsetzung der Vorladung für erforderlich, 6% sogar einen Gewahrsam von mehr als 24 Stunden. Bis auf Hannover, wo „alles möglich sein kann, je nach Einzelfall und tatsächlicher Durchführbarkeit"[135], stammen diese Angaben von Polizeibehörden bzw.-direktionen aus Brandenburg, Sachsen und Thüringen. Ca. 12% der Bearbeiter (Düsseldorf-Südwest, Frankfurt/Oder, Märkisch-Oderland/FfO, Saarbrücken) geben an, daß ein Gewahrsam von zwölf bis 24 Stunden für die Rückführung Entwichener erforderlich sei.

Der Anteil derjenigen Bearbeiter, die sechs bis zwölf Stunden für einzelne polizeiliche Maßnahmen ansetzen, überwiegt bei den Fragen vier und fünf. So geben ca. 58% an, daß sich der Betroffene im Durchschnitt sechs bis zwölf Stunden in Schutzgewahrsam befindet. Ca. 56% sind der Ansicht, daß der gleiche Zeitraum durchschnittlich für einen Präventiv- /bzw. Unterbindungsgewahrsam zu veranschlagen ist. Lediglich nach den Erfahrungen in Frankfurt/Oder dauert ein Präventiv-/bzw. Unterbindungsgewahrsam durchschnittlich mehr als 24 Stunden. Sechs bis zwölf Stunden halten zur zwangsweisen Durchsetzung der Vorladung ca. 34%, für den Datenabgleich ca. 33%, den Vollzug von Platzverweisungen ca. 21 %, die Zuführung Minderjähriger ca. 17%, die Rückführung Entwichener ca. 48% und den Schutz privater Rechte ca. 13% der Bearbeiter für erforderlich.

---

133 Bautzen (Dresden), Eisenhüttenstadt (FfO).

134 Mainz und 2x in Thüringen.

135 Vgl. Fn. 88.

Ungefähr ein Drittel der Bearbeiter halten für alle polizeilichen Maßnahmen einen Gewahrsam von max. sechs Stunden für ausreichend; teilweise sogar weit darunter.[136] Diese Aussage treffen für den Schutzgewahrsam ca. 38%, für den Präventiv- /bzw. Unterbindungsgewahrsam ca. 31%, die zwangsweise Durchsetzung der Vorladung ca. 44%, für den Datenabgleich ca. 66%, den Vollzug von Platzverweisungen ca. 72%, die Zuführung von Minderjährigen ca. 82% und den Schutz privater Rechte ca. 68% der Bearbeiter.

Im Falle der Identitätsfeststellung ergibt sich fast ein Paritätsverhältnis: Ca. 47% der Bearbeiter geben an, daß max. sechs Stunden Gewahrsam zur Durchführung der Maßnahme ausreichend sind, 44% veranschlagen hingegen einen Zeitraum von sechs bis zwölf Stunden. In vier Fällen wurden zum Zwecke der Identitätsfeststellung mehr als zwölf Stunden für notwendig gehalten, so beispielsweise, wenn es sich „um Ausländer" handelt.[137] Bei zwei dieser Angaben fällt auf, daß sie im Widerspruch zu der jeweils für sie geltenden Gesetzeslage stehen; denn gem. § 20 Abs. 2 bdgPolG und § 16 Abs. 2 SaarlPolG ist eine Freiheitsentziehung zum Zwecke der Identitätsfeststellung selbst mit richterlicher Anordnung auf max. zwölf Stunden begrenzt. Demzufolge entbehren die Angaben aus Potsdam und Saarbrücken bzgl. der Identitätsfeststellung einer entsprechenden gesetzlichen Regelung, so daß diese Ingewahrsamnahmen rechtswidrig sind.

Die Auswertung der Antworten zu Frage 10 des Teils A des Fragebogens ergibt, daß der überwiegende Anteil der Bearbeiter einen mehrtägigen, richterlich angeordneten Polizeigewahrsam für notwendig hält (ca. 77%); eine Differenzierung nach den einzelnen Gewahrsamsvarianten erfolgte nicht. Auf die Frage, über welchen Zeitraum dies für erforderlich gehalten wird, stimmen die Antworten überwiegend mit den jeweils geltenden polizeigesetzlichen Regelungen überein. Abweichungen von der Gesetzeslage ergeben sich in folgenden Fällen: Einen längeren, richterlich angeordneten Polizeigewahrsam, als es der jeweiligen Gesetzeslage im Zeitpunkt der Bearbeitung entspricht, halten die Bearbeiter aus Potsdam (sechs Tage -/- § 20 Abs. 1 Nr. 3 S. 3 bdgPolG = vier Tage), Saarbrükken (drei Tage -/- § 16 Abs. 1 Nr. 3 SaarlPolG = 24 Stunden), Düsseldorf-Ost (drei-zehn Tage -/- § 38 Abs. 1 Nr. 3 PolGNW = 48 Stunden) und Berlin (vier Tage -/- § 33 Abs. 1 Nr. 3 ASOG = 48 Stunden) für erforderlich. Ein Weniger hielten Pirna/ Dresden (sieben Tage -/- § 22 Abs. 7 S. 3 SächsPolG = 14 Tage), Eisenhüttenstadt/ FfO (drei Tage -/- § 20 Abs. 1 Nr. 3 S. 3 bdgPolG = vier Tage) und eine Polizeidirektion der Thüringer Landespolizei (fünf Tage -/- § 22 Nr. 3 thürPAG = zehn Tage) für ausreichend.

136 Vgl. die Aussage aus Nürnberg, Fn. 84.

137 So Dresden und Saarbrücken.

Die Bearbeiter aus Schwerin und Kiel, in deren Tätigkeitsbereich eine Maximalfrist für den richterlich angeordneten Polizeigewahrsam polizeigesetzlich nicht geregelt ist, halten drei Tage und aus Kiel sogar bis zu drei Wochen richterlich angeordneten Polizeigewahrsam im Einzelfall für erforderlich. Diese Angabe des Polizeipräsidenten aus Kiel steht jedoch im Widerspruch zu einer Aussage des Leiters der Polizeiabteilung des Innenministeriums von Schleswig-Holstein, die dieser im Rahmen der Anhörung vor dem Verfassungsgericht des Freistaates Sachsen am 12. und 13. Oktober 1995 in Leipzig gab. So sagte der Leiter der Polizeiabteilung des Innenministeriums aus, daß drei bis vier Tage ein realistischer Zeitraum für einen richterlich angeordneten Polizeigewahrsam seien. Diese Feststellung basiere insbesondere auf dem tatsächlichen zeitlichen Ablauf von Ereignissen. Eine Dauerlage von 14 Tagen und eventuell länger, die so bedrohlich ist, daß sie nicht mit anderen polizeilichen Mitteln gelöst werden kann, ist nach seiner Ansicht eine weitgehend unrealistische Annahme.

Angaben zu Teil B des Fragebogens kamen aus Berlin, Kiel, Saarbrücken, Thüringen, Wiesbaden und teilweise auch aus Mainz und München. Die Gesamtzahlen der polizeilichen Ingewahrsamnahmen sind dabei weniger aufschlußreich. Denn Aussagen zu diesen Zahlen sind mangels näherer Hintergrundinformationen (gab es in diesem Zeitraum z. B. gewalttätige Demonstrationslagen, wenn ja, wie oft, etc.) lediglich spekulativ. Interessanter sind vielmehr die Angaben zum Zeitpunkt der Ingewahrsamnahme sowie zu ihrem „weiteren Schicksal"; wurde z.B. eine richterliche Entscheidung herbeigeführt?

Zunächst ist auffallend, daß ein großer Prozentsatz der Ingewahrsamnahmen zwischen 22.00 Uhr und 6.00 Uhr morgens erfolgte. So fanden die polizeilichen Ingewahrsamnahmen ohne richterliche Anordnung in Wiesbaden überwiegend und in Thüringen in 52% der Fälle zur Nachtzeit statt. Auch in Kiel erfolgten Ingewahrsamnahmen in 48% und in Saarbrücken in 40% der Fälle nachts; am Wochenende in Thüringen in 39% und in Saarbrücken in mehr als der Hälfte der Fälle.

Eine richterliche Entscheidung über die Zulässigkeit und Fortdauer der Ingewahrsamnahme wurde in Berlin, Saarbrücken und Thüringen nur in ca. jedem fünften Fall[138] beantragt, in Kiel sogar nur in 0,3% aller Fälle. Davon wurden außer in einem Fall in Saarbrücken und in insgesamt 29 Fällen in Thüringen die polizeilichen Anordnungen oder die Fortdauer der Ingewahrsamnahmen in keinem Fall für rechtswidrig erklärt. Auch in Mainz sei seit 1990 kein Fall bekannt,

138 Berlin: 19% aller Fälle, Saarbrücken ca. 15% aller Fälle, Thüringen ca. 16% aller Fälle.

in dem eine präventiv-polizeiliche Anordnung nachträglich für rechtswidrig erklärt wurde. [139]

Auf die Frage, warum in den übrigen Fällen von der Herbeiführung einer richterlichen Entscheidung abgesehen wurde, gab Saarbrücken an, daß in 80-90% der Fälle kein Richter erreichbar war; ein Grund, der in Berlin, Kiel und Thüringen nur eine sehr untergeordnete Rolle spielte. In Berlin war in der Mehrzahl der Fälle der Grund für die Maßnahme entfallen und in Thüringen und Kiel soll es sich vorwiegend um „nur kurzfristige Freiheitsentziehungen" gehandelt haben. Hier ist allerdings anzumerken, daß in Kiel und Thüringen die Ingewahrsamnahmen überwiegend zwischen 22.00 Uhr und 6.00 Uhr stattfanden, ein Zeitraum, in dem mit großer Wahrscheinlichkeit kein Richter erreichbar war. Ob es sich dabei in den meisten Fällen um eine „nur kurzfristige Freiheitsentziehung" handelte, erscheint fraglich, weil sowohl nach den Erfahrungen aus Thüringen als auch aus Kiel die Dauer einer Ingewahrsamnahme durchschnittlich sechs bis zwölf Stunden[140] beträgt, ein Zeitraum, der nicht mehr als „kurzfristig" betrachtet werden kann.[141]

In Thüringen kam es innerhalb eines Jahres in lediglich 0,2% der Fälle einer präventiv-polizeilichen Ingewahrsamnahme zu einem die 48 Stunden übersteigenden, richterlich angeordneten Polizeigewahrsam. In 0,8% der Fälle wurde ein Polizeigewahrsam von maximal 48 Stunden und in 8,2% der Fälle von bis zu 24 Stunden richterlich angeordnet. Von diesen insgesamt 357 „längerfristigen" Ingewahrsamnahmen erfolgte in 32% der Fälle eine vorzeitige Entlassung der Betroffenen.

Ein erster Überblick über die Ergebnisse dieser Umfrage zeigt somit, daß in Anbetracht der großen Anzahl von Ingewahrsamnahmen zwischen 22.00 Uhr und

---

139 Auch in Wiesbaden war kein Fall bekannt, in dem nachträglich die polizeiliche Anordnung für rechtswidrig erklärt wurde.

140 Sechs-zwölf Stunden sind nach den Erfahrungen aus Kiel für den Identitätsgewahrsam, den Datenabgleich, den Präventivgewahrsam und die Rückführung Entwichener erforderlich. In Thüringen ist dieser Zeitraum nach Ansicht von sechs Polizeidirektionen für den Identitätsgewahrsam, nach Ansicht von vier Polizeidirektionen zur zwangsweisen Durchsetzung der Vorladung (eine Direktion veranschlagte hier mehr als 24 Stunden), nach Ansicht von vier Direktionen für einen Datenabgleich, nach Ansicht von fünf Direktionen der Landespolizei sowohl für den Schutz- als auch den Präventivgewahrsam und nach der Ansicht von fünf Polizeidirektionen ebenso für die Rückführung Entwichener anzusetzen.

141 Als „kurzfristig" wird in Rechtsprechung und Literatur regelmäßig ein Zeitraum von zwei-drei Stunden angesehen; vgl. OVG Münster DVBl. 1979, 733; Azzola-AK-II, GG, Art. 104 Rz. 37; Jarass/Pieroth, GG, Art. 104 Rz. 13; ausführlich hierzu Koschwitz, Die kurzfristige polizeiliche Freiheitsentziehung, S. 95 ff. m.w.N.

6.00 Uhr ein 24-stündiger richterlicher Bereitschaftsdienst notwendig ist. Der Betroffene befindet sich nach den Aussagen diensterfahrener Polizeibeamten durchschnittlich ca. sechs bis zwölf Stunden, teilweise sogar weit über zwölf Stunden ohne richterliche Entscheidung in Polizeigewahrsam. Dieser Umstand wird vorwiegend darauf zurückgeführt, daß aufgrund der Tageszeit (nämlich nachts) bzw. des Wochentages (Samstag oder Sonntag) kein Richter erreichbar ist, wie die Angaben aus Kiel, Saarbrücken und Thüringen bestätigen.[142] Des weiteren wird anhand der Einschätzungen der Bearbeiter hinsichtlich der durchschnittlichen Dauer einer Ingewahrsamnahme sowie den diesbezüglichen Zahlen aus Thüringen und Kiel deutlich, daß ein mehrtägiger, richterlich angeordneter Polizeigewahrsam in der polizeilichen Praxis die absolute Ausnahme ist. Dennoch hielt die Mehrzahl der Bearbeiter eine entsprechende polizeigesetzliche Regelung für notwendig. Auf Nachfragen[143] wird fast einheitlich geantwortet[144], daß zwar bisher kein Fall in der Praxis bekannt sei, man aber für einen in der Zukunft möglicherweise auftretenden Fall die entsprechende gesetzliche Grundlage gesichert wissen wolle.

## C. Empirische Erhebung bei Amtsgerichten

### *I. Aufgabenstellung*

Bei den Amtsgerichten interessierte zum einen die Organisation eines richterlichen Bereitschaftsdienstes außerhalb der normalen Dienstzeiten sowie an dienstfreien Tagen. Zum anderen sollte für die Jahre 1990 bis einschließlich der ersten Hälfte von 1996 in Erfahrung gebracht werden, in wievielen Fällen jeweils die Polizei als Gefahrenabwehrbehörde oder als Hilfsbeamte der Staatsanwaltschaft die vorherige richterliche Anordnung einer freiheitsentziehenden Maßnahme beantragte, wie oft dies z.B. am Wochenende erfolgte, wie oft nachträglich eine richterliche Entscheidung eingeholt und in wievielen dieser Fälle die Anträge seitens des Gerichts abgelehnt wurden. Zudem sollte angegeben werden, in wievielen Fällen es zu der richterlichen Anordnung eines mehrtägigen Polizeigewahrsams kam.

142 Vgl. die Angaben unter B III b).

143 Telefonische Nachfrage bei den Bearbeitern der Fragebögen.

144 So z.B. die Antwort der Bearbeiter aus München, Nürnberg, Saarbrücken, Stuttgart und Frankfurt/Oder.

## *II. Vorbereitung und Durchführung*

### *a) Genehmigung der Justizminister der Länder*

Voraussetzung für die Durchführung dieses Teils der empirischen Erhebung war wiederum die Genehmigung der jeweiligen Ministerien, hier der Justizministerien der Länder. Von den 16 angeschriebenen Justizministern gaben zwölf ihre Zustimmung zu dem Vorhaben, drei (Brandenburg, Sachsen und Sachsen-Anhalt) lehnten eine Genehmigungserteilung ab und der Justizminister von Thüringen enthielt sich jeglicher Stellungnahme. Teilweise wurde die Genehmigung wiederum unter der Einschränkung erteilt, daß mangels einer entsprechenden Statistik der Verwaltungsaufwand vertretbar bleiben müsse.

Im Gegensatz zu den Innenministerien, die sich vereinzelt um eine Unterstützung der Umfrage bemühten (so Berlin, Saarland, Schleswig-Holstein, Thüringen), überließen die Justizminister den Amtsgerichtspräsidenten die Entscheidung zur Beantwortung der Fragen.

### *b) Fragenprogramm*

Der Zeitraum der Befragung bezog sich wiederum auf die Jahre 1990 bis 1995 sowie für das Jahr 1996 auf den Zeitraum vom 1.1. 1996 bis 30.8.1996.

Der Fragebogen unterteilte sich in zwei Bereiche, einen strafprozessualen und einen polizeirechtlichen Teil.

Der strafprozessuale Teil unterteilte sich wiederum in zwei Schwerpunkte: In die Antragstellung vor der Ingewahrsamnahme und die Antragstellung nach bereits erfolgter Ingewahrsamnahme (Gefahr im Verzuge). Gefragt war jeweils nach der Anzahl der Anträge, in wievielen Fällen es zu einer Ablehnung kam und in wievielen Fällen die Antragstellung zwischen Freitag und Sonntagabend erfolgte.

Der polizeirechtliche Teil der Umfrage bei Amtsgerichten bezog sich wiederum auf die Antragstellung vor und nach bereits erfolgter Ingewahrsamnahme. Gefragt war nach der jeweiligen Anzahl der aufgetretenen Fälle, bezogen auf die möglichen Varianten der polizeirechtlichen Ingewahrsamnahme. Auch hier sollte angegeben werden, in wievielen dieser Fälle eine Anordnung abgelehnt wurde bzw. am Wochenende erfolgte. Auch sollte angeführt werden, in wievielen von den nachträglich herbeigeführten Entscheidungen die Fortdauer der Ingewahrsamnahme für unzulässig erklärt und wie oft mehrtägiger Polizeigewahrsam richterlich angeordnet wurde. Der polizeirechtliche Teil des Fragebogens berücksichtigte wiederum nicht die einzelnen landesspezifischen Bestimmungen, sondern war quasi „bundeseinheitlich“ erstellt. Demzufolge sollten die jeweils nicht geltenden Varianten der Ingewahrsamnahme bei der Beantwortung unbeachtet bleiben.

Das entsprechende Anschreiben an die Amtsgerichtspräsidenten enthielt fünf zusätzliche Fragen bezüglich der Organisation des richterlichen Bereitschaftsdienstes. Gefragt war, zu welchen Zeiten an dienstfreien Tagen bzw. außerhalb der normalen Dienstzeiten ein richterlicher Bereitschaftsdienst eingerichtet ist, ob es hiervon Abweichungen gibt, z. B. bei Demonstrationen, und wie in einem solchen Fall die organisatorische Durchführung gestaltet ist.

Zum Abschluß wurden die Amtsgerichtspräsidenten noch nach ihrer Einschätzung zu der Erforderlichkeit eines mehrtägigen, richterlich angeordneten Polizeigewahrsams befragt.

### *c) Auswahl der Amtsgerichte*

Den Fragebogen erhielten die Amtsgerichtspräsidenten derselben Städte, in denen bereits die jeweiligen Polizeipräsidenten angeschrieben wurden. Beabsichtigt war, den Angaben aus der Polizeipraxis die entsprechenden Erfahrungen aus der richterlichen Praxis gegenüberzustellen.

### *d) Rücklauf*

Außer dem Präsidenten des Amtsgerichts von Berlin, der jede Stellungnahme ablehnte, beantworteten die übrigen Amtsgerichtspräsidenten zumindest weitestgehend die Zusatzfragen in dem Anschreiben. Das Justizministerium von Mecklenburg-Vorpommern wollte es nicht den Amtsgerichtspräsidenten von Schwerin und Rostock überlassen, auf die Frage zur Erforderlichkeit eines mehrtägigen, richterlich angeordneten Polizeigewahrsams zu antworten, sondern behielt sich eine eigene Stellungnahme vor, die allerdings bis zum Abschluß dieser Arbeit trotz wiederholter Aufforderung nicht erfolgte. Die Amtsgerichtspräsidenten von Düsseldorf, Frankfurt/M., München und Stuttgart fügten ihrem Schreiben noch weitere Einzelheiten bzgl. der Organisation des richterlichen Bereitschaftsdienstes bei. Aus Hannover kam zudem noch eine ausführliche Stellungnahme zu den Erfahrungen bei den sog. „Chaos-Tagen“ der Jahre 1995 und 1996, die zudem statistische Angaben enthielt.

Bis auf Wiesbaden haben alle Amtsgerichtspräsidenten von der Beantwortung der Fragen in den Fragebögen mangels Verfügbarkeit über entsprechendes statistisches Zahlenmaterial abgesehen.

### *III. Ergebnisse der empirischen Erhebung*

#### *a) Teil A und B des Fragenkatalogs: Daten*

#### *1. Wiesbaden*

Aus Wiesbaden wurden folgende Zahlen und Fakten mitgeteilt:

Beim Amtsgericht Wiesbaden beantragte die Polizei gem. §§ 32, 33 HSOG[145] eine richterliche Entscheidung über Zulässigkeit und Fortdauer des Polizeigewahrsams bzw. seine Anordnung in:

| 1.1.1990-31.12.1990 | 1.1.1991-31.12.1991 | 1.1.1992-31.12.1992 | 1.1.1993 - 31.12.1993 | 1.1.1994 - 31.12.1994 | 1.1.1995 - 31.12.1995 | 1.1.1996 - 31.5.1996 |
|---|---|---|---|---|---|---|
| 273 Fällen | 326 Fällen | 422 Fällen | 341 Fällen | 291 Fällen | 296 Fällen | 153 Fällen |

Im Durchschnitt befinde sich der Betroffene selten mehr als drei Stunden in Polizeigewahrsam. Eine polizeiliche Ingewahrsamnahme, die mit richterlicher Anordnung länger als 24 Stunden angedauert habe, sei nicht bekannt. Von den Anträgen gem. §§ 32, 33 HSOG, die in der Regel telefonisch erfolgten und auch telefonisch beantwortet werden, sei bisher noch keiner abgelehnt worden.[146]

#### *2. „Chaos-Tage" 1995 in Hannover*

Folgende Informationen sowie statistisches Zahlenmaterial zu den dreitägigen „Chaos-Tagen" 1995 kamen aus Hannover:

| „Chaos-Tage" 1995 | Fälle |
|---|---|
| Polizeiliche Ingewahrsamnahmen: | über 1.000 |
| Ingewahrsamnahmen, die länger als acht Stunden andauerten[147]: | 691 |

145 § 32 HSOG normiert Schutzgewahrsam, Präventiv-/Unterbindungsgewahrsam, Gewahrsam zur Durchsetzung von Platzverweisungen, zum Schutz privater Rechte, zur Zuführung von Minderjährigen und zur Rückführung Entwichener; § 33 HSOG regelt die diesbezüglich erforderliche richterliche Entscheidung .

146 So die Auskunft aus Wiesbaden. Demgegenüber teilte das Justizministerium von Bremen schriftlich mit, daß man telefonische Anordnungen der Ingewahrsamnahme für unzulässig halte, weil sie gegen den Grundsatz des rechtlichen Gehörs verstoßen.

147 Die zu diesem Zeitpunkt geltende Gesetzesgrundlage war § 19 Abs. 1 NGefAG i.d.F.v. 13.4.1994. Diese Regelung sah vor, daß bei einer Ingewahrsamnahme, die

Während der Veranstaltung erging kein richterlicher Beschluß über die Zulässigkeit und Fortdauer der Ingewahrsamnahme. Von seiten der Polizei wurden dem richterlichen Bereitschaftsdienst sowohl am Freitag als auch am Sonntag keine Vorgänge vorgelegt. Am Samstag erhielt der Bereitschaftsrichter gegen 18.00 Uhr ein Konvolut mehrerer Aktenordner, die u.a. eine völlig ungeordnete Zusammenstellung von Kurzprotokollen, Einsatzplänen und Vermerken beinhalteten. Eine sachdienliche richterliche Tätigkeit war dadurch stark eingeschränkt.

Mehrere Wochen nach den „Chaos-Tagen" ergingen im Hinblick auf die erforderliche richterliche Entscheidung gem. § 19 NGefAG a.F. 54 Sammel[148]- und 36 Einzelbeschlüsse[149] mit folgenden Inhalten:

| | Einzelbeschlüsse | Sammelbeschlüsse |
|---|---|---|
| **Ingewahrsamnahme war rechtmäßig:** | **13** | **64** |
| **Ingewahrsamnahme war rechtswidrig:** | **15** | **80** |
| **Anordnung war rechtmäßig, aber Fortdauer der Ingewahrsamnahme war rechtswidrig:** | **10** | **509** |

Die Richter rügten, daß entgegen dem Wortlaut des Gesetzes nicht unverzüglich ein Bereitschaftsrichter eingeschaltet wurde. Verzögerungen, die auf Fehler im Einsatzkonzept der Polizei zurückzuführen seien, gingen zu Lasten der Polizei. Zudem benötigte die Polizei für Identitätsfeststellungen teilweise mehr als acht Stunden, obwohl der Betroffene nach dem Gesetzeswortlaut hierzu nicht länger als sechs Stunden festgehalten werden sollte (§ 21 S. 2 NGefAG a.F.). In einzelnen Fällen wurden die Betroffenen auch länger als bis zum Ende des Tages nach dem Ergreifen festgehalten, obwohl eine Verlängerung der Ingewahrsamnahme auch durch richterliche Anordnung nur auf Grund eines anderen Gesetzes möglich gewesen wäre. [150]

---

länger als acht Stunden andauerte, das Gericht auch dann entschied, wenn die betroffene Person nicht mehr festgehalten wurde. „Der Herbeiführung einer richterlichen Entscheidung bedarf es nicht, wenn anzunehmen ist, daß die Entscheidung erst nach Wegfall des Grundes der Maßnahme ergehen und die Freiheitsbeschränkung nicht länger als acht Stunden andauern wird."

148 „Sammelbeschlüsse" bedeutet, daß Tatkomplexe gebildet wurden und demgemäß eine einheitliche Entscheidung für mehrere Betroffene ergehen konnte.

149 Bei den „Einzelbeschlüssen" war ein solcher Zusammenhang nicht gegeben, oder es handelte sich nur um einzelne Störer.

150 Gemäß § 21 S.1 Nr. 3 NGefAG a.F. war der Polizeigewahrsam in Niedersachsen auf 48 Stunden begrenzt.

### *3. „Chaos-Tage" 1996 in Hannover*

Der neugefaßte § 21 NGefAG[151] ermöglichte nun einen richterlich angeordneten Polizeigewahrsam von bis zu vier Tagen. Das Amtsgericht Hannover machte in einem Fall während der Chaos-Tage 1996 von der neuen polizeigesetzlichen Regelung Gebrauch. Anträge auf nachträgliche Beschlüsse wurden nicht gestellt. Hintergrund dieser „Statistik" sind jedoch Absprachen zwischen Polizei und Justiz: Ingewahrsamnahmen von maximal zwei Tagen sollten der Regelungskompetenz der Polizei unterliegen. Lediglich die Langzeitingewahrsamnahmen sollten einer richterlichen Entscheidung zugeführt werden. Weiterhin gehörte zu den Vereinbarungen, daß Ingewahrsamnahmen zum Zwecke der Identitätsfeststellung maximal sechs Stunden betragen durften.

### *4. München*

Aus München wurde mitgeteilt, daß in dem Zeitraum vom 1.1.1990 bis 31.8.1996 Anträge auf vorherige richterliche Anordnung einer freiheitsentziehenden Maßnahme oder einer präventiv-polizeilichen Ingewahrsamnahme nicht bekannt sind.

Für den Zeitraum 1.1.1996 - 31.12.1996 sind 34 Fälle bekannt, in denen eine richterliche Entscheidung über die Zulässigkeit und Fortdauer von Ingewahrsamnahmen gem. Art. 17, Art. 18 bayPAG erging.

### *b) Richterlicher Bereitschaftsdienst*

Zu den „üblichen" Dienstzeiten an Wochentagen (Montag bis Freitag zwischen ca. 8.00 Uhr und ca. 16.30 Uhr) ist ein richterlicher Bereitschaftsdienst für präventiv-polizeiliche Ingewahrsamnahmen an den Amtsgerichten eingerichtet.

Mittels der Erhebung sollte daher festgestellt werden, an welchen Amtsgerichten über die „üblichen Dienstzeiten" hinaus eine richterliche Entscheidung bzw. Anordnung bei präventiv-polizeilichen, freiheitsentziehenden Maßnahmen eingeholt werden kann:

151 Durch das Änderungsgesetz zum NGefAG vom 20.5.1996.

| **Richterlicher Bereitschaftsdienst der Amtsgerichte:** (präventiv-polizeiliche Ingewahrsamnahmen) | **Wochentags außerhalb der üblichen Dienstzeiten** | **Samstag** | **Sonntag (Feiertagen)** |
|---|---|---|---|
| **Bremen** | - | **10- 13 Uhr** | **11.30 - 12.30 Uhr** |
| **Düsseldorf** | - | **10- 16 Uhr** | **11- 16 Uhr** |
| **Frankfurt / Main** | - | **ca. 12.30 - 16 Uhr** | **12.30 - 16 Uhr** |
| **Hamburg** | - | **9- 13 Uhr** | **9- 11 Uhr** |
| **Hannover** | - | **10 - 13 Uhr** | **10 - 13 Uhr** |
| **Karlsruhe** | - | **10- 12 Uhr** | **11- 12 Uhr** |
| **Kiel** | - | **10- 11 Uhr** | **10- 11 Uhr** |
| **Köln** | - | **10- 12 Uhr** | **10- 12 Uhr** |
| **Mainz** | - | **9.30- 12 Uhr** | **10- 12 Uhr** |
| **München** | - | **10- 14 Uhr** | **7.30- 14 Uhr** |
| **Nürnberg** | - | **10- 12 Uhr** | **10- 12 Uhr** |
| **Rostock** | - | **10- 12 Uhr** | **11- 12 Uhr** |
| **Saarbrücken** | - | **10- 12 Uhr** | **10- 12 Uhr** |
| **Schwerin** | - | **10- 11 Uhr** | **10- 11 Uhr** |
| **Stuttgart** | - | **13- 16 Uhr** | **13- 15.30 Uhr** |
| **Wiesbaden** | - | **10- 12 Uhr**[152] | **10- 12 Uhr** |

Grundsätzlich handelt es sich bei diesen Zeiten um sog. „Kernarbeitszeiten“, d.h. der Zeitraum, in dem in jedem Fall ein Richter für die Anordnung präventiv-polizeilicher Maßnahmen erreichbar ist. Darüber hinaus obliegt den jeweiligen Bereitschaftsrichtern die Verpflichtung, die in diesem Zeitraum angefallenen

152 „Ein(e) Richter(in) des Amtsgerichts ist am Wochenende immer über Funk bzw. Telefon erreichbar. Wenn die Polizei außerhalb der regulären Bereitschaftszeiten davon Gebrauch macht, dann vorwiegend um abzuklären, wie sie sich in einem konkreten Fall zu verhalten hat (zumeist Betreuungssachen). In der Regel wird dies bereits telefonisch abgeklärt“.

Fälle abzuschließen. U.U. kann das auch einen zwölf-stündigen Arbeitstag des Bereitschaftsrichters zur Folge haben. Ist der Richter wegen Überlastung an der zeitgerechten Erledigung der anstehenden Geschäfte teilweise verhindert, hat er einen oder mehrere zusätzliche Richter heranzuziehen. Das ist z.B. dann der Fall, wenn es zu sog. Massenvorführungen kommt. In solchen Fällen wird auch das nichtrichterliche Personal, wie z.B. die Schreibkräfte, verstärkt.

Aus Wiesbaden wurde darüber hinaus mitgeteilt, daß im Vorfeld einer Großdemonstration Einsatzpläne von Polizei und Justiz erarbeitet werden. Diese jeweils veranstaltungsspezifischen Einsatzpläne legen z.B. den oder die zuständigen Richter, den möglicherweise erforderlichen richterlichen oder nichtrichterlichen „Peronalnachschub" und die Anzahl der zuständigen Polizeibeamten fest. Ebenso wird im Vorfeld die Abwicklung der Logistik besprochen, wo und wie z.B. Vernehmungen und Vorführungen durchgeführt werden sollen. Beispielsweise wird der richterliche Notdienst bei einer großen Zahl von anstehenden Vernehmungen teilweise in der Mutra-Kaserne in Wiesbaden eingerichtet.[153] Resultat dieser gründlichen Vorüberlegungen sei schon manchmal gewesen, daß „auf einen Demonstranten fünf Grüne kamen"[154]. Doch bis zum heutigen Tage sei man noch nie von einer Großdemonstration und ihren Folgen überrascht worden.[155]

---

153 Anders in Bremen: Dort ist der Notdienst auch bei sog. Großlagen grundsätzlich im Gerichtsgebäude durchzuführen. „Nur wenn die Vorführung faktisch z.B. wegen Sicherheitsbedenken bzw. eingeschränkter Verkehrsmöglichkeiten nicht möglich ist, kann ausnahmsweise eine Verlagerung des Notdienstes in Betracht kommen.

154 Zitat aus Wiesbaden.

155 So die Aussage in Wiesbaden unter Hinweis auf polizeiliche Großlagen im Jahre 1995.

### *c) Erforderlichkeit eines mehrtägigen, richterlich angeordneten Polizeigewahrsams*

| **Frage:** | **Halten Sie einen mehrtägigen, richterlich angeordneten Polizeigewahrsam für erforderlich?** | | |
|---|---|---|---|
| | **nein** | **ja** | **Zeitraum** |
| **Bremen** | (nicht beantwortet) | | |
| **Düsseldorf** | x | | |
| **Frankfurt / Main** | x | | |
| **Hamburg** | x | | |
| **Hannover** | | | |
| **Karlsruhe** | x | | |
| **Kiel** | (nicht beantwortet) | | |
| **Köln** | | x | **max. 1 Woche** |
| **Mainz** | | x | **max. 3 Tage** |
| **München** | | x | **bis zu 14 Tagen** |
| **Nürnberg** | (nicht beantwortet) | | |
| **Rostock**[156] | | | |
| **Saarbrücken** | | x | **bis zu zwei Wochen** |
| **Stuttgart** | | x | **3-4 Tage sind ausreichend, im Einzelfall aber 14 Tage notwendig**[157] |
| **Wiesbaden** | | x | **4-10 Tage** |

156 Das Ministerium für Justiz und Angelegenheiten der Europäischen Union des Landes Mecklenburg-Vorpommern ordnete an, daß eine Beantwortung dieser Frage zu unterbleiben habe.

157 Aus Stuttgart wurde mitgeteilt, daß die Mehrzahl der richterlich angeordneten Fälle von Polizeigewahrsam nicht länger als max. 48 Stunden andauern. In einigen Fällen war auch ein drei- bis vier-tägiger Polizeigewahrsam in Stuttgart erforderlich. In ganz seltenen Fällen wurde auch schon ein zwölf- bzw. 14-tägiger Polizeigewahrsam angeordnet, so z.B. zur Identitätsfeststellung bei Ausländern.

Stellt man die Angaben der Polizeibehörden denen der Amtsgerichte gegenüber, sind zunächst die Zahlen aus Wiesbaden interessant. So beantragte die Polizeibehörde in Wiesbaden z.B. 1993 in den 341 Fällen präventiv-polizeilicher Ingewahrsamnahmen eine richterliche Entscheidung[158], wobei es sich dabei in 92 Fällen um eine Anordnung bzw. Entscheidung nach § 32 Abs. 1 Nr. 1 HSOG (Schutzgewahrsam) handelte und in 249 Fällen um eine Anordnung bzw. Entscheidung nach § 32 Abs. 1 Nr. 2 HSOG (Präventiv- bzw. Unterbindungsgewahrsam).[159] Da nach Auskunft des Wiesbadener Amtsgerichts darüber hinaus keine Anträge gem. §§ 32, 33 HSOG eingingen, ist somit anzunehmen, daß es zwischen dem 1.1.1991 und dem 30.6.1996 keinen Fall einer Ingewahrsamnahme zur Durchsetzung von Platzverweisungen, zum Schutz privater Rechte, zur Zuführung Minderjähriger sowie zur Rückführung Entwichener gab, in dem eine richterliche Entscheidung gem. §§ 32, 33 HSOG eingeholt wurde.

Zudem hat die empirische Erhebung bei Amtsgerichten und Polizeibehörden gezeigt, daß die vorherige richterliche Anordnung bei freiheitsentziehenden Maßnahmen die absolute Ausnahme darstellt. Wenn die Polizei einen die präventivpolizeiliche Ingewahrsamnahme betreffenden Antrag bei Gericht stellt, bezieht er sich in der Regel auf die richterliche Entscheidung über Zulässigkeit und Fortdauer der Ingewahrsamnahme. Die Angaben zeigen aber auch, daß die Einschaltung des Richters bei freiheitsentziehenden Maßnahmen die Ausnahme und nicht die Regel ist. Das veranschaulichen die Zahlen über die herbeigeführten richterlichen Entscheidungen der Polizeibehörden sowie die Beispiele aus Hannover aus dem Jahre 1995.[160] In letzterem Fall wurde z.B. trotz Präsenz des richterlichen Bereitschaftsdienstes nur sehr spärlich von „der Möglichkeit" der richterlichen Anordnung Gebrauch gemacht. Dies hatte dann auch zur Folge, daß die Richter unter Bezugnahme auf das verspätete Einschalten des richterlichen Bereitschaftsdienstes die polizeilichen Anordnungen und Maßnahmen in vielen Fällen nachträglich für rechtswidrig erklärten.

Die Polizei stützt ihr Handeln somit in fast allen Fällen der präventivpolizeilichen Ingewahrsamnahmen auf die ihr zustehende Notkompetenz. Mangels einer nachträglichen richterlichen Entscheidung bedeutet das, daß über eine große Zahl, wenn nicht gar die meisten der freiheitsentziehenden Maßnahmen nicht der Richter entscheidet, sondern die Polizei „aus eigener Machtvollkommenheit". Doch muß das nicht immer auch bedeuten, daß die Justiz keine

158 Vgl. die Angaben unter C III a) 1.
159 Vgl. die Zahlen unter B III c) 1 hinsichtlich der Anordnung gem. § 32 HSOG.
160 Vgl. die Angaben unter B III b) c) und III a) 2. + 3.

Kenntnis von den entsprechenden polizeilichen Maßnahmen erhält. So zeigt gerade das Beispiel aus Hannover aus dem Jahre 1996[161], daß Polizei und Justiz im Hinblick auf den Umgang mit freiheitsentziehenden Maßnahmen ein „eingespieltes Team“ sein können. Hier könnte man sogar behaupten, daß die Ingewahrsamnahmen während der Chaos-Tage 1996 quasi auf vorheriger richterlicher Anordnung beruhten, da die Polizei von der Justiz „Blankovollmacht“ erhielt, Ingewahrsamnahmen bis zu max. 48 Stunden eigenmächtig anzuordnen.

Ähnliche Kooperationen zwischen Polizei und Justiz bei Ingewahrsamnahmen wurden auch aus Wiesbaden und München[162] berichtet, wobei dies insgesamt keine Einzelfälle sein dürften. So wird in Wiesbaden im Einvernehmen mit dem Amtsgericht auch tagsüber von der Herbeiführung einer richterlichen Anordnung abgesehen, wenn der Zeitpunkt des Wegfalls des Einlieferungsgrundes „als kurzfristig“ anzusehen ist. In München entspricht es ständiger Polizeipraxis, die seitens der Justiz keine Beanstandung findet, randalierende Fußballfans an Wochenenden morgens am Hauptbahnhof abzufangen und für ca. zwei oder drei Stunden in Präventiv- /bzw. Unterbindungsgewahrsam zu nehmen. Obwohl zwischen 10.00 Uhr und 14.00 Uhr ein richterlicher Bereitschaftsdienst in München eingerichtet ist „sei es nicht üblich, den Richter für diese Ingewahrsamnahmen einzuschalten“.[163]

Die Auswertung der Angaben bezüglich der Organisation eines richterlichen Bereitschaftsdienstes an den Amtsgerichten zeigt, daß in der Regel unter der Woche außerhalb der üblichen Dienstzeiten kein Richter für präventiv-polizeiliche Ingewahrsamnahmen erreichbar ist. Vereinzelt[164] sind bei der Polizei Telefonnummern von Amtsrichtern hinterlegt, die in „Notfällen“ auch über präventiv-polizeiliche Maßnahmen zu entscheiden haben. Die ansonsten außerhalb der üblichen Dienstzeiten und Eildienstzeiten eingerichtete richterliche Rufbereitschaft betrifft unaufschiebbare Entscheidungen in Strafsachen (z.B. Geiselnahmen, Katastrophenfälle, Fälle der unaufschiebbaren Pressebeschlagnahme nach § 98 Abs. 1 S. 2 StPO, Flugzeugentführungen) sowie z.B. den Fall der Ersetzung der Zustimmung zur Vornahme einer Operation bei einem lebensbedrohendem Zustand eines Minderjährigen (§ 1666 Abs. 2 BGB).[165]

---

161 Die sog. „Chaos-Tage“, vgl. unter III a) 3.

162 Vgl. unter III a) 1. und 4.

163 Telefonische Aussage eines leitenden Polizeibeamten in München; vgl. auch die Angaben aus München unter B III c) 2. Unter Bezugnahme auf ein ähnliches Beispiel verweist demgegenüber Roos (RhPfPOG, § 15 Rz. 1) darauf, daß in diesen Fällen die richterliche Anordnung zwingend vorher einzuholen ist.

164 So z.B. in Wiesbaden.

165 So die Bereitschaftspläne der Amtsgerichte in Frankfurt, München und Stuttgart.

Sollte es sich dagegen um polizeigesetzliche Maßnahmen handeln, muß der Betroffene auf die richterliche Entscheidung bis zum nächsten Morgen warten. Eine Ausnahme besteht allerdings für die dienstfreien Tage, wie z.B. Samstag und Sonntag. So ist der jeweilige diensthabende Richter grundsätzlich verpflichtet, auch über die üblicherweise zwei bis drei Stunden Kernarbeitszeit anwesend zu sein, wenn es die jeweilige Situation (z.B. Massenvorführungen) erfordert. Demzufolge kann es u.U. möglich sein, einen Bereitschaftsrichter auch z.B. am Samstag um 20.00 Uhr anzutreffen; doch sind diese Fälle rein zufällig.

Besonders hervorzuheben bzgl. der Organisation des richterlichen Bereitschaftsdienstes an dienstfreien Tagen ist die Einteilung in Düsseldorf. Im Gegensatz zu den üblicherweise zwei bis drei Stunden, die durchschnittlich zwischen ca. 10.00 Uhr und ca. 13.00 Uhr angesetzt sind, ist der Richter in Düsseldorf am Samstag sechs Stunden und am Sonntag insgesamt fünf Stunden erreichbar.

Die Frage nach der erforderlichen Dauer eines richterlich angeordneten Polizeigewahrsams haben die Mehrzahl der amtsgerichtlichen Bearbeiter entsprechend der jeweiligen Gesetzeslage beantwortet. Abweichungen sind in Wiesbaden (vier bis zehn Tage gefordert-/- § 35 Abs. 1 Nr. 4 = max. 48 Stunden), Köln (eine Woche gefordert -/- § 38 Abs. 1 Nr. 3 PolGNW = max. 48 Stunden), Saarbrücken (bis zu zwei Wochen erforderlich -/- § 16 Abs. 1 Nr.3 SaarlPolG = max. 24 Stunden) und Mainz (bis zu drei Tagen erforderlich -/- § 17 Nr. 3 rhpfPOG = max. 24 Stunden) festzustellen. Der Amtsgerichtspräsident in Karlsruhe hält hingegen einen mehrtägigen Polizeigewahrsam auch bei richterlicher Anordnung nicht für erforderlich, obwohl in seinem polizeigesetzlichen Geltungsbereich eine Ingewahrsamnahme bis zu 14 Tagen möglich ist. Interessanterweise decken sich die Einschätzungen der Richter teilweise nicht mit denen der jeweiligen Polizeipräsidenten. So hält beispielsweise der Polizeipräsident von Karlsruhe im Gegensatz zu dem Amtsgerichtspräsidenten dieser Stadt einen 14 -tägigen Polizeigewahrsam für notwendig. In Mainz ist der Polizeipräsident der Auffassung, daß eine mehrtägige Ingewahrsamnahme nicht erforderlich ist, die Richterschaft befürwortet hingegen einen Polizeigewahrsam von max. drei Tagen (erlaubt sind 24 Stunden, § 17 Nr. 3 rhpfPOG).

Im Ergebnis ist jedoch festzustellen, daß bei genauerem Hinterfragen sowohl bei den Polizeibehörden als auch den Amtsgerichten kaum ein Fall bekannt ist, in dem ein mehrtägiger Polizeigewahrsam erforderlich war. Vielmehr übersteigt auch der richterlich angeordnete Polizeigewahrsam in der Mehrzahl der Fälle nicht die in Art. 104 GG normierte 48-Stunden-Grenze.

# 3. Kapitel: Die Rechtsgarantien bei Freiheitsentziehungen gem. Art. 104 GG

## A. Grundlagen

### *I. Der Schutzbereich*

Das Recht auf Freiheit hat „unter den grundrechtlich verbürgten Rechten ein besonderes Gewicht“.[166] Seine Grundlage findet das Recht auf Freiheit sowohl in Art. 2 Abs. 2 S. 2 GG wie in Art. 104 GG, wobei die erste Norm die materielle Seite regelt, d.h. die Frage, ob und in welchem Umfang eine Freiheitsbeschränkung zulässig ist, während die verfahrensrechtlichen Voraussetzungen einer Freiheitsbeschränkung oder -entziehung in Art. 104 GG normiert sind.[167] Die Bedeutung beider Grundrechte erschließt sich also wesentlich aus ihrem Verhältnis zueinander.[168] In Art. 2 Abs. 2 S. 2 GG ist das Recht auf „Freiheit der Person“ als Grundrecht garantiert. S. 3 des Art. 2 Abs. 2 GG bestimmt, daß in dieses Grundrecht nur auf Grund eines Gesetzes eingegriffen werden darf. Dieser Gesetzesvorbehalt wird in Art. 104 GG wieder aufgenommen, präzisiert und durch weitere wichtige Rechtsgarantien ergänzt.[169]

Im Gegensatz zu Abs. 4 des Art. 104 GG stellen die übrigen Vorschriften in Abs.1-3 keine eigenständigen Grundrechte dar.[170] Sie erlangen erst in Verbindung mit Art. 2 Abs. 2 S. 2 GG insoweit Sinn und Bedeutung, als daß sie die in Art. 2 Abs. 2 S. 3 GG normierte Eingriffsmöglichkeit durch formelle Garantien beschränken und vor Mißbrauch schützen.[171] Verstöße gegen die durch Art. 104 GG gewährleisteten Voraussetzungen und Formen freiheitsbeschränkender Gesetze stellen somit stets auch eine Verletzung der Freiheit der Person dar.[172] Art.

166 BVerfGE 65, 317, 322.

167 BVerfGE 10, 302, 322 f.; 58, 208, 220; 65, 317, 321 f.

168 BVerfGE 10, 302 , 322 f.: „Die formellen Gewährleistungen der Freiheit in Art. 104 GG stehen mit der materiellen Freiheitsgarantie des Art. 2 Abs. 2 S. 2 GG in unlöslichem Zusammenhang“.

169 Vgl. Maunz/Dürig, GG, Art. 104 Rz. 1.

170 Vgl. Grabitz in: Isensee-Kirchhof , HdbStR VI, § 130 Rz. 20.

171 Vgl. Maunz/Dürig, GG, Art. 104 Rz. 1; Gusy NJW 1992, 457 sieht in Art. 104 GG hinsichtlich der Grenzen der persönlichen Freiheit eine „Schranken-Schranke“.

172 BVerfGE 58, 220, 228.

104 GG erhält durch den untrennbaren Zusammenhang mit Art. 2 Abs. 2 S. 2 und S. 3 GG selbst Grundrechtscharakter.[173] Die allgemeinen Bestimmungen des Grundgesetzes über die Grundrechte haben deshalb auch für Art. 104 GG Geltung und Bedeutung. Doch aufgrund des formellen Charakters des Art. 104 GG gelten nur diejenigen Vorschriften, die sich auf die formelle Seite der Grundrechte beziehen.[174] Die übrigen Vorschriften können lediglich über Art. 2 Abs. 2 GG Bedeutung erlangen.[175]

### *II. Die Adressaten*

Art. 104 GG ist unmittelbar geltendes Recht, welches „Gesetzgebung, vollziehende Gewalt und Rechtsprechung" unmittelbar bindet (Art. 1 Abs.3 GG).[176] Die Vorschrift richtet sich an die öffentliche Gewalt, betrifft also nicht Freiheitsbeschränkungen im privatrechtlichen Bereich, wie sie im Eltern-Kind-Verhältnis vorkommen, aber grundsätzlich durch Art. 6 Abs. 2 GG gedeckt sind.[177] Das resultiert schon aus der Entstehungsgeschichte des Art. 104 GG. Art. 3 Abs. 3 HChE sprach bereits von dem durch „die öffentliche Gewalt" Festgenommenen.[178] Die Beratungen und Erörterungen der mit der Verfassungsgebung betrauten Gremien lassen nicht erkennen, daß das spätere Weglassen dieses Hinweises auf einer veränderten Auffassung beruht. Vielmehr handelte es sich hier lediglich um eine redaktionelle Änderung. Aus diesen Umständen ist zu entnehmen, daß Art. 104 GG dem Schutz vor gesetzwidrigen Übergriffen der Verwaltung dienen

---

173 BayVGH DVBl. 1954, 810; v. Mangoldt, Das Bonner Grundgesetz, Art. 104 Anm. 2 m.w.N.; vgl. hierzu auch Holtkotten, Bonner Komm., Art. 104 Anm. II A mit Hinweis auf die amtliche Begründung zu Art. 104 GG, die ebenso den „grundrechtsartigen Charakter" ausdrücklich hervorhebt.

174 Vgl. Maunz/Dürig, GG, Art. 104 Rz. 1.

175 Vgl. Maunz/Dürig, GG, Art. 104 Rz. 1.

176 Die unmittelbare Geltung des Art. 104 GG ist heute allgemein anerkannt: vgl. BGHZ 5, 46 (47) m.w.N.; ferner BVerwG 1, 299 (231); Maunz/Dürig, GG, Art. 104 Rz. 1; Grabitz in: Isensee-Kirchhof, HdbStR VI, § 130 Rz. 20.

177 So Schmidt-Bleibtreu/Klein, GG, Art. 104 Rz. 3; Kunig in: v. Münch, GG, Art. 104 Rz. 4; Maunz/Dürig, GG, Art. 104 Rz. 3; Hamann/Lenz, GG, Art. 104 Anm. A 1; siehe hierzu aber die Ausnahme in § 1631b BGB, der bei Unterbringung mit Freiheitsentziehung auch im Eltern-Kind-Verhältnis die Einschaltung des Vormundschaftsgerichts vorsieht; a.A. Azzola-AK-GG, Art. 104 Rz. 32, der im Hinblick auf die richterliche Kontrolle der elterlichen Vermögensverwaltung (§§ 1643-1645 BGB) auch die Freiheitsentziehungen im Eltern-Kind-Verhältnis der richterlichen Kontrolle unterstellen will.

178 vgl. Kapitel 1 C II.

soll und nicht dem Schutz von Freiheitsentziehungen im privatrechtlichen Bereich.[179]

Eine Ausnahme hiervon gilt allerdings im Vormundschaftsrecht.[180] So bedarf die zwangsweise Unterbringung durch einen Vormund der richterlichen Anordnung.[181] Im Gegensatz zum Elternrecht, das ausschließlich privatrechtlicher Natur ist, enthält das Vormundschaftsrecht auch öffentlich-rechtliche Bestandteile[182] und gehört seinem Wesen nach zum Gebiet der staatlichen Wohlfahrtspflege.[183]

### *III. Freiheitsbeschränkung und Freiheitsentziehung i.S.v. Art. 104 GG*

#### *a) Die Problematik*

Das Schutzgut von Art. 104 GG ist die „Freiheit der Person". Nach Wortlaut, Entstehungsgeschichte und Normzweck versteht man darunter, in Anlehnung an Art. 2 Abs. 2 S. 2 GG, die körperlich-räumliche Bewegungsfreiheit schlechthin.[184] Nach Art. 2 Abs. 2 S. 3 GG kann in das Recht auf Freiheit der Person auf Grund eines Gesetzes „eingegriffen werden". In Art. 104 GG ist der Terminus „Eingriff" nicht wieder aufgenommen worden, sondern von „Freiheitsbeschränkung" und „Freiheitsentziehung" die Rede. Das Gesetz knüpft an beide Maßnahmen unterschiedliche rechtliche Voraussetzungen: Während nach Art. 104 Abs. 1 S. 1 GG für die „Freiheitsbeschränkung" die Ermächtigung durch förmliches Gesetz ausreichend ist, tritt für die „Freiheitsentziehung", soweit nicht Art. 104 Abs. 2 S. 3 GG eingreift, das Erfordernis der richterlichen Anordnung ihrer Zulässigkeit und Fortdauer hinzu. Art. 104 Abs. 2 S. 1 GG überträgt eine Verwaltungskompetenz auf den Richter, der sonst nur im Rahmen grundsätzlich nachfolgender Kontrolle tätig wird. Damit soll ein erhöhter individueller Rechtsschutz ge-

---

179 Vgl. v. Mangoldt, Das Bonner Grundgesetz, Art. 104 Anm. 2, 5; v. Doemming, JöR N.F. Bd. 1 (1951), 745 ff.

180 BVerfGE 10, 302, 322 ff.; 74, 236, 242; BayObLG FamRZ 1962, 29; Schmidt-Bleibtreu/Klein, GG, Art. 104 Rz 3; Kunig in: v. Münch, GG, Art. 104 Rz. 4; a.A. Maunz/Dürig, GG, Art. 104 Rz. 3 m.w.N.

181 BVerfGE 10, 302, 322 ff.; 74, 236, 242; BayObLG FamRZ 1962, 29; Schmidt-Bleibtreu/Klein, GG, Art. 104 Rz. 3; Kunig in: v. Münch, GG, Art. 104 Rz. 4; a.A Maunz/Dürig, GG, Art. 104 Rz. 3 m.w.N.; BGHZ 17, 108, 115; krit. Schwabe AöR 100 (1975), 442, 453 ff.

182 Vgl. hierzu Diederichsen in: Palandt, BGB, Einf. v. § 1773 Rz. 2 f.

183 Meyer in: RGRK, Vorbem. 1 v. § 1773.

184 Zuletzt BVerfGE 94, 166, 198; BVerwGE 62, 325, 327; BGHZ 35, 1, 7; OLG Ffm NJW 1956, 562; VG Freiburg DVBl. 1951, 313; Holtkotten, Bonner Komm., Art. 104 Anm. II A. 1a; Maunz/Dürig, GG, Art. 104 Rz. 5 m. w.N.

währleistet sein.[185] Das Grundgesetz knüpft somit an die Freiheitsentziehung, aber auch nur an diese, die wichtigsten Rechtsfolgen des Art. 104 Abs. 2 GG an. Entscheidend ist demzufolge für den gesamten Anwendungsbereich des Art. 104 GG die begriffliche Unterscheidung zwischen einer freiheitsentziehenden und einer freiheitsbeschränkenden Maßnahme.

*b) Freiheitsbeschränkung i.S.v. Art. 104 Abs. 1 GG*

Bei der Freiheitsbeschränkung wird die Freiheitsausübung nur partiell durch die staatliche Gewalt behindert.[186] Dem Betroffenen bleibt noch ein Ausweg durch z.B. Wegänderung, Handlungsverzicht oder durch freiwillige Erfüllung gesetzlicher Ausübungsbedingungen, wie beim Erwerb einer Bau- oder Fahrerlaubnis.[187] Nicht erforderlich für die Freiheitsbeschränkung i.S.v. Art. 104 Abs.1 S. GG ist ein sog. „negatives Moment“[188], d.h., daß jemand daran gehindert wird, einen bestimmten Ort aufzusuchen und sich dort aufzuhalten, der ihm an sich (tatsächlich und rechtlich) zugänglich ist.[189] Denn sonst wären einzelne staatliche Maßnahmen dem verfassungsrechtlichen Erfordernis des Art. 104 Abs.1 GG entzogen, so z.B., wenn die Verpflichtung, an einem bestimmten Ort zu erscheinen, nicht als Freiheitsbeschränkung i.S.v. Art. 104 Abs. 1 S.1 GG einzustufen wäre.[190] Wo die Freiheitsausübung reglementiert wird, wie z.B. beim Benutzen von Kraftfahrzeugen, liegt Freiheitsbeschränkung vor.[191]

*c) Freiheitsentziehung i.S.v. Art. 104 Abs. 2 GG*

Die Freiheitsentziehung ist die intensivste Form des Eingriffs in die Freiheit der Person[192] und stellt immer auch zugleich eine Freiheitsbeschränkung i.S.d. Art.

185 Vgl. Maunz/Dürig, GG, Art. 104 Rz. 5; Gusy NJW 1992, 458 f.
186 Vgl. Maunz/Dürig, GG, Art. 104 Rz. 12.
187 Vgl. Lisken in: Lisken/Denninger, HdbdPolR, C 24.
188 So Maunz/Dürig, GG, Art. 104 Rz. 12; Kunig in: v. Münch, GG, Art. 104 Rz. 6; Hamann/Lenz, GG, Art. 104 Anm. B 1 b.
189 So nunmehr ausdrücklich BVerfGE 94, 166, 198 unter Bezugnahme auf Maunz/Dürig, GG, Art. 104 Rz. 12.
190 Vgl. Kunig in: v. Münch, GG, Art. 104 Rz. 6, weitere Einzelfälle unter Rz. 20; a.A. Maunz/Dürig, GG, Art. 104 Rz. 12: In der Erscheinenspflicht des Zeugen oder des Sachverständigen oder in der Pflicht, sich an einem Verkehrsunterricht zu beteiligen oder zu einer Untersuchung einzufinden werden keine Freiheitsbeschränkungen gesehen.
191 So zutreffend Lisken Polizei-heute 1995, 128.
192 Vgl. dazu BVerfGE 10, 302, 323.

104 Abs. 1 S. 1 GG dar.[193] Der Begriff der Freiheitsentziehung ist im übrigen umstritten.

### *1. Auffassung der Rechtsprechung*

Die Rechtsprechung des BVerwG[194] und des BGH[195] orientiert sich bei der nach Art. 104 GG gebotenen Unterscheidung zwischen Freiheitsbeschränkung und Freiheitsentziehung an § 2 FEntzG. Demnach ist Freiheitsentziehung „die Unterbringung einer Person gegen ihren Willen oder im Zustand der Willenlosigkeit in einem Gefängnis, einem Haftraum, einem Arbeitshaus, einer abgeschlossenen Verwahranstalt, einer abgeschlossenen Krankenhausanstalt oder einem abgeschlossenen Teil einer Krankenanstalt.“[196] Der Begriff der Freiheitsentziehung wird über die Einschließung bzw. Einsperrung erfaßt.[197] Des weiteren stellt die Rechtsprechung zur entsprechenden Einstufung einer Maßnahme auf die Intensität[198] oder die Dauer[199] des Eingriffs ab.

Das BVerfG hat noch nicht klar entschieden, wie sich eine Freiheitsentziehung nach Art. 104 Abs. 2 GG von der bloßen Freiheitsbeschränkung unterscheidet. Es hat aber in zahlreichen Entscheidungen über die verfassungsrechtliche Zulässigkeit von Eingriffen judiziert, daß Maßnahmen wie die Einweisung in eine öffentliche Heil- und Pflegeanstalt[200], die Freiheitsstrafe[201], die Auslieferungshaft[202] sowie die Untersuchungshaft[203] als freiheitsentziehende Maßnahmen dem Schutzbereich des Art. 104 Abs. 2 GG zuzuordnen sind. Darüber hinaus hat das BVerfG nunmehr festgestellt, daß der Tatbestand der Freiheitsentziehung nur in Betracht kommt, „wenn die -tatsächlich und rechtlich an sich gegebene- körperliche Bewegungsfreiheit durch staatliche Maßnahmen nach jeder Richtung hin aufgehoben wird“.[204] Demnach ist nach Ansicht des BVerfG weniger die Defini-

---

193 Vgl. Kunig in: v. Münch, GG, Art. 104 Rz. 19.
194 BVerwGE 62, 325, 331.
195 BGHZ 82, 261, 265.
196 BVerwGE 62, 325, 331.
197 Vgl. Begründung zu § 1 des Entwurfs eines Gesetzes über das gerichtliche Verfahren bei Freiheitsentziehungen (BT Dr. 2. Wahlp. Nr. 169); Saage JR 1956, 282 ff.
198 BGH NJW 1982, 753.
199 BVerwG NJW 1982, 536; BGH NJW 1982, 753.
200 BVerfGE 2, 121, 122.
201 BVerfGE 14, 156, 173.
202 BVerfGE 29, 183, 197.
203 BVerfGE 35, 185, 190.
204 BVerfGE 94, 166, 198.

tion des § 2 FEntzG entscheidend, sondern vielmehr der Erfolg einer staatlichen Maßnahme.[205] Im Rahmen dieser Entscheidung über die Verfassungsmäßigkeit des sog. Flughafenverfahrens bei Asylsuchenden hat das BVerfG entschieden, daß die Begrenzung des Aufenthalts von Asylsuchenden während des Verfahrens nach § 18a AsylVfG auf die für ihre Unterbringung vorgesehenen Räumlichkeiten im Transitbereich eines Flughafens weder eine Freiheitsentziehung noch eine Freiheitsbeschränkung darstellt. Begründet wurde diese Entscheidung damit, daß rechtliche und tatsächliche Hindernisse für das freie Überschreiten der Staatsgrenze noch nicht den Gewährleistungsinhalt der durch Art. 2 Abs. 2 S. 2 GG geschützten körperlichen Bewegungsfreiheit berühren. Mit diesem Schutzgegenstand sei von vornherein nicht die Befugnis erfaßt, sich unbegrenzt überall aufhalten und überall hin bewegen zu können. Eine Staatsgrenze sei als Hindernis der freien Bewegung nach der allgemeinen Rechtsordnung vorgegeben. Rechtliche und tatsächliche Hindernisse für das freie Überschreiten der Staatsgrenze können deshalb den Schutzgegenstand der körperlichen Bewegungsfreiheit i.S.d. Art. 2 Abs. 2 S. 2 GG nicht berühren.[206]

### 2. *Literaturmeinungen*

Die überwiegende Meinung im Schrifttum definiert die Freiheitsentziehung in Art. 104 Abs. 2 GG als einen Eingriff, der die körperliche Bewegungsfreiheit allseitig beeinträchtigt.[207] Nach dieser Auffassung ist für das Vorliegen einer Freiheitsentziehung allein der Erfolg, die allumfassende Beschränkung der Bewegungsfreiheit durch die staatliche Gewalt entscheidend. Weder der Zweck, noch das Mittel, die Intensität oder die Dauer sollen Kriterium zur Bestimmung

---

205 Deutlich durch die Bezugnahme des BVerfG auf die einschlägige Kommentierung von Maunz/Dürig, GG, Art. 104 Rz. 12: Die Legaldefinition des § 2 FEntzG wird als zu eng und unsachlich ablehnt und der Erfolg einer Maßnahme für entscheidend gehalten.

206 BVerfGE 94, 166, 199.

207 Baumann, UnterbringungsR, S. 13; Berg, ASOG § 19 Anm. 1b; Bettermann in: Bettermann/Nipperdey/Scheuner, Die Grundrechte, S. 880 f.; Denninger, u.a. in: Alternativentwurf einheitlicher Polizeigesetze des Bundes und der Länder, S. 81; Maunz/Dürig, GG, Art. 104 Rz. 6; Friauf in: v. Münch, Besonderes Verwaltungsrecht, S. 211 f.; Hamann, GG, Art. 104 Anm. B 1; Herzog AöR 86 (1961), 194; Kaufmann, Der polizeiliche Eingriff in Freiheiten und Rechte, S. 286; Koschwitz, Die kurzfristige polizeiliche Freiheitsentziehung, S. 27, 43; Anm. Kießling zu BayObLG BayVBl. 1985, 250; Lisken Polizei-heute 1995, 126, 127; Moritz NJW 1977, 796; Schnickmann MDR 1979, 365, 366; Sigrist Die Polizei 1978, 66; Wagner, PolizeiR, S. 193.

des Begriffs der Freiheitsentziehung sein.[208] Als Begründung wird insbesondere eine Parallele zu § 239 Abs. 1 StGB gezogen, der ebenfalls die körperliche Bewegungsfreiheit unabhängig von Dauer, Mittel oder dem Zweck einer Maßnahme schütze.[209] Aufgrund der Rechtsgutidentität zwischen Art. 104 Abs. 2 GG und § 239 Abs. 1 StGB müsse der Begriff der Freiheitsentziehung mit dem der Freiheitsberaubung identisch sein.[210] Auch könne man an staatliches Handeln nicht andere Tatbestandsdefinitionen knüpfen als an privates Tun, denn für den Betroffenen sei es unerheblich, ob ihm seine körperliche Bewegungsfreiheit gänzlich durch den Staat oder durch eine Privatperson beschränkt wird.[211] Danach wären insbesondere die in der täglichen Praxis vorkommenden Maßnahmen der Vorführung, der Durchführung der Abschiebung und das bloße Festhalten von Personen - abgesehen von ganz flüchtigen Maßnahmen - als Freiheitsentziehungen anzusehen.[212]

*3. Stellungnahme*

Ausgehend vom Schutzbereich des Art. 2 Abs. 2 GG[213] ist zunächst jeder Eingriff in dieses Grundrecht eine Freiheitsbeschränkung i.S.v. Art. 104 Abs. 1 S. 1 GG. Den Charakter einer Freiheitsentziehung erlangen hingegen solche Beschränkungen, welche einen bestimmten Erfolg aufweisen, nämlich daß eine Per-

208 Vgl. Kunig in: v. Münch, GG, Art. 104 Rz. 19; Moritz NJW 1977, 796; für die Berücksichtigung des Zwecks aber Hoffmann DVBl. 1970, 475; Meyer-Goßner in: Löwe/Rosenberg, StPO, § 161a Rz. 60; für die Berücksichtigung eines Dauerelements als Abgrenzungskriterium jedoch Azzola-AK-GG, Art. 104 Rz. 21 ff.; Kaiser NJW 1964, 581; Kleinknecht NJW 1964, 2183; Lampe MDR 1974, 536; Saage/Göppinger, FEntzG, § 2 Rz. 10; Rachor in: Lisken/Denninger, HdbdPolR, F 273.

209 Vgl. zur Rechtsprechung zu § 239 StGB z.B. BGHSt 14, 314 = NJW 1960, 1629; OLG Köln NJW 1986, 333; sowie die weiteren Nachweise bei Schönke/Schröder, StGB, § 239 Rz. 3, 11.

210 So u.a. Baumann, UnterbringungsR, S. 13; Bettermann in: Bettermann/Nipperdey/Scheuner, Die Grundrechte, S. 880 f.; Koschwitz, Die kurzfristige polizeiliche Freiheitsentziehung, S. 27, 43.

211 Vgl. Lisken Polizei-heute 1995, 127.

212 Lisken Polizei-heute 1995, 127, 129; ablehnend Hantel, Der Begriff der Freiheitsentziehung in Art. 104 II GG, S. 177.

213 Nicht unter diesen Schutzbereich fällt nach Ansicht des BVerfG (E 94, 166, 198) der Aufenthalt der Asylsuchenden während des Flughafenverfahrens in den für die Unterbringung vorgesehenen besonderen Räumlichkeiten im Transitbereich des Flughafens, vgl. Ausführungen zuvor unter 1.

son an einem bestimmten Ort von staatlicher Gewalt festgehalten wird.[214] Ob das durch physischen oder psychischen Zwang erfolgt, ist unbeachtlich, weil es allein darauf ankommt, daß der Betroffene gegen oder ohne seinen Willen in seiner körperlich-räumlichen Bewegungsfreiheit durch die staatliche Gewalt allseitig beschränkt ist.[215] Mit Willen ist hier der natürliche Wille gemeint und nicht der rechtsgeschäftliche Wille.[216]

Die Definition des § 2 FEntzG trifft den Inhalt des in Art. 104 Abs. 2 S. 1 GG verwendeten Begriffs der Freiheitsentziehung nicht präzise genug und ist zu eng.[217] Alle Beeinträchtigungen der persönlichen Freiheit, die dieser Definition nicht unterfallen, können nicht zwingend lediglich als Freiheitsbeschränkungen angesehen werden.[218] Art. 104 Abs. 2 GG will durch seine formellen Garantien gegenüber jedem Entzug der Bewegungsfreiheit einen erhöhten Schutz gewährleisten. Dieser Zweck wird aber nur erreicht, wenn bei einer Abgrenzung zwischen Freiheitsentziehung und Freiheitsbeschränkung auf den Erfolg, nämlich die Beseitigung der Bewegungsfreiheit, abgestellt wird.[219]

Nicht entscheidend ist, ob der Betroffene an einem eng umgrenzten Ort festgehalten wird, wie z.B. in einem Raum, einem Gebäude, möglicherweise auch in einem ganzen Gebäudekomplex oder einem Lager.[220] So fällt auch die Einschließung von Demonstranten in Form eines „Polizeikessels" im Freien unter den

---

214 Vgl. Maunz/Dürig, GG, Art. 104 Rz. 6; Kunig in: v. Münch, GG, Art. 104 Rz. 19; Schnickmann MDR 1976, 365; Moritz NJW 1977, 796; Lisken ZRP 1980, 146.

215 So OVG Berlin DVBl. 1973, 702; Kunig in: v. Münch, GG Art. 104 Rz. 19; Maunz/ Dürig, GG, Art. 104, Rz. 7 f.; Baumann, Unterbringungsrecht, S. 14; Götz, Allgemeines Polizei- und Ordnungsrecht, Rz. 423; Hamann/Lenz, GG, Art. 104 Anm. B 1a u. b; Lang-Hinrichsen JR 1959, 322; Stein, Staatsrecht, S. 207.

216 Vgl. BayObLGZ 54, 302; Holtkotten, Bonner Komm., Art. 104 Anm. II B 1; Maunz/ Dürig, GG, Art. 104 Rz. 10 f.; Hamann/Lenz, GG, Art. 104 Anm. B 1a.

217 Vgl. Maunz/Dürig, GG, Art. 104 Rz. 6; Kunig in: v. Münch, GG, Art. 104 Rz. 19; Lisken NJW 1982, 1268; Gusy NJW 1992, 458 f.; Schnickmann MDR 1976, 365, Bettermann in: Bettermann/ Nipperdey/Scheuner, Die Grundrechte, S. 881; Franz NJW 1966, 240; Götz, Allgemeines Polizei- und Ordnungsrecht, Rz. 432; Koschwitz, Die kurzfristige polizeiliche Freiheitsentziehung, S. 33; Hantel JuS 1990, 869.

218 So aber nach Ansicht des Gesetzgebers, der § 2 FEntzG als abschließende Umschreibung des Begriffs der Freiheitsentziehung betrachtete, BT-Drs. 2/169 S. 8; ebenso Saage JR 1956, 282.

219 Vgl. Maunz/Dürig, GG, Art. 104 Rz. 6.

220 So Maunz/Dürig, GG, Art. 104 Rz. 7; Hantel, Der Begriff der Freiheitsentziehung in Art. 104 II GG, S. 176 ff.; Gusy NJW 1992, 460.

Schutzbereich des Art. 104 Abs. 2 GG.[221] Staatlich verordnete Wartepflichten, so z.B. bei endlosen Grenzkontrollen oder polizeilichen Kontrollstellen ohne Ausweichmöglichkeit, die über das kurze Anhalten zur Personalienfeststellung hinausgehen, erfüllen dagegen nicht die Voraussetzungen einer Freiheitsentziehung.[222] In diesen Fällen wird der Betroffene nicht von der staatlichen Gewalt allumfassend in seiner körperlich-räumlichen Bewegungsfreiheit beschränkt, weil er beispielsweise aus seinem PKW aussteigen und weggehen kann.[223]

Eine Abgrenzung nach der Intensität[224] bzw. dem Gewicht[225] einer Maßnahme ist unscharf[226] und führt zu einer unkalkulierbaren Rechtsunsicherheit.[227] Denn demzufolge würde, ausgehend von einer bewertenden Beurteilung der Maßnahme, nicht jeder vorübergehende bzw. geringfügige Eingriff in die Bewegungsfreiheit des Betroffenen den besonderen Schutz des Art. 104 Abs. 2 GG auslösen. Doch woher sollte z.B. ein Polizeibeamter wissen, ob diese Maßnahme so geringfügig ist, daß sie keiner richterlichen Anordnung bedarf. Beide, sowohl Betroffener als auch der Polizeibeamte, nehmen ein unkalkulierbares Risiko auf sich: Der Polizeibeamte, daß er sich der Gefahr des rechtswidrigen Handelns aussetzt und der Betroffene, der nach seiner Freilassung nicht absehen kann, welche Erfolgsaussichten sein Rechtsschutzbegehren haben wird.[228]

Ähnliche Abgrenzungsprobleme bzgl. der Rechtssicherheit wirft das Merkmal der Dauer auf.[229] Es ist unklar, ob ein Eingriff in die Freiheit einer Person bereits

---

221 LG Hamburg NVwZ 1987, 834 („Hamburger Kessel"); VG Berlin NVwZ-RR 1990, 188 („Berliner Kessel"); VG Mainz NVwZ-RR 1991, 242 ("Mainzer Kessel").

222 A.A. Lisken ZRP 1980, 146; ders. Polizei-heute 1995, 128, der in diesen Fällen eine Freiheitsentziehung bejaht.

223 A.A. Lisken Polizei-heute 1995, 128.

224 Neben BVerwG NJW 1982, 537 vgl. auch Holtkotten, Bonner Komm., Art. 104 GG Anm. C 1; Hantel, Der Begriff der Freiheitsentziehung in Art. 104 II GG, S. 143 , 176 ff.

225 BGH NJW 1982, 753.

226 Vgl. Kunig in: v. Münch, GG, Art. 104 Rz. 19.

227 Vgl. Lisken Polizei-heute 1995, 127; ähnlich auch Gusy NJW 1992, 458.

228 Vgl. Lisken Polizei-heute 1995, 128.

229 So auch Kunig in: v. Münch, GG, Art. 104 Rz. 19; Baumann, UnterbringungsR, S. 9 f.; Götz, Allgemeines Polizei- und Ordnungsrecht, Rz. 422; Martens in: Drews/Wacke/Vogel/Martens, Gefahrenabwehr, S. 80, stuft die Mitnahme zur Dienststelle als Freiheitsbeschränkung und erst das Festhalten auf der Dienststelle als Freiheitsentziehung ein; Moritz NJW 1977, 796; Lisken ZRP 1980, 146; ders. in Polizei-heute 1995, 127; a.A.: Azzola-AK-GG, Art. 104 Rz. 21 ff.; Kaiser NJW 1964, 581; Kleinknecht NJW 1964, 2183; Lampe MDR 1974, 536; Saage/Göppinger, FEntzG, § 2 Rz. 10; Rachor in: Lisken/Denninger, HdbdPolR, F 273.

nach ein paar Minuten[230] oder erst nach ein paar Stunden[231] oder gar erst mit Fristende des Art. 104 Abs. 2 S. 3 GG zu einer Freiheitsentziehung führt. Letztere Auffassung verfehlt bereits den Wortlaut des Art. 104 Abs. 2 S. 1 GG. Denn die richterliche Entscheidung über die „Fortdauer einer Freiheitsentziehung" setzt begrifflich schon voraus, daß bereits eine Freiheitsentziehung vorlag. Das wäre aber dann nicht der Fall, wenn erst die richterliche Anordnung den Eingriff zu einer Freiheitsentziehung werden läßt.[232] Kürzere Fristen würden als Zeitpunkt des Beginns der Freiheitsentziehung dem Schutzcharakter des Art. 104 Abs. 2 S. 1 GG nicht gerecht. Aus der systematischen Stellung des Abs. 2 S. 1 mit S. 2 und Abs. 3 ergibt sich, daß die vorherige richterliche Entscheidung die Regel und die unverzüglich nachzuholende Anordnung die Ausnahme ist.[233] Diesem verfassungsrechtlichen Postulat ist aber nur dann gerecht zu werden, wenn von vornherein feststeht, ob es sich bei der fraglichen Maßnahme um eine Freiheitsbeschränkung oder um eine Freiheitsentziehung handelt. Daran fehlt es grundsätzlich, wenn die Dauer einer Maßnahme nicht eingeschätzt werden kann. So, wenn der Betroffene zwecks Vernehmung auf die polizeiliche Dienststelle mitgenommen wird und sich dort erst herausstellt, daß aufgrund des Geschäftsbetriebs die „Mitnahme" zu einem längeren „Festhalten" und damit zu einer Freiheitsentziehung wird.[234]

Demzufolge ist jeder umfassende Entzug der körperlichen Bewegungsfreiheit eine Freiheitsentziehung.[235]

---

230 Extrem hier Lisken Polizei-heute 1995, 128, der Wartezeiten bei einer „obrigkeitlichen Kontrolle" von mehr als fünf bis zehn Minuten als „Freiheitsentziehungen" i.S.v. Art. 104 Abs. 2 GG einstuft.

231 OVG Münster DVBl. 1979, 733 spricht von zwei bis drei Stunden; zwei Stunden vgl. Sigrist Die Polizei 1978, 65 f. mit Fn. 4; zur Steigerung einer Freiheitsbeschränkung zu einer Freiheitsentziehung vgl. Ausführungen bei Lampe MDR 1974, 536.

232 So auch Gusy NJW 1992, 459.

233 BVerfGE 10, 302, 321; a.A. Azzola-AK-GG, Art. 104 Rz. 23, der auf Abs. 4 verweist und davon ausgeht, daß die Schutzfunktion von Abs. 4 leerliefe, wenn richterliche Maßnahmen bei Freiheitsentziehungen von nur kurzer Dauer erforderlich wären.

234 Vgl. auch Gusy NJW 1992, 459, der in der Aussage des BVerfG (E 10, 302, 323) das „Dilemma" sieht, weil demnach dahingestellt ist, „ob überall, wo ein materielles Gesetz Freiheitsbeschränkungen erlaubt, eine richterliche Entscheidung notwendig wird, wenn sich die Freiheitsbeschränkung zu einer Freiheitsentziehung steigert". Insoweit widerspricht die Auffassung von Martens in: Drews/Wacke/Vogel/Martens, Gefahrenabwehr, S. 80 dem Regel-Ausnahme-Verhältnis in Art. 104 Abs. 2 GG.

235 Vgl. Kunig in: v. Münch, GG, Art. 104 Rz. 19; Lisken NJW 1982, 1268, Baumann, UnterbringungsR, S. 13; Koschwitz, Die kurzfristige polizeiliche Freiheits-

*d) Vorführung und Abschiebung als freiheitsentziehende Maßnahmen?*

Umstritten ist die Frage der Beurteilung von Zwangsmaßnahmen, durch die ein Verhalten behördlich durchgesetzt werden soll, zu dem der Betroffenen verpflichtet ist.

*1. Auffassung der Rechtsprechung*

Nach der Rechtsprechung[236] ist entscheidend, ob die Einschränkung der Bewegungsfreiheit erklärter Hauptzweck ist, oder nur eine zwangsläufig erforderliche und kurzfristige Notwendigkeit im Zusammenhang mit der vorzunehmenden Hauptmaßnahme. Aus dieser Erwägung heraus hat der BGH[237] Vorführungen nach § 18 Abs. 2 GeschlKrG - anders als bei Vorführungen gemäß §§ 51, 230 StPO - nicht als Freiheitsentziehungen angesehen, weil hier keine schwerwiegende Festsetzung auf Dauer geplant sei. Ähnlich entschied das BVerwG[238], als es in der Abschiebung eines Ausländers, d.h. der Anwendung von unmittelbarem Zwang zur Durchsetzung der Ausreisepflicht[239], keine Freiheitsentziehung nach Art. 104 Abs. 2 GG erblickte. Unter Zugrundelegung der Legaldefinition des § 2 Abs. 1 FEntzG gehen beide Gerichte davon aus, daß sich die Vorführung bzw. Abschiebung sowohl von dem mit ihr verfolgten Zweck als auch von ihrer Dauer her von Freiheitsentziehungen i.S.d. Art. 104 Abs. 2 GG grundlegend unterscheidet.

*2. Literaturmeinungen*

Die Auffassungen in der Literatur sind uneinheitlich. Zum einen wird vertreten, daß auch die Vorführung und die Abschiebung freiheitsentziehende Maßnahmen seien, weil lediglich auf den allseitigen Ausschluß der Bewegungsfreiheit, also auf den Erfolg einer Maßnahme, abzustellen sei.[240] Demgegenüber wird unter Berücksichtigung des Zwecks und der Dauer dieser Maßnahme die Einordnung unter den Schutzbereich des Art. 104 Abs. 2 GG abgelehnt, weil die Einschrän-

---

entziehung, S. 39.

236 BVerwG DVBl. 1981, 1108; BVerwG NVwZ 1990, 69; BGH NJW 1982, 753.

237 BGH NJW 1982, 753.

238 BVerwG NJW 1982, 537; eine Freiheitsentziehung jedoch bejahend BVerwG NJW 1982, 536.

239 Vgl. hierzu auch BVerwG NJW 1982, 536; BayObLG NVwZ 1994, 94.

240 So insbesondere Koschwitz, Die kurzfristige polizeiliche Freiheitsentziehung, S. 43 f.; Lisken NJW 1980, 1269.

kung der Bewegungsfreiheit nicht Hauptzweck der Maßnahme sei und ihr das Merkmal der Kurzfristigkeit anhafte.[241]

*3. Stellungnahme*

In Konsequenz der zuvor vertretenen Auffassung handelt es sich auch bei Zwangsmaßnahmen, welche der Durchsetzung einer Pflicht dienen, um freiheitsentziehende Maßnahmen i.S.v. Art. 104 Abs. 2 GG.[242] Es ist unbeachtlich, daß es hier um die Durchsetzung von Verhaltenspflichten geht, weil die zwangsweise Durchsetzung derselben den Effekt des absoluten Ausschlusses der körperlich-räumlichen Bewegungsfreiheit hat.[243] Der Grundgesetzgeber bezweckte mit dem in Art. 104 GG normierten Richtervorbehalt eine Machtkontrolle über die Exekutive für bestimmte Freiheitseingriffe. Daß sein Hauptaugenmerk hier auf der Verhinderung willkürlicher staatlicher Verhaftungen lag[244], resultierte aus den Erfahrungen aus der Zeit der NS-Herrschaft, die bei allen an der Verfassungsgebung Beteiligten noch sehr präsent war. Daraus läßt sich aber nicht ableiten, daß dieser „klassische" staatliche Freiheitseingriff der Maßstab für den Schutzbereich des Art. 104 Abs. 2 GG sein sollte.[245] Vielmehr war primäres Ziel des Parlamentarischen Rates der umfassende Schutz der Freiheit der Person vor jeglichen staatlichen Eingriffen. Denn schon Art. 3 Abs. 3 HChE sah für „jeden von der öffentlichen Gewalt Festgenommenen" die Vorführung vor dem zuständigen Richter vor. Eine Unterscheidung nach Zweck oder Intensität der Festnahme wurde nicht getroffen. So hieß es auch in der Begründung zu Art. 3 Abs. 3 HChE, daß über den Schutz vor staatlichen Verhaftungen hinaus beispielsweise auch der Schutz vor außerstrafrechtlichen Beschränkungen der persönlichen Frei-

---

241 Vgl. Rachor in: Lisken/Denninger, HdbPolR, F 275; ähnlich Gusy NJW 1992, 460; Hantel JuS 1990, 870; Reiff/Wöhrle/Wolf, BWPolG, § 27 Rz. 12; § 28 Rz. 6, 17.

242 Vgl. Lisken NJW 1982, 1268, 1269; Kunig in: v. Münch, GG, Art. 104 Rz. 20.

243 So insb. Koschwitz, Die kurzfristige polizeiliche Freiheitsentziehung, S. 43 f.; vgl. zu verfassungsrechtlichen Bedenken gegen die staatsanwaltschaftliche Vorführungskompetenz (§ 161a Abs. 2 S. 1 i.V.m. §§ 51 Abs. 1 S. 3, 135; 163a Abs. 3 S. 2 i.V.m. §§ 134 f. StPO) Schnickmann MDR 1976, 363 ff.; Moritz NJW 1977, 796; daß Vorführungen „Freiheitsentziehungen" sind vgl. auch Kunig in: v. Münch, GG, Art. 104 Rz. 20 a.E; eingehend hierzu Martens in: Drews/Wacke/Vogel/Martens, Gefahrenabwehr, S. 83 f.

244 Vgl. 1. Kapitel D II: Art. 3 Abs. 3 HChE, der von „staatlichen Festnahmen" spricht und zu seiner Begründung: „Der Artikel enthält die Umgrenzung des Verhaftungsrechts der staatlichen Behörde".

245 Vgl. Kunig in: v. Münch, GG, Art. 104 Rz. 3; mißverständlich aber BGH NJW 1982, 755 und BVerwG NJW 1982, 537 in ihrer Begründung.

heit gewährleistet werde.[246] Das Wort „beispielsweise“ zeigt, daß die nachfolgende Aufzählung der Beispiele nicht abschließend ist. Es ist demzufolge unbeachtlich, ob die Festnahme aufgrund einer Strafverfolgung oder zur Durchsetzung eines Verhaltens erfolgt, weil in beiden Fällen die Art des Freiheitseingriffs die Festnahme ist und der Erfolg, die allseitige Beschränkung der körperlichen Bewegungsfreiheit, der gleiche ist.[247]

### *IV. Der Gesetzesvorbehalt des Art. 104 Abs. 1 S. 1 GG*

Die Freiheit der Person darf gem. Art. 104 Abs. 1 S. 1 GG nur aufgrund eines förmlichen Gesetzes beschränkt werden. Das bedeutet, daß jede Beschränkung oder Entziehung der Freiheit auf einer materiell-rechtlichen Grundlage beruhen muß, die den Erfordernissen eines Parlamentsgesetzes entspricht.[248] Damit ist der Gesetzesvorbehalt, wie ihn Art. 114 WRV kannte[249] und durch den dieses Grundrecht leerlief, beseitigt worden.[250] Verordnungen, Satzungen und Gewohnheitsrecht sind demnach keine ausreichenden Rechtsgrundlagen für Freiheitseingriffe, da sie keine Gesetze im formellen Sinne sind.[251] Auch entspricht die analoge Heranziehung einer Vorschrift als materiell-rechtliche Grundlage für eine Freiheitsentziehung nicht den Erfordernissen des Art. 104 Abs. 1 GG.[252] Nach der Rechtsprechung des BVerfG[253] sind jedoch Blankettgesetze[254] dann zulässig, wenn ihre Ausfüllung nicht durch eine weitere gesetzliche Norm, sondern durch eine Rechtsverordnung erfolgt. In diesem Falle müsse allerdings beim Erlaß einer Strafvorschrift, die Freiheitsstrafe androhe, der Gesetzgeber mit hinreichender Deutlichkeit selbst bestimmen, was strafbar sein soll und Art und Maß der Frei-

---

246 Vgl. 1. Kapitel, D II.

247 Vgl. Lisken NJW 1982, 1268.

248 BVerfGE 58, 208, 220; 78, 383, ff.; 65, 317 (321); unzutreffend hier Kracht DVBl. 1950, 517, der einen „inneren ungeschriebenen Gesetzesvorbehalt“ zugunsten „überkommener Gewohnheitsrechte“ bejaht .

249 Vgl. Erläuterungen oben, 1. Kapitel, B III.

250 Vgl. Holtkotten, Bonner Komm., Art. 104 Anm. B 2 a.

251 Vgl. Maunz/Dürig, GG, Art. 104 Rz. 15; Holtkotten, Bonner Komm., Art. 104 Anm. B 2 b; Hamann/Lenz, GG, Art. 104 Anm. B 2; Wolff DÖV 1951, 313; Sachs JuS 1995, 695.

252 Zum Analogieverbot vgl. BVerfGE 29, 183 (195 f.) m. Anm. Weber JuS 1971, 102; Schmidt-Bleibtreu/Klein, GG, Art. 104 Rz. 5; Kunig in: v. Münch, GG, Art. 104 Rz. 10; vgl. auch Schwan AöR 102 (1977), 249.

253 BVerfGE 14, 174, 185 ff.; 75, 329, 342; BVerfG NJW 1993, 1910.

254 Ausführlich hierzu Volkmann ZRP 1995, 220 ff.

heitsstrafe im förmlichen Gesetz festlegen.[255] Durch Rechtsverordnungen darf also lediglich eine nähere Spezifizierung des Eingriffstatbestandes erfolgen.[256] Es ist daher stets zu prüfen, ob das der Rechtsverordnung zugrunde liegende förmliche Gesetz den Eingriff so detailliert regelt, wie dies der exponierten Stellung von Art. 104 GG entspricht.[257] Die Verwendung unbestimmter Rechtsbegriffe wird durch das Bestimmtheitsgebot nicht ausgeschlossen; grundsätzlich verfassungskonform sind daher die Eingriffstatbestände des Polizeirechts, deren unbestimmte Rechtsbegriffe, wie z.B. der der öffentlichen Sicherheit und Ordnung, hinreichend Klärung erfahren haben.[258]

Der Gesetzesvorbehalt des Art. 104 Abs. 1 S.1 GG bezieht sich auf die Voraussetzungen der Freiheitsbeschränkungen bzw. -entziehungen, nicht hingegen auf die Art und Weise ihrer Durchführung.[259]

Bei den Formvorschriften, deren Einhaltung Art. 104 Abs. 1 S. 1 GG fordert, handelt es sich um die grundlegenden verfahrensrechtlichen Bestimmungen des betreffenden Gesetzes.[260] Sie erhalten somit durch Art. 104 Abs. 1 S. 1 GG verfassungsrechtlichen Schutz. Das bedeutet, daß ihre Nichteinhaltung mit der Verfassungsbeschwerde gerügt werden kann (vgl. § 90 Abs. 1 BVerfGG, Art. 93 Abs. 1 Nr. 4 a GG).[261]

---

255 BVerfGE 14, 174, 187; 14, 245, 251; 14, 254, 257 f.; 51, 60, 70 f.

256 Vgl. Gusy NJW 1992, 461.

257 Ausführlich zu der Aufgabenverteilung zwischen Gesetzgeber und Verordnungsgeber vgl. Gusy NJW 1992, 461 mit Rechtsprechungsnachweisen.

258 BVerfGE 54, 143, 144 f.; 14, 245 ff.; OVGE 11, 292, 294; Wolff/Bachof, Verwaltungsrecht, Bd. 3, § 125 Rz. 5; Martens DÖV 1982, 89; Schulze, Die polizeiliche Generalklausel, 1975, S. 24; a.A. Reiff/Wöhrle/Wolf, BWPolG, § 1 Rz. 6; Zweifel hinsichtlich des Begriffs der öffentlichen Sicherheit und Ordnung aber bei Götz, Allgemeines Polizei- und Ordnungsrecht, Rz. 255 m.w.N.

259 BVerfGE 2, 118, 119; 33, 1, 9; 34, 369, 383; 49, 64; 64, 263, 280.

260 BVerfGE 58, 208, 220 ff; 65, 217, 321 ff.

261 BVerfGE 58, 208, 220; Maunz/Dürig, GG, Art. 104 Rz 19; Hamann/Lenz, GG, Art. 104 Anm. B 3; Kunig in: v. Münch, GG, Art. 104 Rz. 10.

## B. Die Richterzuständigkeit bei Freiheitsentziehungen

### *I. Das richterliche Anordnungsmonopol bei Freiheitsentziehungen*

#### *a) Das Regel- Ausnahme-Verhältnis*

Nach der Rechtsprechung des BVerfG[262] stellt Art. 104 Abs. 2 S. 1 GG das maßgebende Prinzip vorgängiger richterlicher Entscheidung bei Freiheitsentziehungen auf. Abs. 2 Satz 2 enthält die Weisung, die richterliche Entscheidung unverzüglich nachzuholen, falls der in Satz 1 gesetzten Regel nicht entsprochen worden ist oder nicht entsprochen werden konnte. Abs. 2 Satz 3 dagegen konkretisiert den in Satz 2 gebrauchten Begriff „unverzüglich" für den Fall, daß die Freiheitsentziehung durch die Polizei erfolgt ist.[263] Somit können Freiheitsentziehungen ohne richterliche Anordnung rechtmäßig sein. Doch läßt Art. 104 GG eine solche nachträgliche richterliche Entscheidung nur in den Fällen zu, in denen der mit der Freiheitsentziehung verfolgte verfassungsrechtlich zulässige Zweck nicht erreichbar wäre, wenn der Festnahme die richterliche Entscheidung vorausgehen müßte.[264] Den Exekutivbehörden verbleibt somit lediglich eine auflösend bedingte Eilkompetenz[265].

#### *b) Stellungnahme*

Ein Blick auf die polizeiliche Praxis[266] zeigt, daß das verfassungsgebotene Regel-Ausnahme-Verhältnis in das Gegenteil verkehrt wird[267]: Freiheitsentziehende Maßnahmen erfolgen in der Regel aufgrund der polizeilichen Eilkompetenz und nur in einzelnen Ausnahmefällen nach vorheriger richterlicher Anordnung.[268] Es

---

262 Vgl. BVerfGE 10, 302, 321.

263 Vgl. BVerfGE 10, 302, 321.

264 BVerfGE 22, 311, 317 f.; BVerfG EuGRZ 1980, 57, 64; vgl. auch BVerwGE 4, 196, 199; BVerwG DÖV 1982, 32 ff.

265 Vgl. Maunz/Dürig, GG, Art. 104 Rz. 25 ff., 34 u. 41 a.E.; Hoffmann DVBl. 1970, 476; Lisken ZRP 1980, 145, 146; ders. mit Mokros in NVwZ 1991, 609 f.

266 Vgl. die Ergebnisse der empirischen Erhebung im 2. Kap. unter C III a) 4 sowie C III a) 2. und 3 und C IV.

267 Darauf weist auch Göddeke Die Polizei 1997, 166 ff., hin.

268 So ist z.B. dem befragten Amtsrichter in München innerhalb des besagten Zeitraums (1.1.1990 - 31.8.1996) kein Fall bekannt gewesen, in dem die Polizei einen Antrag auf vorherige richterliche Entscheidung gestellt hat, vgl. 2. Kap., C III a) 4.; vgl. dort ebenso die Angaben aus Hannover unter C III a) 2. und 3. sowie die Ausführungen unter C IV; auf eine Entfernung der Praxis von dieser „einst aner-

erscheint mehr als zweifelhaft, daß in all diesen Fällen von Freiheitsentziehungen ohne vorherige richterliche Anordnung der verfolgte Zweck nicht anders erreichbar war. Wenn z.B. der Polizei vor einem Fußballspiel die Personalien des erwarteten Hooligans bekannt sind, z.B. weil er beim letzten Spiel seiner Mannschaft in dieser Stadt bereits durch Randale aufgefallen ist, dann ist bei einer beabsichtigten Ingewahrsamnahme dieses Hooligans die erforderliche richterliche Anordnung zwingend vor der Ingewahrsamnahme, also beispielsweise am Vortag oder am Morgen vor dem erwarteten Eintreffen, einzuholen.[269] Wird davon abgesehen, sind diese Ingewahrsamnahmen verfassungswidrig. Etwas anderes gilt dann, wenn die Polizei im Vorfeld einer Veranstaltung keine Kenntnis hat, welcher der bereits bekannten Hooligans eintreffen wird. In diesen Fällen ist die Ingewahrsamnahme der Störer aufgrund der polizeibehördlichen Eilkompetenz zulässig.[270] Das Recht der Exekutive zur vorläufigen Festnahme in Art. 104 Abs. 2 S. 2, 3 GG begründet jedoch lediglich eine zeitlich eingeschränkte Eilkompetenz und berechtigt diese folglich nur zu einer Festnahme unter dem Vorbehalt, daß sie schnellstens die Verantwortlichkeit des Richters herbeiführt.[271] Es ergibt sich somit keine Art Kompetenzkonkurrenz zwischen Justiz und Exekutivmacht, etwa dergestalt, daß bei „Gefahr im Verzuge“ die Eingriffskompetenz endgültig der Polizei zufiele.[272] Der Richter soll sowohl bei bevorstehenden als auch bei vergangenen Freiheitsentziehungen von Verfassungs wegen immer und ausschließlich die Verantwortung für diesen Eingriff übernehmen.[273] Es handelt sich hierbei nicht primär um Rechtsschutzgewährung i.S.v. Art. 19 Abs. 4 GG und Art. 104 Abs. 3 GG.[274] Denn die richterliche Tätigkeit gem. Art. 104 Abs. 2 GG ist eine der FGG-Tätigkeit ähnliche Verwaltungstätigkeit.[275] Wie in FGG-Verfahren handelt es sich bei der richterlichen Entscheidung im Rahmen von Art. 104 Abs. 2 GG um ein auf Antrag eingeleitetes Nichtstreitverfahren, in dem der Richter als neutrale Person die Kontrolle einer Verwaltungstätigkeit ausübt.[276] Der Richter trifft hierbei seine Entscheidung als Justizverwaltungsorgan und nicht als Judika-

---

kannten Verfassungsauslegung“ hinweisend Heise/Tegtmeyer, PolGNW, § 14 Rz. 4.

269 Ebenso Roos, RhPfPOG, § 15 Rz. 1; Hilger JR 1990, 487.

270 So die Polizeipraxis bei Bundesligaspielen in München, vgl. 2. Kap., C IV.

271 Vgl. Maunz/Dürig, GG, Art. 104 Rz. 34 und 41: „Eine Festnahme, „um“ den Richter zu fragen“.

272 Vgl. Lisken ZRP 1980, 146.

273 BVerfGE 22, 311, 317 f.

274 Götz, Allgemeines Polizei- und Ordnungsrecht, Rz. 421.

275 Lisken ZRP 1980, 146.

276 Vgl. Zimmermann Rpfleger 1978, 285; zu den Einzelheiten über die richterliche Tätigkeit in FGG-Verfahren vgl. Bumiller/Winkler, FGG, § 1 Anm. 2 ff.

tive.[277] Er entscheidet nicht über die Rechtmäßigkeit der Verfügung der Exekutive, sondern ordnet vielmehr auf Antrag der Behörde die Freiheitsentziehung mit Wirkung für die Zukunft an, wenn im Zeitpunkt seiner Entscheidung die dafür erforderlichen Voraussetzungen vorliegen und zwar ohne Rücksicht auf die Rechtmäßigkeit der zuvor verfügten behördlichen Maßnahme.[278] Dem Betroffenen wird mittelbar Rechtsschutz gewährt, indem bestimmte Grundrechtseingriffe unbedingt von der Billigung eines Dritten abhängig sind.[279]

### *II. Verfassungsrechtliche Anforderungen an die richterliche Entscheidung*

#### *a) Prüfungsumfang*

Der Richter entscheidet über die Zulässigkeit und Fortdauer der Freiheitsentziehung, nicht aber über die Art und Weise ihres Vollzugs.[280] Gegenstand seiner Entscheidung ist die Frage, ob im gegenwärtigen Zeitpunkt die gesetzlichen Voraussetzungen für eine Freiheitsentziehung vorliegen, nicht aber, ob die vorläufige Festnahme durch die Exekutive gerechtfertigt war.[281] Liegen beispielsweise die Voraussetzungen für die Anordnung einer freiheitsentziehenden Maßnahme im Zeitpunkt der richterlichen Prüfung vor, beschließt er die Fortdauer dieser Maßnahme selbst dann, wenn dies bei Anordnung durch die Polizeibeamten noch nicht zulässig war.[282] Der Richter hat selbst die Tatsachen festzustellen, die die freiheitsentziehende Maßnahme rechtfertigen.[283] Er darf sich bei seiner Ermittlungstätigkeit nicht auf die Prüfung beschränken, ob die von der Polizei vorgetragenen Gründe plausibel erscheinen. Er hat selbst zu entscheiden und die Verantwortung dafür zu übernehmen, daß die freiheitsentziehende Maßnahme im konkreten Fall unter Ansehung aller Umstände unerläßlich ist.[284] Diese rechtsstaatlichen Anforderungen an die richterliche Entscheidung gelten nach der Auffassung

---

277 Lisken ZRP 1980, 146; ders. in NVwZ 1991, 609, 610; Wagner, PolGNW, vor § 8 Rz. 59 ff.
278 BVerwGE 62, 317, 321.
279 Lisken ZRP 1980, 147.
280 BVerfGE 2, 118; VGH Stuttgart DÖV 1954, 761; BayObLG DÖV 1958, 747; Maunz/Dürig, GG, Art. 104 Rz. 28.
281 Sog. ex-nunc-Beurteilung: Maunz/Dürig, GG, Art. 104 Rz. 36; Kunig in: v. Münch, GG, Art. 104 Rz. 19; Schnarr NStZ 191, 209, 214.
282 Maunz/Dürig, GG, Art. 104 Rz. 36; Rieß/Thym GA 1981, 199.
283 BVerfGE 83, 24, 34.
284 BVerfGE 83, 24, 34; vgl. auch Maunz/Dürig, GG, Art. 104 Rz. 28; Grabitz in: Isensee/Kirchhof, HdbStR VI, § 130 Rz. 25.

des BVerfG[285] auch in Eilfällen. Die richterliche Entscheidung bei Freiheitsentziehungen ist eine primäre - oder ausnahmsweise zusätzliche - konstitutive Voraussetzung der Wirksamkeit einer Freiheitsentziehung und enthält nicht nur eine Bestätigung oder Genehmigung der vorangegangenen Verwaltungsentscheidung.[286]

Als Mittel eigener richterlicher Sachaufklärung stehen insbesondere die sichergestellten Gegenstände, die Akten, die persönliche Anhörung des Betroffenen und die Aussagen der beteiligten Beamten zur Verfügung.[287]

### *b) Begründungsumfang*

Der Richter entscheidet durch Beschluß (§ 6 FEntzG). Der Beschluß bedarf einer einzelfallbezogenen Begründung.[288] Den rechtsstaatlichen Anforderungen an die richterliche Anordnung einer Freiheitsentziehung genügt nicht das Ankreuzen eines formularmäßigen Vordrucks, weil hier nur pauschale Ausführungen enthalten sein können.[289] Die Anordnung einer freiheitsentziehenden Maßnahme unter Verwendung eines vervielfältigten Schriftstückes kann aber dann verfassungsrechtlich unbedenklich sein, wenn detaillierte, einzelfallbezogene Ausführungen noch hinzugefügt werden können.[290]

Die Einhaltung der von Art. 104 Abs. 3 GG gesetzten Höchstfrist kann im Hinblick auf die gleichzeitige Festnahme einer Vielzahl von Personen wegen des umfassenden Begründungszwangs auf praktische Schwierigkeiten stoßen. Auf keinen Fall werden die Gerichte durch diese Situation von dem Begründungszwang entbunden. In engen Grenzen ist aber die provisorische Abfassung der Gründe zulässig, wenn die vollständige Abfassung unverzüglich nachgeholt wird.[291]

---

285 BVerfGE 83, 24, 34.

286 BVerfG NJW 1991, 1283, 1284; BVerwG NJW 1982, 536; a.A, daß Art. 104 Abs. 2 GG eine Anordnung der Verwaltung voraussetzt, die der Richter dann zu genehmigen hat, OVG Münster DÖV 1952, 406; VG Freiburg DVBl. 1951, 313; v. Mangoldt, Das Bonner Grundgesetz, Art. 104 Anm. 5; Holtkotten, Bonner Komm., Art. 104 Anm. II C 3 a; Dernedde Anm. zu VG Freiburg DVBl. 1951, 317.

287 Rachor in: Lisken/Denninger, HdbdPolR, F 325.

288 BVerfGE 83, 24, 34.

289 BVerfG NJW 1991, 1283, 1284 f.; Kunig in: v. Münch, GG, Art. 104 Rz. 31.

290 Vgl. BVerfG NJW 1982, 29, 30, Entscheidung zur sog. „Nürnberger Massenverhaftung“.

291 Vgl. Kunig in: v. Münch, GG, Art. 104 Rz. 31.

Unterbleibt das vorgeschriebene Verfahren oder die ordnungsgemäße Entscheidung, so wirkt die Nachholung ex nunc, heilt den Fehler also nur für die Zukunft.[292]

### *III. Das Verfahren*

#### *a) Das zuständige Gericht*

##### *1. Die sachliche Zuständigkeit*

Gemäß Art. 104 Abs. 2 S. 1 GG entscheidet der „Richter" über die Zulässigkeit und Fortdauer der Freiheitsentziehung. Doch welches Gericht zuständig sein soll, wurde von dem Grundgesetzgeber offengelassen. Er hat die Klärung dieser Frage vielmehr dem Gesetzgeber überlassen (Art. 104 Abs. 2 S. 4 GG).

Vor Erlaß des Freiheitsentziehungsgesetzes im Jahre 1956 war die Frage, welches Gericht (Amts- oder Verwaltungsgericht) zuständig ist, stark umstritten.[293] Ein Teil der Literaturmeinungen[294] folgerte aus dem fehlenden Hinweis des Grundgesetzgebers auf die Zuständigkeit der ordentlichen Gerichte (Art. 14 Abs. 3 und Art. 19 Abs. 4 GG), daß ausschließlich der Verwaltungsrichter „Richter" i.S.d. Art. 104 GG sei. Demgegenüber hielt man[295] den Haftrichter für den „sachnäheren" Richter und leitete daraus eine ausschließliche Zuständigkeit der ordentlichen Gerichte ab.

§ 3 FEntzG und die meisten übrigen Zuständigkeitsregelungen zu Art. 104 Abs. 2 GG, wie z.B. die Polizeigesetze[296], erklären nunmehr die Amtsgerichte für die Anordnung von Freiheitsentziehungen für sachlich zuständig. Damit ist der Rechtsweg zu den Verwaltungsgerichten ausgeschlossen. Wird das Verwaltungsgericht angerufen, hat dieses die Sache an das Amtsgericht zu verweisen (§ 17a Abs. 2 GVG). Begründet wird die Verweisung zum einen mit der größeren Ortsnähe der Amtsgerichte. Sie haben kleinere Dienstbezirke als die Verwaltungsge-

---

292 BVerGE 58, 208, 222.

293 Vgl. hierzu Ausführungen bei Brösamle DÖV 1952, 169 f. m.w.N.

294 Vgl. Brösamle DÖV 1952, 169; ebenso Dernedde Anm. zu VG Freiburg DVBl. 1951, 317.

295 Vgl. Giese/Schunck, GG, Art. 104 Anm. 3.

296 Vgl. § 28 Abs. 4 S.1 bwPolG; Art. 18 Abs. 3 bayPAG; § 31 Abs. 3 ASOG; § 21 Abs. 2 bdgPolG; § 16 Abs. 3 bremPolG; § 13a hmbSOG; § 33 Abs. 2 HSOG; § 19 Abs. 2 NGefAG; § 36 Abs. 2 PolGNW; § 15 Abs. 2 rhpfPOG; § 14 Abs. 2 SaarlPolG; § 22 Abs. 8 SächsPolG; § 38 Abs. 2 SOG LSA; § 20 Abs. 2 thürPAG; §§ 56 Abs. 2, 29 Abs. 4 SOG MV.

richte, so daß von ihnen auf dem kürzeren Weg und rascher eine Entscheidung erlangt werden kann.[297] Zum anderen wird ihnen wegen der ohnehin gegebenen Zuständigkeit bei Freiheitsentziehungen im Rahmen der Strafverfolgung (§§ 114, 128, 163c StPO) eine größere Sachnähe zugesprochen.[298] Die Möglichkeit einer solchen Zuweisung aufgrund landesrechtlicher Vorschriften wird durch § 40 Abs. 1 S. 2 VwGO eröffnet.[299]

### 2. *Die örtliche Zuständigkeit*

Nach § 4 FEntzG ist nicht notwendig das Amtsgericht örtlich zuständig, in dessen Bezirk der Festgenommene seinen gewöhnlichen Aufenthalt hat, sondern gem. § 4 Abs. 1 S. 2 FEntzG auch das Amtsgericht, in dessen Bezirk der Verwahrungsort liegt. Ähnliche Bestimmungen finden sich in den Polizeigesetzen der Länder.[300] Demnach ist nicht unbedingt das Gericht zuständig, in dessen Bezirk die Person angetroffen und in Gewahrsam genommen wurde, sondern das Amtsgericht, in dessen Bezirk die Person festgehalten wird.[301] Diese örtlichen Zuweisungsregelungen werden vereinzelt[302] als verfassungswidrig eingestuft, weil die Polizei durch die Auswahl des Verwahrungsortes den gesetzlichen Richter manipulieren könne und demzufolge Art. 101 Abs. 1 GG verletzt sei.

*– Stellungnahme –*

Die Bestimmungen über die örtliche Zuständigkeit der Amtsgerichte sind verfassungsgemäß. Die gesetzliche Zuweisung an das Amtsgericht des Verwahrungsortes schafft keine unzulässigen Ausnahmegerichte und verletzt nicht das Recht auf den gesetzlichen Richter i.S.d. Art. 101 Abs. 1 GG. Die Zuweisung ist dann von Bedeutung, wenn bei einer größeren Zahl von Festnahmen oder Ingewahrsamnahmen die festgehaltenen Personen wegen Platzmangels nicht alle im Bezirk des ortsansässigen Amtsgerichts untergebracht werden können. Die richterliche Ent-

---

297 VGH Stuttgart, Urt. v. 5.12.1977 - I 1685/77.

298 Meixner, HSOG, § 33 Rz. 9; vgl. auch Rachor in: Lisken/Denninger, HbdPolR, F 319.

299 BVerfGE 83, 24, 30.

300 Vgl. § 28 Abs. 4 S. 1 bwPolG; Art. 18 Abs. 3 bayPAG; § 31 Abs. 3 ASOG; § 21 Abs. 2 bdgPolG; § 16 Abs. 3 bremPolG; § 13a hmbSOG; § 33 Abs. 2 HSOG; § 19 Abs. 2 NGefAG; § 36 Abs. 2 PolGNW; § 15 Abs. 2 rhpfPOG; § 14 Abs. 2 SaarlPolG; § 22 Abs. 8 SächsPolG; § 38 Abs. 2 SOG LSA; § 20 Abs. 2 thürPAG.

301 Noch deutlicher Art. 18 Abs. 3 bayPAG in seiner Formulierung: Für die Entscheidung ist das Amtsgericht zuständig, in dessen Bezirk die Freiheitsentziehung vollzogen wird.

302 Jahn DVBl. 1989, 1044; Hirsch ZRP 1989, 81, 84.

scheidung kann so schneller herbeigeführt werden, als im Fall der Zuständigkeit des Gerichts, in dessen Bezirk die Ingewahrsamnahme erfolgte.[303] Die bloße Möglichkeit, daß die Polizei die gerichtliche Zuständigkeit durch gezielte Auswahl des Vollzugsorts bestimmen könnte, führt nicht zur Verfassungswidrigkeit dieser Bestimmungen.[304] Auch § 4 Abs. 1 S. 2 FEntzG erklärt das Amtsgericht für zuständig, in dessen Bezirk der Vollzugsort liegt. Wird der Betroffene an einen anderen Ort verbracht, ohne daß es hierfür sachliche Gründe gibt (z.B. große Anzahl von Ingewahrsamnahmen), ist die Freiheitsentziehung schon aus diesem Grund rechtswidrig.[305]

### *b) Die Verfahrensvorschriften*

Art. 104 Abs. 2 GG enthält weder Verfahrensvorschriften noch eine ausdrückliche Bestimmung, welche Verfahrensvorschriften bei Freiheitsentziehungen Anwendung finden sollen. Ebenso enthalten weder das Gesetz über das gerichtliche Verfahren bei Freiheitsentziehungen (FEntzG) noch die Polizeigesetze der Länder Verfahrensregelungen über die richterliche Entscheidung bei Freiheitsentziehungen. Vielmehr sind gemäß § 3 FEntzG und den entsprechenden polizeigesetzlichen Regelungen[306] die Bestimmungen des Gesetzes über die Angelegenheit der freiwilligen Gerichtsbarkeit (FGG) entsprechend anzuwenden. Gegen die Verweisungen auf eine Regelung außerhalb des FEntzG und der Polizeigesetze bestehen aus Sicht des BVerfG[307] keine Bedenken. Denn anders als bei der analogen Anwendung materiell-rechtlicher Ermächtigungsgrundlagen für Freiheitsentziehungen könne der Zweck des Art. 104 Abs. 2 GG, nämlich die richterliche Kontrolle, auch durch die analoge Anwendung von Bestimmungen über das richterliche Verfahren erreicht werden.[308]

---

303 Samper/Honacker, BayPAG, Art. 18 Rz. 11.

304 BayVerfGH BayVBl. 1990, 688; Rachor in: Lisken/Denninger, HdbdPolR, F 320; a.A. Jahn DVBl. 1989, 1044; Hirsch ZRP 1989, 84.

305 Rachor in: Lisken/Denninger, HdbdPolR, F 320.

306 Polizeigesetzliche Verweisung auf die Verfahrensvorschriften des FEntzG: § 38 Abs. 2 S. 2 SOG LSA; Art. 18 Abs. 3 S. 3 bayPAG; § 13a Abs. 2 S. 2 hmbgSOG; § 33 Abs. 2 S. 2 HSOG; § 15 Abs. 2 S. 2 rhpfPOG; § 20 Abs. 2 S. 2 thürPAG; § 181 Abs. 4 S. 4 schlhLVwG; § 31 Abs. 3 S. 2 ASOG; § 16 Abs. 3 S. 2 bremPolG; § 18 Abs. 2 S. 2 bdgPolG; § 14 Abs. 2 S. 2 SaarlPolG; § 38 Abs. 2 S. 2 PolGNW; § 29 Abs. 4 S. 4 SOGMV; Verweisung auf die Verfahrensvorschriften des FGG: § 28 Abs. 4 S. 2 bwPolG; § 22 Abs. 8 S. 2 SächsPolG; § 19 Abs. 3 NGefAG.

307 BVerfGE 83, 24, 31 f. unter Hinweis auf BVerfGE 10, 302, 329; 29, 183, 197.

308 BVerfGE 83, 24, 32.

Diese Auffassung wird jedoch der Bedeutung des Grundrechts auf Freiheit nicht gerecht, zu dessen Schutz Art. 104 GG normiert wurde.[309] Der Gesetzgeber ist vielmehr gefordert, das gerichtliche Verfahren bei Entscheidungen nach Art. 104 Abs. 2 GG gesondert zu regeln. Im Gegensatz zu den übrigen Grundrechten unterliegt ein Eingriff in Art. 2 Abs. 2 GG als ein besonders schwerer Grundrechtseingriff besonders strengen Verfassungsschranken, nämlich Art. 104 GG.[310] Die in Art. 104 GG normierten Rechtsgarantien sollen dem Betroffenen einen umfassenden Schutz gegen willkürliche staatliche Eingriffe geben.[311] Da die Effektivität dieser Verfassungsschranken bei Freiheitsentziehungen wesentlich von der Ausgestaltung des einfachen Rechts abhängt, gibt Art. 104 Abs. 2 S. 4 GG dem Gesetzgeber einen ausdrücklichen Regelungsauftrag.[312] Die Verweisung auf Verfahrensvorschriften, die zwar eine der in Art. 104 Abs. 2 GG ähnliche richterliche Tätigkeit regeln[313], wird diesem verfassungsrechtlichen Auftrag nicht gerecht. Zudem sind diese Verfahrensvorschriften lückenhaft. So war beispielsweise bis 1990[314] weder im FGG noch im FEntzG die Frage der Verfahrensfähigkeit geregelt.[315] Die Fähigkeit zur Vornahme von Verfahrenshandlungen nach dem Ausländergesetz ist zwar in § 68 AuslG festgelegt. Dies betrifft aber nicht das Verfahren der Freiheitsentziehung.[316] Dem Grundgesetzgeber kam es gerade im Bereich der Freiheitsentziehung auf eine besondere, rechtsstaatliche und förmliche Regelung an.[317] Angesichts der furchtbaren Erfahrungen möglichen Mißbrauchs, die wir in Deutschland noch nicht lange hinter uns haben[318], besteht Grund, das Verfassungsgebot sehr genau zu nehmen und das gerichtliche Verfahren bei Entscheidungen über die Zulässigkeit und Fortdauer von Freiheitsentziehungen gesetzlich zu normieren.[319]

---

309 Zum systematischen Zusammenhang zwischen Art. 2 Abs. 2 GG und Art. 104 GG vgl. in diesem Kapitel unter A I.

310 Zur besonderen Bedeutung des Grundrechts der Freiheit vgl. BVerfGE 65, 317, 322.

311 Vgl. zur Entstehungsgeschichte des Art. 104 GG 1. Kapitel D II, III.

312 Vgl. Kunig in: v. Münch, GG, Art. 104 Rz. 2.

313 Vgl. Ausführungen in diesem Kapitel unter a) 3.

314 Nunmehr § 70 a FGG (eingefügt durch Art. 5 Betreuungsgesetz v. 12.9.1990).

315 Vgl. Saage/Göppinger, FEntzG, § 3 Anm. 4.

316 Vgl. Saage/Göppinger, FEntzG, § 3 Anm. 4.

317 Vgl. Ausführungen 1. Kapitel unter D II und III.

318 Z.B. Einweisung in ein „Schutzhaftlager“, vgl. 1. Kapitel C.

319 So gibt sich der deutsche Gesetzgeber grundsätzlich sehr „regelungsfreudig“: 1996 wurden beispielsweise allein im BGBl. I 143 Gesetze (!) veröffentlicht.

*c) Die Einleitung des Verfahrens*

Die Einleitung des Verfahrens von Amts wegen ergibt sich aus der Tatsache, daß der Richter die Freiheitsentziehung anzuordnen hat.[320] Seine Entscheidung darf nicht durch gesetzliche Regelungen von einer Klage oder Beschwerde des Betroffenen abhängig gemacht werden.[321] Der Richter entscheidet nur auf Antrag der Exekutivbehörde.[322] Der Antrag, der nicht formgebunden ist, muß auf den Erlaß einer richterlichen Entscheidung über die Zulässigkeit und Fortdauer einer Ingewahrsamnahme gerichtet sein und begründet werden. Eine konkrete und individuelle Begründung des Antrags ist stets erforderlich, also auch dann, wenn z.B. anläßlich einer Demonstration eine Vielzahl von Personen gleichzeitig in Polizeigewahrsam genommen werden. Ein bloßer Hinweis auf die „Gesamtumstände" reicht nicht aus.[323]

Das Vorliegen des Antrags ist in jeder Lage des Verfahrens von Amts wegen zu prüfen.[324] Fehlt er oder wird er zurückgenommen, darf die Freiheitsentziehung nicht angeordnet werden.[325]

*d) Die persönliche mündliche Anhörung des Betroffenen*

*1. Die verfassungsrechtliche Notwendigkeit*

Das Gericht hat den Betroffenen vor der Anordnung der Freiheitsentziehung persönlich anzuhören.[326] Der Richter ist wegen der Notwendigkeit einer eigenen -konstitutiven- Entscheidung verpflichtet, das tatbestandlich erhebliche Verhalten der festgehaltenen Person selbst zur Kenntnis zu nehmen und sich einen persönlichen Eindruck von dem Betroffenen zu verschaffen.[327] Hierzu ist es unerläßlich, daß der Betroffene grundsätzlich persönlich vor Gericht erscheint.[328] Wird dem Betroffenen lediglich Gelegenheit zur Aussage vor der Polizei gegeben, dann liegt darin nicht nur ein Verstoß gegen den Grundsatz des rechtlichen Gehörs

---

320 Maunz/Dürig, GG, Art. 104 Rz. 27.
321 Maunz/Dürig, GG, Art. 104 Rz. 27; Holtkotten, Bonner Komm., Art. 104 Anm. II C 3 f.
322 § 3 FEntzG; vgl. auch OLG Karlsruhe NVwZ Beilage Nr. 1 1997, 1f.
323 Rachor in: Lisken/Denninger, HdbdPolR, F 322.
324 BayObLGZ 56, 382, 387 und 425, 428, 430.
325 Maunz/Dürig, GG, Art. 104 Rz. 27.
326 § 5 Abs. 1 S. 2 FEntzG; vgl. auch BVerfGE 70, 297, 322 f.
327 BVerfGE 83, 24, 33; vgl. hierzu auch Ausführungen in diesem Kapitel unter II a).
328 Rachor in: Lisken/Denninger, HdbdPolR, F 323.

gem. Art. 103 Abs. 1 GG[329], sondern zugleich auch ein Verstoß gegen Art. 104 GG als die speziellere Norm.[330] Folgt die Pflicht zur Anhörung bereits aus den die Freiheitsentziehung tragenden gesetzlichen Vorschriften i.S.d. Art. 104 Abs. 1 S. 1 GG, dann stellt ihr Unterlassen eben wegen Art. 104 Abs. 1 S. 1 GG einen Verstoß gegen Art. 104 GG dar[331], der nur mit Wirkung für die Zukunft heilbar ist.[332] Fehlt es an einer Verfahrensvorschrift über die persönliche Anhörung, so muß eine Verpflichtung hierzu gleichwohl unmittelbar aus Art. 104 Abs. 2 GG entnommen werden, um dem Normzweck des Richtervorbehalts gerecht zu werden.[333] Die mit Art. 104 Abs. 2 GG beabsichtigte richterliche Kontrolle setzt ein justizförmiges Verfahren voraus[334], dessen wesentlicher Bestandteil gerade auch die persönliche mündliche Anhörung des Betroffenen ist. Zudem folgt schon aus dem rechtsschützenden Charakter des Art. 104 Abs. 2 GG[335] das Gebot der vorherigen Anhörung des Betroffenen. Der Betroffene kann nur dann auf die gerichtliche Entscheidung Einfluß nehmen, wenn er Gelegenheit zur persönlichen Stellungnahme vor dem zu entscheidenden Gericht erhält. Deshalb ist in der Regel nur eine vorherige Anhörung sinnvoll.[336]

Ist die Anhörung bei Beginn der Freiheitsentziehung unterblieben, weil sie etwa den Zweck der Maßnahme vereitelt hätte[337], dann ist sie „sobald als möglich“ [338] nachzuholen. Sie ist in jedem Verfahren, in welchem über die Zulässigkeit, Fortsetzung oder Beendigung der Freiheitsentziehung entschieden wird, geboten.[339]

Ein Anhörungsanspruch wird stets nur bei der Eingangsinstanz bejaht; auf Rechtsbehelfe ist eine Anhörung verfassungsrechtlich nur noch dann geboten, wenn sich für das Rechtsmittelgericht aus den Akten eine Veranlassung für die Annahme ergibt, von der persönlichen Stellungnahme sei noch irgend eine Sachaufklärung zu erwarten.[340]

---

329 BVerfGE 83, 24, 35 f.: zugleich ein Verstoß gegen Art. 103 Abs. 1; vgl. auch Jarass/Pieroth, GG, Art. 104 Rz. 11.

330 Gusy NJW 1992, 462.

331 BVerfGE 58, 208, 223; 65, 317, 322; 66, 191, 195; Jarass/Pieroth, GG, Art. 104 Rz. 11.

332 BVerfGE 58, 208, 222; 61, 123, 125.

333 Gusy NJW 1992, 462 f.

334 Vgl. BVerfGE 83, 24, 32.

335 Vgl. Ausführungen in diesem Kapitel unter I b): mittelbarer Rechtsschutz.

336 BVerfGE 83, 24, 35 unter Hinweis auf BVerfGE 9, 89, 98.

337 So die Ausnahme in BVerfGE 9, 89, 9; 57, 346, 358 f.

338 BVerfGE 66, 191, 197.

339 OLG Frankfurt HessJMBl. 1984, 515.

340 BVerfGE 65, 317, 324.

### 2. *Bei sog. Massenfestnahmen*

Gewalttätige Demonstrationslagen[341], Sportveranstaltungen mit nationaler/internationaler Bedeutung[342], Versammlungen sowie Kundgebungen, an denen wegen der politischen Brisanz eine Vielzahl von Personen teilnehmen, können Anlässe für Massenfestnahmen sein. In diesen Fällen werden von der Polizei manchmal gleichzeitig mehrere hundert Demonstranten in Gewahrsam genommen[343], die aufgrund der Anhörungspflicht alle einem Richter vorgeführt werden müßten. Unter dem Gesichtspunkt der Eilbedürftigkeit der Herbeiführung einer richterlichen Entscheidung (bis zum Ende des nächsten Tages) stellt sich die Frage, ob in diesen Fällen ausnahmsweise das rechtliche Gehör von einer Behörde vermittelt werden kann oder ob es auch hier der richterlichen Vorführung aller festgehaltenen Personen bedarf.

Das BVerfG[344] läßt eine Ausnahme vom Grundsatz der persönlichen mündlichen Anhörung in eilbedürftigen Gerichtsverfahren nur dann zu, wenn der Betroffene erkennbar seine Erklärung für das Gericht bestimmt hat und ihm dabei bewußt ist, daß er mit seinen Aussagen auf die richterliche Entscheidung Einfluß nehmen kann. Demgegenüber wird in akuten Lagen, wie z.B. bei gebotenen Gruppenfestnahmen, die fernmündliche Befragung des Richters als ausreichend erachtet.[345] Es genüge, wenn der herbeigerufene Richter aus eigener Anschauung oder auf Darlegung der Polizei diese Ingewahrsamnahmen billige. Eine Einzelvorführung der Betroffenen sei in diesen Fällen nicht erforderlich, weil Art. 104 Abs. 2 GG mangels ausschließlicher rechtsschützender Funktion i.S.v. Art. 19 Abs. 4 GG die persönliche mündliche Anhörung nicht unbedingt vorsehe.[346]

### 3. *Stellungnahme*

Grundsätzlich kann das gerichtliche Verfahren bei Entscheidungen über die Zulässigkeit oder Fortdauer von Freiheitsentziehungen nicht von der Anzahl der Festnahmen abhängig sein. So würde auf Kosten der Rechtsstaatlichkeit groß angelegten Verhaftungsaktionen der Polizei Vorschub geleistet. Unabhängig von

---

341 So z.B. anläßlich der Demonstration kurdischer Volkszugehöriger in Frankfurt/M., vgl. FAZ v. 28.7.1995.

342 So z.B. anläßlich der Fußballweltmeisterschaft 1998 in Frankreich, vgl. FAZ v. 26.6.1998

343 Vgl. BVerfG NJW 1982, 29 f. (sog. Nürnberger Massenverhaftung); VG Frankfurt Urt. v. 28.11.1996, 5 E 1340/96 (3): 230 Personen.

344 BVerfGE 83, 24, 36.

345 Lisken, Schreiben an das Innenministerium von NW vom 6.12.1991, Bl. 6.

346 Lisken, Schreiben an das Innenministerium von NW vom 6.12.1991, Bl. 6.

der Anzahl der Freiheitsentziehungen muß das Verfahren auch in Eilfällen darauf angelegt sein, dem Betroffenen alle diejenigen rechtsstaatlichen Sicherungen zu gewähren, die mit einem justizförmigen Verfahren verbunden sind.[347] Hierzu gehört auch die persönliche mündliche Anhörung der Betroffenen durch das entscheidende Gericht. Dem BVerfG[348] ist zuzustimmen, daß in eilbedürftigen Fällen eine Vereinfachung und Verkürzung des gerichtlichen Verfahrens gerechtfertigt ist, wenn der Betroffene weiß, daß seine Äußerungen auch für das Gericht bestimmt sind und die persönliche Anhörung baldmöglichst nachgeholt wird.[349] Der Betroffene muß demzufolge entsprechend belehrt werden und ausdrücklich sein Einverständnis hierzu erteilen. Im Hinblick auf die Schwere des Grundrechtseingriffs ist auch in dringenden Fällen grundsätzlich an der persönlichen Anhörung durch das entscheidende Gericht festzuhalten.[350] Demzufolge ist die fernmündliche Einholung der richterlichen Entscheidung über Zulässigkeit und Fortdauer der freiheitsentziehenden Maßnahme[351] in der Regel verfassungswidrig.[352] Bei Massenfestnahmen ist somit von justizieller Seite darauf zu achten, daß genügend Richter tätig werden, um eine ordnungsgemäße Durchführung des Verfahrens zu gewährleisten.[353] Wird gleichzeitig eine große Anzahl von Personen festgehalten, muß der Richter aus Zeitgründen vor Ort die erforderlichen Anhörungen vornehmen. Hier könnte man an den Einsatz „mobiler Büros“[354] denken, d.h. größere Einsatzfahrzeuge, die provisorisch als Schreibbüros ausgerüstet sind. Zur besseren und schnelleren organisatorischen Bewältigung von Freiheitsentziehungen bei polizeilichen Großlagen könnten die Richter in diesen 'Büros' an den Einsatzort gebracht werden und die Betroffenen vor Ort persönlich anhören.[355]

---

347 Vgl. BVerfGE 83, 24, 32.

348 BVerfGE 83, 24,32.

349 Vgl. das BVerfGE 83, 24, 36.

350 Vgl. das BVerfGE 83, 24, 33 f.

351 Vgl. hierzu auch das Beispiel aus Wiesbaden, 2. Kap. III a 1: In der Regel erfolgt die richterliche Entscheidung nach §§ 32, 33 HSOG fernmündlich.

352 So zutreffend die Stellungnahme des Senators für Justiz und Verfassung in Bremen, vgl. Fn. 146; im Ergebnis auch BVerfGE 83, 24, 36; abweichend Lisken NJW 1982, 1268, der bei akuten Lagen Ausnahmen zulassen will; von dem Erfordernis einer Einzelvorführung absehend Maunz/Dürig, GG, Art. 104 Rz. 42; Wagner, PolGNW, vor § 8 Rz. 59 ff.

353 Rachor in: Lisken/Denninger, HdbdPolR, F 323; vgl. hierzu auch BVerfG NJW 1982, 29: Die ordnungsgemäße Bestellung weiterer Richter stellt keinen Verstoß gegen das in Art. 101 Abs. 1 S. 2 GG normierte Recht auf den gesetzlichen Richter dar.

354 Vgl. George DPolBl. 1994, 23.

355 George DPolBl. 1994, 23.

Das hätte den Vorteil, daß so praktisch keine Verzögerungen und Zeitverluste entstehen.

Sollte die persönliche Anhörung aufgrund von Personalproblemen nicht innerhalb der verfassungsrechtlichen Frist (Art. 104 Abs. 2 S. 3 GG) möglich sein, sind die festgehaltenen Personen unverzüglich aus dem Polizeigewahrsam zu entlassen.

### e) *Die Benachrichtigungspflicht*

Nach Art. 104 Abs. 4 GG ist von jeder richterlichen Entscheidung über die Anordnung oder Fortdauer einer Freiheitsentziehung unverzüglich ein Angehöriger des Festgenommenen oder eine Person seines Vertrauens, wie z.B. auch sein Pflichtverteidiger[356], zu benachrichtigen. Entscheidend ist, ob zum Zeitpunkt der Benachrichtigung ein Vertrauensverhältnis vorhanden ist; ein geschiedener Ehepartner darf beispielsweise nur nach Rücksprache mit dem Betroffenen benachrichtigt werden, weil das Vertrauensverhältnis mit der Trennung zerstört worden sein könnte.[357] Bei der Festnahme eines Ausländers ist auf dessen Verlangen unverzüglich die zuständige konsularische Vertretung des Heimatstaates zu unterrichten.[358] Sinn und Zweck der Benachrichtigungspflicht ist es zu verhindern, daß Personen spurlos durch die öffentliche Gewalt verschwinden.[359] Eine Gefährdung des mit der Festnahme verfolgten Zwecks (z.B. bei möglicher Komplizenschaft) rechtfertigt keine Ausnahme von der Benachrichtigungspflicht.[360] Art. 104 Abs. 4 GG stellt eine objektive Verfahrensvorschrift dar und ist als solche zwingendes Recht.[361] Zugleich gibt er ausschließlich dem Betroffenen ein subjektives Recht, nicht dem zu Benachrichtigenden.[362] Der Betroffene kann auf die Benachrichtigung nicht verzichten.[363] Von diesem Grundsatz sind jedoch Ausnahmen zuläs-

---

356 BVerfGE 16, 119, 124; 38, 32, 34.

357 Kunig in: v. Münch, GG, Art. 104 Rz. 35.

358 Vgl. Art. 36 Abs. 1 b S.1 des Wiener Übereinkommens über konsularische Beziehungen vom 24.4.1963 (BGBl. 1969 II, 1587 ff.).

359 V. Mangoldt, Das Bonner Grundgesetz, Art. 104 Anm. 2; Seifert/Hömig, GG, Art. 104 Rz. 9.

360 Vgl. Kunig in: v. Münch, GG, Art. 104 Rz. 38; Grabitz in: Isensee/Kirchhof, HdbStR VI, § 130 Rz. 25; vgl. aber die Ausnahme in § 114b Abs. 2 StPO: Benachrichtigung eines Angehörigen oder einer Vertrauensperson durch den Verhafteten selbst.

361 Maunz/Dürig, GG, Art. 104 Rz. 43.

362 BVerfGE 16, 119, 122; BVerwG DVBl. 1984, 1080; LG Frankfurt NJW 1959, 61, Maunz/Dürig, GG, Art. 104 Rz. 43.

363 LG Frankfurt NJW 1959, 61; Kleinknecht/Meyer, StPO, § 114 b Rz. 3; differenzierend Maunz/Dürig, GG, Art. 104 Rz. 43, der eine richterliche Überprüfung et-

sig, wenn bei einer Interessenabwägung das begründete Interesse des Betroffenen überwiegt. Das kann der Fall sein, wenn ihm durch die Benachrichtigung besondere persönliche Nachteile drohen; wenn die Freiheitsentziehung wahrscheinlich nur kurz dauert oder wenn das persönliche Verhältnis zu den Angehörigen getrübt ist. In diesen Fällen ist der Betroffene vor der Benachrichtigung der entsprechenden Personen nach seinem Einverständnis zu fragen.[364]

Die Benachrichtigungspflicht obliegt dem anordnenden Richter und ist eine Amtspflicht i.S.v. Art. 34 GG, § 839 BGB.[365] Der Richter kann die Benachrichtigung auch durch die Staatsanwaltschaft[366] oder eine Polizei- oder Verwaltungsbehörde veranlassen.[367] Sie gilt nur für die richterlich angeordneten Freiheitsentziehungen, nicht auch für die vorläufigen polizeilichen Festnahmen.[368]

## C. Die vorläufige Freiheitsentziehung durch die Exekutive

### *I. Allgemeine Voraussetzungen*

Bei den nicht auf richterlicher Anordnung beruhenden Freiheitsentziehungen i.S.d. Art. 104 Abs. 2 S. 2 GG handelt es sich um solche, die vorläufig durch Exekutivbehörden angeordnet und von diesen unmittelbar oder mittelbar, insbesondere unter Zuhilfenahme der Polizei, vollzogen werden.[369]

#### *a) Die Verfügung der Exekutivbehörde*

Die vorläufige Freiheitsentziehung durch die Exekutivbehörde setzt eine rechtswirksame Festnahme- oder Einweisungsverfügung voraus. Die Verfügung muß allen formellen und materiellen gesetzlichen Erfordernissen entsprechen, mit Ausnahme der sonst notwendigen vorgängigen richterlichen Entscheidung.[370] Sie stellt einen selbständigen, in seiner zeitlichen Dauer beschränkten Verwaltungs-

waiger Verzichtsgründe fordert; a.A. Jarass/Pieroth, GG, Art. 104 Rz. 12; Kunig in: v. Münch, GG, Art. 104 Rz. 39 m.w.N.

364 Maunz/Dürig, GG, Art. 104 Rz. 43; ähnlich auch Händel Anm. zu BVerwG NJW 1959, 545.

365 Kunig in: v. Münch, GG, Art. 104 Rz. 37; Maunz/Dürig, GG, Art. 104 Rz. 43.

366 BVerfGE 38, 32, 34.

367 Kunig in: v. Münch, GG, Art. 104 Rz. 37.

368 Maunz/Dürig, GG, Art. 104 Rz. 43.

369 Maunz/Dürig, GG, Art. 104 Rz. 37.

370 Maunz/Dürig, GG, Art. 104 Rz. 37.

akt dar. Der Verwaltungsakt wird hinfällig und unwirksam, wenn eine richterliche Entscheidung ergeht.[371]

*b) Die unverzügliche Herbeiführung einer richterlichen Entscheidung*

Gem. Art. 104 Abs. 2 S. 2 GG hat die festnehmende Behörde „unverzüglich eine richterliche Entscheidung zu beantragen".

Eine Ausnahme von der Herbeiführung der richterlichen Entscheidung bestimmen die meisten Polizeigesetze[372], wenn anzunehmen ist, daß die Entscheidung des Richters erst nach Wegfall des Grundes der polizeilichen Maßnahme ergehen würde.[373] Mit dieser Regelung soll verhindert werden, daß sich die Entlassung des Festgehaltenen nur deshalb hinauszögert, weil noch die richterliche Entscheidung abzuwarten ist.[374] Der Festgehaltene ist zu entlassen, wenn der Grund für die Ingewahrsamnahme entfallen ist. Doch verlangt das Absehen von der richterlichen Entscheidung einen Zeitvergleich. Es muß festgestellt werden, wie lange voraussichtlich die Freiheitsentziehung dauern wird und welche Zeit für die Herbeiführung der richterlichen Entscheidung benötigt würde.[375]

Ordnet der Richter die freiheitsentziehende Maßnahme an, geht die vorläufige Freiheitsentziehung in eine endgültige über; lehnt er sie ab, ist der Betroffene sofort freizulassen.[376] Kann die Entscheidung des Richters nicht unverzüglich herbeigeführt werden, wird die Verwaltungsverfügung und damit auch die vorläufige Freiheitsentziehung unwirksam. Ein weiteres Festhalten des Betroffenen ist unzulässig und rechtswidrig.[377]

---

371 Jarass/Pieroth, GG, Art. 104 Rz. 13; Maunz/Dürig, GG, Art. 104 Rz. 37.

372 vgl. Art. 18 Abs. 1 Nr. 2 bayPAG; § 31 Abs. 1 S. 2 ASOG; § 21 Abs. 1 S. 2 bdgPolG; § 16 Abs. 2 bremPolG; § 13 a Abs. 1 S. 2 hmbSOG; § 33 Abs. 1 S. 2 HSOG; §19 Abs. 1 S. 2 NGefAG; § 36 Abs. 1 S. 2 PolGNW; § 15 Abs. 1 S. 2 rhpfPOG; § 14 Abs. 1 S. 2 SaarlPolG; § 22 Abs. 7 S. 2 SächsPolG; § 38 Abs. 1 S. 2 SOG LSA; § 20 Abs. 1 S. 2 thürPAG.

373 Kritisch hierzu Denninger u.a. in: Polizei und Strafprozeß im demokratischen Rechtsstaat, S. 311.

374 Vgl. Meixner, HSOG, § 33 Rz. 4.

375 Rachor in: Lisken/Denninger, HdbdPolR, F 317; im Ergebnis auch Gusy NJW 1992, 462; vgl. auch BGH NJW 1990, 443; Berg, ASOG, § 19 Anm. 2 b) aa): Der Gesetzgeber geht davon aus, daß die Begrenzung der kurzfristigen Freiheitsentziehung auf etwa zwei Stunden für den Normalfall, d.h. „angesichts des normalen Geschäftsgangs" der Behörde gilt. Ein normaler Geschäftsgang dürfte im täglichen Dienst bei Ingewahrsamnahmen einzelner Personen gegeben sein; a.A. Lisken Polizei-heute 1995, 126, der grundsätzlich einen Normverstoß gegen Art. 104 Abs. 2 GG annimmt.

376 Kunig in: v. Münch, GG, Art. 104 Rz. 22.

377 Jarass/Pieroth, GG, Art. 104 Rz. 13; Maunz/Dürig, GG, Art. 104 Rz. 37.

Es ist somit zu klären, wann die Einholung einer richterlichen Entscheidung „unverzüglich" i.S.v. Art. 104 Abs. 2 S. 2 GG erfolgt.

### *1. Unverzüglich i.S.v. Art. 104 Abs. 2 S. 2 GG*

Der Begriff „unverzüglich" in Art. 104 Abs. 2 S. 2 GG ist umstritten. Ein Teil der Literaturmeinungen[378] orientiert sich an der Legaldefinition des § 121 BGB. Demzufolge muß die Herbeiführung einer richterlichen Entscheidung „ohne schuldhaftes Zögern" erfolgen. Die Kritiker[379] dieser Auslegung halten die Übertragung einer Definition aus dem Bereich des bürgerlichen Rechts auf Sachverhalte aus dem öffentlichen Recht schon aufgrund der anders gelagerten Verhältnisse für nicht passend. Zum einen könne in dem vom Verschuldensprinzip beherrschten Zivilrecht eine Verzögerung unter Umständen entschuldbar sein[380]; im Bereich des öffentlichen Rechts dagegen komme es auf ein Vertretenmüssen der einzelnen Beamten nicht an. Zum anderen würden die von der einschlägigen Kommentierung zu § 121 BGB gemachten zeitlichen Zugeständnisse zugunsten des Anfechtungsberechtigten[381] im Bereich des öffentlichen Rechts zu Lasten des Festgenommenen gehen, der aber gerade durch die Grundrechte gegen staatliche Willkür geschützt werden soll.[382]

Der Begriff „unverzüglich" in Art. 104 GG wird in der Rechtsprechung[383] und von dem überwiegenden Teil der Literaturmeinungen[384] dahingehend verstanden, daß die richterliche Entscheidung ohne jede Verzögerung, die sich nicht aus sachlichen (rechtlichen oder tatsächlichen) Gründen rechtfertigen läßt, herbeigeführt werden muß. Das Gebot der Unverzüglichkeit ist immer dann verletzt,

---

378 Holtkotten, Bonner Komm., Art. 104 Anm. II C 4 b; v. Mangoldt, Das Bonner Grundgesetz, Art. 104 Anm. 5; Ebert/Honnacker, ThürPAG, § 20 Anm. 1; ebenso StPO-Kommentare: vgl. Hartung in: Löwe-Rosenberg, StPO, § 114 b Anm. 6.

379 Maunz/Dürig, GG, Art. 104 Rz. 38; Kunig in: v. Münch, GG, Art. 104 Rz. 23.

380 Vgl. Wolf in: Soergel, BGB, § 121 Rz. 8.

381 Vgl. Dilcher in: Staudinger, BGB, § 121 Anm. 3, Wolf in: Soergel, BGB, § 121 Rz. 7: Dem Anfechtungsberechtigten ist ein billig zu bemessener Zeitraum für vernünftige Überlegungen zuzugestehen. Auch muß er nicht andere vordringliche Geschäfte zu seinem Schaden absagen.

382 Maunz/Dürig, GG, Art. 104 Rz. 38.

383 BVerwGE 45, 51, 63; VG Frankfurt NVwZ 1994, 724.

384 Maunz/Dürig, GG, Art. 104 Rz. 38; Kunig in: v. Münch, GG, Art. 104 Rz. 23; Jarass/Pieroth, GG, Art. 104 Rz. 13; Rachor in: Lisken/Denninger, HdbdPolR, F 314; Martens in: Drews/Wacke/Vogel/Martens, S. 89; Seifert/Hömig, GG, Art. 104 Rz. 7; ebenso Kleinknecht/Meyer, StPO, § 25 Rz. 8, § 115 Rz. 4, § 128 Rz. 6; Boujong in: Karlsruher Komm., StPO, § 115 Rz. 4.

wenn eine Verzögerung nicht durch zwingende Umstände objektiv bedingt ist; auf subjektives Verschulden kommt es nicht an.[385]

Der maßgebliche Zeitraum beginnt mit der Freiheitsentziehung.[386] Unter normalen Umständen werden im Rahmen der Gefahrenabwehr zwei bis drei Stunden als ausreichend erachtet.[387] Eine eindeutige Bestimmung der Frist fehlt jedoch; sie ist vielmehr von den Umständen des Einzelfalls abhängig.[388] Durch den Wechsel der Rechtsgrundlagen verlängert sich der Zeitrahmen nicht. [389]

### 2. *Unvermeidbare Verzögerungen*

#### *aa) Verzögerungen aus dem verwaltungsinternen Bereich*

Eine unvermeidbare Verzögerung der „unverzüglichen" Herbeiführung der richterlichen Entscheidung wird z.B. angenommen, wenn sich Schwierigkeiten beim Transport der festgenommenen Personen ergeben.[390] Auch die Länge des Weges sowie das eventuell renitente Verhalten des Festgenommenen können eine objektiv unvermeidbare Verzögerung darstellen.[391] So sind Verzögerungen wegen Tumulten am Ergreifungsort, Befreiungsversuchen, erforderlichen Umwegen beim Transport wegen stattfindender unfriedlicher Demonstrationen unvermeidbar.[392] Nicht dagegen rechtfertigen läßt sich eine Verzögerung aufgrund verwaltungstechnischer Umständlichkeiten oder polizeitaktischer Variationen.[393] Daher ist die Polizei insbesondere bei Massenfestnahmen (z.B. bei Demonstrationen) verpflichtet, die notwendigen organisatorischen Vorkehrungen zu treffen.[394] Eine unvermeidbare Verzögerung ist auch dann nicht anzunehmen, wenn sie auf dem

---

385 BVerwGE 45, 51, 63; Kunig in: v. Münch, GG, Art. 104 Rz. 23.

386 Gusy NJW 1992, 462; Hantel, Der Begriff der Freiheitsentziehung in Art. 104 II GG, S. 39 ff.; ausführlich hierzu Koschwitz, Die kurzfristige polizeiliche Freiheitsentziehung, S. 95 ff. m.w.N. zum früheren Meinungsstreit.

387 Vgl. BVerwG NJW 1974, 810; VG Berlin NVwZ-RR 1990, 188; OVG Münster DVBl. 1979, 733; so auch Azzola-AK-GG, Art. 104 Rz. 37; Jarass/Pieroth, GG, Art. 104 Rz. 13; a. A., sechs-acht Stunden, Beckstein ZRP 1989, 287, 288.

388 Maunz/Dürig, GG, Art. 104 Rz. 38; Kunig in: v. Münch, GG, Art. 104 Rz. 23; vgl. hierzu z.B. VG Frankfurt NVwZ 1994, 720: fünf Stunden; VG Frankfurt, Urt. v. 28.11.1996, 5 E 1340/96 (3): ca. 18 Stunden (!).

389 BGHSt 34, 365, 369.

390 Maunz/Dürig, GG, Art. 104 Rz. 38.

391 Maunz/Dürig, GG, Art. 104 Rz. 38; Rachor in: Lisken/Denninger, HdbdPolR, F 314.

392 Berg, ASOG, § 19 Anm. 2 b) bb).

393 Kolmer Die Polizei 1996, 77.

394 Berg, ASOG, § 19 Anm. 2 b) bb).

persönlichen Versagen einzelner Beamter beruht[395] oder auf der physisch- psychischen Verfassung des Betroffenen (z.B. Trunkenheit).[396]

*bb) Verzögerungen aus dem justiziellen Bereich*

Der Grund für die verzögerte Herbeiführung der richterlichen Entscheidung kann auch im justiziellen Bereich liegen, so z.B., wenn außerhalb der Dienststunden oder des Bereitschaftsdienstes des Amtsgerichts kein Richter erreichbar ist. Hierzu hat das BVerwG[397] entschieden, daß sich aus Art. 104 Abs. 2 S.1 und 2 GG nicht das Gebot entnehmen lasse, daß die Justizverwaltung einen richterlichen Bereitschaftsdienst rund um die Uhr einrichten müsse, um so der Polizei zu ermöglichen, die richterliche Entscheidung zu jeder Tages- und Nachtzeit herbeizuführen.[398] Art. 104 Abs. 2 S. 3 GG konkretisiere die Frist des Art. 104 Abs. 2 S. 2 GG dahingehend, daß dem Erfordernis der unverzüglichen Herbeiführung einer richterlichen Entscheidung organisatorisch genügt sei, solange eine Entscheidung bis zum Ende des Tages nach der Ergreifung ergehen könne.[399]

*3. Stellungnahme*

Der Schutzzweck des Art. 104 Abs. 2 GG gebietet die Erreichbarkeit eines Richters zu jeder Tages- und Nachtzeit, so daß diesbezügliche Verzögerungen bei der Herbeiführung der richterlichen Entscheidung nicht mehr unvermeidbar sind. Das bedeutet, daß dort, wo der zuständige Richter nicht erreicht werden kann, der Betroffene freizulassen ist.[400] Ein weiteres Festhalten macht die Ingewahrsamnahme wegen Verstoßes gegen Art. 104 Abs. 2 S. 2 GG i.V.m. der entsprechenden polizeigesetzlichen Vorschrift[401] rechtswidrig. Die Auffassung des BVerwG[402] hat zur Konsequenz, daß die Schutzwirkung des Art. 104 Abs. 2 S. 2 GG davon abhängt, wie die jeweilige Justizverwaltung ihre Dienststunden und

---

395 Maunz/Dürig, GG, Art. 104 Rz. 38.

396 Hier kann eine symbolische Vorführung erfolgen, wie bei einer schweren Erkrankung des Festgenommenen (§ 51 RiStBV). Das bedeutet, daß dem Richter die Akten innerhalb der Frist vorzulegen sind, damit er den Festgenommenen nach Möglichkeit an dem Verwahrungsort vernehmen und unverzüglich entscheiden kann, ob die Ingewahrsamnahme anzuordnen ist; a.A. Belz, SächsPolG, § 22 Rz. 19.

397 BVerwGE 45, 51 ff.

398 BVerwGE 45, 51, 63 f.

399 BVerwGE 45, 51, 64.

400 So auch Lisken ZRP 1980, 145, 148.

401 Z.B. § 33 Abs. 1 S. 1 HSOG.

402 BVerwGE 45, 51 ff.

ihren richterlichen Bereitschaftsdienst gestaltet[403], und somit indirekt von der Justizverwaltung manipulierbar ist. Nicht die Verfassung, sondern die Verwaltung würde die Reichweite des grundgesetzlichen Schutzes bestimmen. Von justizieller Seite[404] wird gegen die Erforderlichkeit eines richterlichen Bereitschaftsdienstes rund um die Uhr wiederholt angeführt, daß die Anzahl der sich möglicherweise nachts oder am Wochenende ereignenden Fälle eine richterliche Bereitschaft außerhalb der Dienstzeiten nicht rechtfertige.[405] Die Zahlen der Umfrage[406] widerlegen jedoch diese Behauptung: Demzufolge fanden in Wiesbaden in dem angegebenen Zeitraum die Ingewahrsamnahmen „überwiegend zur Nachzeit" statt, in Saarbrücken erfolgte die Ingewahrsamnahme in ca. 40% der Fälle, in Thüringen in 52% und in Kiel in 48% der Fälle nachts; am Wochenende in Thüringen in 39% und in Saarbrücken in mehr als der Hälfte der Fälle. Somit erfolgt ein großer, wenn nicht teilweise sogar der überwiegende Teil der polizeilichen Ingewahrsamnahmen zwischen 22.00 Uhr und 6.00 Uhr. In diesem Zeitraum ist aber gerade kein Richter erreichbar.[407] Doch ist den Amtsgerichten ein richterlicher Bereitschaftsdienst außerhalb der regulären Dienstzeiten durchaus nicht fremd, wie die Bereitschaftspläne der Amtsgerichte in Frankfurt/M., München und Stuttgart belegen.[408] Demnach besteht außerhalb der sonst üblichen Dienstzeiten und Eildienstzeiten eine richterliche Rufbereitschaft für beispielsweise „unaufschiebbare Entscheidungen in Strafsachen (z.B. Geiselnahme, Katastrophenfälle, Flugzeugentführungen)".[409] Was für repressivpolizeiliches Handeln gilt, muß aber auch gerade für präventivpolizeiliche Freiheitsentziehungen gelten, die der Verfassungsgeber mit Art. 104 Abs. 2 S. 2 GG unter einen besonderen Schutz gestellt hat. Adolf Arndt[410] hat einmal gerügt, den Richtern schiene die Verfassung als etwas so Feiertägliches, daß sie nicht auf den Alltag angewendet werde dürfe. In der Tat strapazieren die Richter die Verfassung erst, wenn sie

---

403 Rachor in: Lisken/Denninger, HdbdPolR, F 315.

404 So z.B. der Amtsgerichtspräsident in Düsseldorf in seinem Schreiben an den Präsidenten des OLG Düsseldorf vom 15.7.1991.

405 Ebenso einheitliche Aussage der Amtgerichtspräsidenten bzw. Amtsrichter im Rahmen der bundesweiten Umfrage, vgl. 2. Kap. C III b.

406 Vgl. Angaben 2. Kap. B III b).

407 Vgl. Auswertung der Umfrage 2. Kap. C III b: Wochentags von ca. 8.00 bis 16.00, am Wochenende täglich ca. zwei-drei Stunden; so war auch nach den Angaben aus Saarbrücken in 80-90% der Fälle kein Richter erreichbar, vgl. 2. Kap. B III b).

408 Vgl. Angaben 2. Kap. C IV.

409 Vgl. den Geschäftsverteilungsplan des Amtsgerichts Frankfurt, Stand Nov. 1996, Bl. 71; zum richterlichen Notdienst rund um die Uhr im Fall Schleyer vgl. BVerfG NJW 1977, 2255.

410 NJW 1963, 432.

anders nicht mehr weiterkommen. In diesem Fall kam das BVerwG[411] nicht um eine Strapazierung des Grundgesetzes herum, ging es doch gerade um die Rechtsgarantien bei Freiheitsentziehungen. Doch hat das BVerwG in dieser Entscheidung mit keinem Wort erwähnt, was die Freiheitsgarantien tatsächlich bedeuten oder was es für einen unbescholtenen Bürger bedeutet, eine Nacht in Polizeigewahrsam zuzubringen, weil er das „Pech" hatte, kurz nach Ende der richterlichen Arbeitszeit festgenommen zu werden.[412] Zudem besteht die Gefahr des Mißbrauchs: Präventivpolizeiliche Ingewahrsamnahmen könnten wiederholt zu fortgeschrittener Stunde erfolgen, um erfolglos repressivpolizeiliches Handeln zu kompensieren.[413] So beispielsweise, wenn die Polizei mehrfach bei einer „verdächtigen" Person keinen Haftbefehl erwirken konnte; dann könnte sich die Ingewahrsamnahme aufgrund polizeigesetzlicher Vorschriften de facto zu einem repressivpolizeilichen Instrument wandeln.[414] Darüber hinaus befindet sich der Betroffene nach den Erfahrungswerten leitender Polizeibeamten[415] in einer Vielzahl von Fällen sechs-zwölf Stunden ohne richterliche Anordnung in Polizeigewahrsam; teilweise, obwohl der zuständige Richter erreichbar ist.[416] Demnach hängt die Schutzwirkung des Art. 104 Abs. 2 GG nicht nur von den jeweiligen richterlichen Dienstzeiten ab, sondern zudem noch von den jeweils ortsüblichen Absprachen zwischen Justiz und Polizei. Die Problematik verdeutlichen soll auch ein Rechtsstreit, der am VG Frankfurt[417] 1996 anhängig war: Anläßlich einer gewalttätigen Demonstrationslage[418] in der Frankfurter Innenstadt kam es im Jahre 1995 an einem Wochentag (Donnerstag) zu Massenfestnahmen durch die Polizei. Die Festnahmeaktionen begannen um 14.30 Uhr und zogen sich bis 17.00 Uhr hin. Insgesamt waren von diesen Maßnahmen etwa 230 Personen betroffen. Das

---

411 BVerwGE 45, 51 ff.

412 Zutreffend Lisken ZRP 1980, 148.

413 Diese Mißbrauchsmöglichkeit erwägend, aber im konkreten Falls verneinend VG Frankfurt NVwZ 1994, 720, 724.

414 Nach Auffassung von VG Frankfurt NVwZ 1994, 720, 724 könnten Bedenken dann greifen, „wenn innerhalb eines kurzen Zeitraums eine Vielzahl immer wiederkehrender Ingewahrsamnahmen zu fortgeschrittener Stunde erfolgen würden". Mangels konkreter Anhaltspunkte wurde diese Möglichkeit in dem streitentscheidenden Fall jedoch verneint.

415 Vgl. die Auswertungen der empirischen Erhebung 2. Kap. B III a und B IV.

416 Vgl. das Beispiel aus München (2. Kap. C IV): Ingewahrsamnahmen anläßlich der Fußballspiele erfolgen „üblicherweise" ohne richterliche Anordnung; vgl. auch die Angaben aus Hannover zu den Chaos-Tagen 1996 (2. Kap. C III a 3): Ingewahrsamnahmen, die „lediglich" bis zum Ende des darauf folgenden Tages andauerten, wurden trotz der Erreichbarkeit eines Richter keiner richterlichen Entscheidung zugeführt.

417 Urt. v. 28.11.1996, 5 E 1340/96 (nicht rechtskräftig).

418 Sympathiekundgebung für die kurdischen Volkszugehörigen in der Türkei.

Feststellen der Identität sowie das Zuweisen zu einer Gewahrsamszelle zog sich bis ca. 1.00 Uhr morgens hin. Der Kläger wurde am nächsten Morgen um 9.50 Uhr aus dem Polizeigewahrsam entlassen, ohne daß eine richterliche Entscheidung herbeigeführt worden war. Nach Aussage des Leiters des Polizeieinsatzes war es aus rein organisatorischen Gründen nicht möglich, jeweils rechtzeitig eine richterliche Entscheidung herbeizuführen.[419] Zudem gab er an, daß die Frankfurter Polizei zu diesem Zeitpunkt (1995) die Kundgebung von Kurden hinsichtlich möglicher gewalttätiger Ausschreitungen bereits im Vorfeld nicht richtig habe einschätzen können. Demzufolge sei man den sich dann abspielenden Ereignissen weder personell noch organisatorisch gewachsen gewesen.[420] Unter Berücksichtigung dieser Darstellungen und Ausführungen des Einsatzleiters kam die Kammer des VG Frankfurt zur Überzeugung, daß „es aus organisatorischen Umständen nicht möglich war, rechtzeitig am 27.7.1995 den richterlichen Bereitschaftsdienst anzurufen“[421]; die streitgegenständliche Ingewahrsamnahme sei somit rechtmäßig gewesen.

Dieser Auffassung kann aus mehreren Gründen nicht gefolgt werden: Zum einen sind Mängel in der polizeilichen Organisation keine sachlichen Gründe für eine unvermeidbare Verzögerung der Herbeiführung einer richterlichen Entscheidung[422], so daß auch chaotische Zustände bei gewalttätigen Demonstrationslagen von der Polizei bewältigt werden müssen. Obendrein waren diese organisatorischen Schwierigkeiten schon im Vorfeld vermeidbar. Bereits seit Anfang 1994 war in der polizeilichen Praxis bei kurdischen Aktivisten die Neigung zu gewalttätiger Militanz bekannt.[423] So fanden im März 1994 in Baden-Württemberg Autobahnblockaden kurdischer Sympathisanten und Aktivisten statt. Zudem war die Selbstverbrennung zweier Kurdinnen Anlaß eines „Trauermarsches“ von Kurden mit gewalttätigen Ausschreitungen in Mannheim, der am 27. März 1994 zu dem bis dahin größten Demonstrationseinsatz der Polizei in Baden-Württemberg führte.[424]

Zum anderen wäre es für die Polizei in diesem Fall durchaus möglich gewesen, den zuständigen Richter bereits ab 14.30 Uhr telefonisch über die bevorstehenden Ingewahrsamnahmen und die damit erforderlichen Vorführungen zu informieren. Die Justizverwaltung hätte daraufhin die erforderlichen organisatorischen Schritte in die Wege leiten können; also z.B. die nach dem Geschäftsvertei-

---

419 Urt. v. 28. 11.1996, 5 E 1340/96, Bl. 10 f.

420 Vgl. Sitzungsniederschrift vom 28.11.1996.

421 VG Frankfurt, Urt. v. 28.11.1996, 5 E 1340/96, Bl. 11.

422 So bereits Hess. VGH NPA Leitzahl 793, Verwahrung Bl. 1 ff.; vgl. auch Ausführungen unter C II b (2) aa).

423 Vgl. Jentsch/Würthwein DPolBl. 1994, 26 ff.

424 Jentsch/Würthwein DPolBl. 1994, 26.

lungsplan des Amtsgerichts Frankfurt für diesen Fall zusätzlichen Richter und Schreibkräfte zu benachrichtigen. Darüber hinaus hätten weitere organisatorische Einzelheiten bereits zu diesem Zeitpunkt telefonisch zwischen Polizei und Justiz abgestimmt werden können, wie z.B. der Ort der Vorführungen[425], so daß praktisch weniger Verzögerungen und Zeitverluste entstanden wären. Die Ingewahrsamnahmen der betroffenen Personen waren in diesem Fall somit rechtswidrig, weil die gem. Art. 104 Abs. 2 GG i.V.m. § 33 Abs. 1 S. 1 HSOG erforderliche richterliche Entscheidung über die Zulässigkeit und Fortdauer der Freiheitsentziehung nicht herbeigeführt wurde.[426]

Mit Einführung eines richterlichen Bereitschaftsdienstes rund um die Uhr gewinnt auch das vom BVerfG[427] betonte Beschleunigungsgebot seinen Sinn. Nicht nur die Strafverfolgungsbehörden, sondern auch die Gerichte sind demnach in ganz besonderem Maße verpflichtet alles zu tun, um eine Freiheitsentziehung zu vermeiden, bzw. so kurz wie möglich zu halten.[428] Hier ist nicht nur die Schaffung der organisatorischen Voraussetzungen für die Beschleunigung von Freiheitsentziehungsverfahren verlangt, sondern auch der persönliche Einsatz eines Richters, wenn es das Amt von ihm erfordert. Der Richter ist verpflichtet, in besonders gelagerten Fällen auch außerhalb seiner üblichen Dienststunden tätig zu werden.[429] Das kann nach den jeweiligen Umständen des Einzelfalls einen erhöhten Arbeitseinsatz erforderlich machen.[430] Zu den hier angesprochenen Umständen gehören nicht zuletzt auch die grundgesetzlichen und verfahrensrechtlichen Vorgaben bei polizeilichen Freiheitsentziehungen.[431]

---

425 So wird z.B. in Wiesbaden der richterliche Notdienst bei einer großen Anzahl von anstehenden Vernehmungen teilweise in die Mutra-Kaserne in Wiesbaden verlagert, vgl. 2. Kap. C III b.

426 Vgl. auch das Beispiel des sog. „Hamburger Kessels“ NVwZ 1987, 833 f. (LG Hamburg) und S. 829 (VG Hamburg): Die mehrstündige Einkesselung der Demonstranten ohne richterliche Entscheidung über deren Zulässigkeit wurde für rechtswidrig erklärt. Die Versagung einer richterlichen Mitwirkung, wie sie nach Auskunft eines Hamburger Polizeileiters eingetreten sein soll, hätte zur Entlassung der Betroffenen Demonstranten führen müssen. Den zuständigen Beamten wäre jedenfalls die Bestrafung erspart geblieben.

427 Vgl. u.a. BVerfG NStZ 1994, 93.

428 Vgl. auch OLG Ffm NVwZ-Beilage 1/1996, 7.

429 BGH NJW 1978, 899; BGH Dienstgericht des Bundes, Urt. v. 6.11.1986 RiZ (R) 3/86, ebenso Richterdienstgericht Ffm DRiZ 1980, 311, 312; OLG Ffm DRiZ 1980, 430.

430 BVerwG DRiZ 1983, 62, 63.

431 Lisken NVwZ 1991, 614 in Fn. 77.

Doch dürfte die breite Ablehnung[432] eines richterlichen Bereitschaftsdienstes außerhalb der Dienstzeiten nicht zuletzt gerade durch die Unwilligkeit der Justiz begünstigt worden sein. Das zeigt das Beispiel eines Polizeipräsidenten, der sich vergeblich um die Einrichtung eines 24-stündigen Bereitschaftsdienstes bemühte[433], sowie der Fall eines Amtsrichters[434], der vergeblich die Gestellung eines Protokollführers für seine Tätigkeit außerhalb der Dienststunden forderte, weil er sich aus Art. 104 GG für verpflichtet hielt, der Polizei eine unverzügliche Vorführung auch in den Abend- und Nachtstunden zu ermöglichen.

Im Ergebnis ist somit festzuhalten, daß nur die dauernde Erreichbarkeit eines Richters dem Schutzzweck des Art. 104 Abs. 2 S. 2 GG gerecht wird.[435] Nicht erforderlich ist, an jedem Amtsgericht einen richterlichen Bereitschaftsdienst außerhalb der Dienstzeiten einzurichten. Vielmehr wäre ausreichend, wenn an einem Amtsgericht in den Dienstbezirken der Verwaltungsgerichte ein richterlicher Bereitschaftsdienst für präventiv-polizeiliche Festnahmen rund um die Uhr besteht. Um nicht nur ein Amtsgericht mit den organisatorischen Maßnahmen zu belasten, ist ein Rotationssystem denkbar: Die Amtsgerichtspräsidenten eines Verwaltungsgerichtsbezirks bestimmen jeweils für einen bestimmten Zeitraum die tägliche Zuständigkeit der einzelnen Amtsgerichte. In den jeweiligen amtsgerichtlichen Geschäftsverteilungsplänen erfolgt dann die Regelung der richterlichen Zuständigkeit für diesen Notdienst im einzelnen. Diese Zuweisung schafft keine unzulässigen Ausnahmegerichte und verletzt nicht das Recht auf den gesetzlichen Richter i.S.d. Art. 101 Abs. 1 GG, weil dadurch im voraus und eindeutig die Zuständigkeit des Richters festgelegt ist.[436] In Städten mit mehr als

---

432 So auch die überwiegende Ansicht in der polizeirechtlichen Literatur, zumeist unter Bezugnahme auf das Urteil des BVerwG (E 45, 51 ff.); vgl. Berner/Köhler, BayPAG, Art. 18 Rz. 3; Heise/Tegtmeyer, PolGNRW, § 36 Rz. 3; Belz/Mußmann, BWPolG, § 28 Rz. 20; Ebert/Honnacker, ThürPAG, § 20 Anm. 2; Berg, ASOG, § 19 Anm. 2 b) bb); ebenso VG Frankfurt NVwZ 1994, 720, 724.

433 Vgl. die Schreiben des Polizeipräsidenten von Düsseldorf an den Amtsgerichtspräsidenten in Düsseldorf vom 12.11.1990, 23.5.1991, 13.6.1991, in denen er um die Einrichtung eines richterlichen Bereitschaftsdienstes auch außerhalb der Dienstzeiten bat. Das Präsidium des Düsseldorfer Amtsgerichts lehnte jedoch eine Änderung der geltenden Bereitschafts- und Eildienstregelungen des Geschäftsverteilungsplans ab, vgl. das Sitzungsprotokoll des Präsidiums des Düsseldorfer Amtsgerichts vom 26.11.1991 unter Punkt III.

434 LG Düsseldorf DRiZ 1967, 306.

435 Ebenso Lisken ZRP 1980, 145, 148; ders. in NVwZ 1991, 614; Rachor in: Lisken/Denninger, HdbdPolR, F 315; ebenso Franz DRiZ 1965, 157; ders. in NJW 1966, 240.

436 Vgl. BVerfG NJW 1982, 29: vgl. auch die diesbezüglichen Ausführungen zur Verfassungsmäßigkeit der polizeigesetzlichen Regelungen über die örtliche Zuständigkeit der Amtsgerichte in diesem Kapitel unter B III a) (2).

200.000 Einwohnern könnte es aufgrund einer möglicherweise erhöhten Anzahl von Ingewahrsamnahmen empfehlenswert sein, einen eigenen richterlichen Notdienst am jeweiligen Amtsgericht einzurichten.

Also ist dort, wo ein Richter nicht erreichbar ist, oder er die Entscheidung überhaupt ablehnt[437] oder die Herbeiführung einer richterlichen Entscheidung daran scheitert, daß dem nächtlich anwesenden Richter nicht der erbetene Protokollführer außerhalb der Dienstzeiten gestellt wird[438], der Festgenommene freizulassen.[439] Denn die Kompetenz der Polizei zur vorläufigen Festnahme steht unter dem Vorbehalt richterlicher Mitwirkung. Sie endet dort, wo die Justiz „unverzüglich" um ihre Mitwirkung ersucht wird.[440]

Wenn in Art. 104 Abs. 2 S. 2 GG bestimmt wird, daß die richterliche Entscheidung unverzüglich „herbeizuführen" ist, muß sie auch unverzüglich ergehen.[441] Allerdings bestimmt sich auch die Frist zwischen Antragstellung und Erlaß der richterlichen Entscheidung nach den Umständen des Einzelfalls. So rechtfertigt das Aktenstudium und erforderlichenfalls auch die Einholung weiterer Ermittlungen beim Richter, nicht aber bei der festnehmenden Behörde, einen kurzfristigen Aufschub.[442]

### *II. Zusätzliche Anforderungen an Freiheitsentziehungen durch die Polizei*

Art. 104 Abs. 2 S. 3 GG bestimmt, daß die Polizei aus eigener Machtvollkommenheit niemanden länger als bis zum Ende des Tages nach dem Ergreifen in eigenem Gewahrsam halten darf. Die Norm konkretisiert Art. 104 Abs. 2 S. 2 GG für das Tätigwerden der Polizei, indem sie eine absolute Zeitgrenze setzt; Art. 104 Abs. 2 S. 2 GG bleibt im übrigen unberührt.[443]

#### *a) Der Polizeibegriff des Art. 104 Abs. 2 S. 3 GG*

Der Normzweck des Art. 104 Abs. 2 GG gebietet eine extensive Auslegung des Polizeibegriffs in Art. 104 Abs. 2 S. 3 GG. Auszugehen ist von dem Polizeibe-

---

437 Vgl. VG Hamburg NVwZ 1987, 829 (Hamburger Kessel).

438 Vgl. Fall des Richterdienstgerichts Düsseldorf DRiZ 1967, 306.

439 Vgl. VG Hamburg NVwZ 1987, 829 (Hamburger Kessel); so auch im Fall von VG Frankfurt, Urt. v. 28.11.1996, 5 E 1340/96 (3).

440 Lisken Polizei heute 1995, 129.

441 Maunz/Dürig, GG, Art. 104 Rz. 38; VGH Karlsruhe VerwRspr. 5, 331, 336.

442 Maunz/Dürig, GG, Art. 104 Rz. 38.

443 Maunz/Dürig, GG, Art. 104 Rz. 36.

griff im materiellen Sinne.[444] Demnach sind neben der Vollzugspolizei auch die mit der Gefahrenabwehr beauftragten Behörden „Polizei" i.S. dieser Vorschrift.[445] Die gegenteilige Ansicht[446], die im Hinblick auf die Entstehungsgeschichte[447] unter „Polizei" i.S.v. Art. 104 Abs. 2 S. 3 GG lediglich die Vollzugspolizei versteht, würde zu dem Ergebnis führen, daß die Frist einer aufgrund derselben materiell-rechtlichen Voraussetzung vorgenommenen vorläufigen Freiheitsentziehung davon abhängig wäre, ob sie von der Vollzugspolizei oder einer Ordnungsbehörde vorgenommen wird. Den Beratungen des Grundgesetzgebers ist lediglich zu entnehmen, daß man von einem veränderten Polizeibegriff ausging. Eine klare Grenze, insbesondere auch die Festlegung auf die Vollzugspolizei, ist der Entstehungsgeschichte hingegen nicht zu entnehmen.[448] Vielmehr sollte mit der Einführung der Vorschrift eine wirksame Garantie gegen den Mißbrauch der Schutzhaft geschaffen werden.[449] Diesem Postulat der Grundgesetzgeber kann nur ein weiter Polizeibegriff gerecht werden.[450]

### b) *Aus eigener Machtvollkommenheit in eigenem Gewahrsam festhalten*

Aus eigener Machtvollkommenheit bedeutet aufgrund eigener Anordnung, also nicht z.B. infolge einer richterlichen Anordnung.[451] Insoweit bleibt es bei der

444 Vgl. zum materiellen Polizeibegriff Götz, Allgemeines Polizei- und Ordnungsrecht, Rz. 17; für eine „neuere" Auffassung vgl. Vorschlag bei Möller/Wilhelm, Allgemeines Polizei- und Ordnungsrecht, S. 7: Nur noch die Staatstätigkeit soll unter den Begriff des materiellen Polizeirechts fallen, die der „unmittelbaren polizeilichen Gefahrenabwehr" dient.

445 Kunig in: v. Münch, GG, Art. 104 Rz. 24; Jarass/Pieroth, GG, Art. 104 Rz. 15; v. Baerensprung, Die Freiheit der Person nach dem Bonner Grundgesetz, S. 60 f.; zum „funktionellen" Polizeibegriff i.S.v. Art. 104 Abs. 2 S. 3 GG vgl. Maunz/Dürig, GG, Art. 104 Rz. 40; sich ihm anschließend Baumann in: FS f. Schmidt, 525, 538 und Seifert/Hömig, GG, Art. 104 Rz. 6.

446 Koschwitz, Die kurzfristige polizeiliche Freiheitsentziehung, S. 101; Brösamle DÖV 1952, 169; Holtkotten, Bonner Komm., Art. 104 Anm. II C 5a, b; OVG Münster DÖV 1952, 408 f.; ebenso auch Hantel JuS 1990, 870.

447 Vgl. Holtkotten, Bonner Komm., Art. 104 Anm. II C 5 a und I: Die Entstehungsgeschichte belegt, daß die „Polizei im engeren Sinne" gemeint war.

448 Vgl. die Entstehungsgeschichte bei Holtkotten, Bonner Komm., Art. 104 Anm. I; kritisch auch Kunig in: v. Münch, GG, Art. 104 Rz. 24; Maunz/Dürig, GG, Art. 104 Rz. 40.

449 Vgl. Ausführungen 1. Kap. D III; Maunz/Dürig, GG, Art. 104 Rz. 40.

450 Vgl. Kunig in: v. Münch, GG, Art. 104 Rz. 24.

451 BVerfGE 10, 302, 321; OVG Berlin JR 1971, 392, 393; DVBl. 1973, 701, 703; Rachor in: Lisken/Denninger, HdbdPolR, F 334; Maunz/Dürig, GG, Art. 104 Rz.

Anwendung von Art. 104 Abs. 2 S. 2 GG.[452] Art. 104 Abs. 2 S. 3 GG gilt dann nicht, wenn die Polizeibehörde auf Grund von strafprozessualen Vorschriften tätig wird; diese Festnahmen werden von Art. 104 Abs. 3 GG erfaßt und geregelt.[453]

Unter „eigenem Gewahrsam" i.S.v. Art. 104 Abs. 2 S. 3 GG ist das Festhalten in jeglichen Räumlichkeiten zu verstehen, sofern der tragende Rechtsgrund die polizeiliche Einweisungsverfügung ist.[454] Darunter fällt auch die Einkesselung von Demonstranten.[455] Entscheidend ist, daß die Polizei in tatsächlicher Hinsicht die Herrschaft über die Freiheitsentziehung innehat.[456]

### *c) Die zeitliche Grenze des Art. 104 Abs. 2 S. 3 GG*

Die Formulierung „bis zum Ende des nächsten Tages" in Art. 104 Abs. 2 S. 3 GG stellt keine „48-Stunden-Frist" dar, von der grundsätzlich Gebrauch gemacht werden kann. Vielmehr ist der Zeitraum der Frist vom Zeitpunkt der Festnahme abhängig und kann demzufolge auch lediglich vierundzwanzig Stunden und eine Minute betragen, aber auch weniger.[457] Dieser Zeitraum gilt unabhängig von dem Wochentag der Festnahme, also auch für Sonn- und Feiertage.[458] Das Gebot der unverzüglichen Herbeiführung der richterlichen Entscheidung bleibt davon unberührt.[459] Denn S. 3 steht mit S. 2 systematisch in engem Zusammenhang und „konkretisiert" S. 2 für den Fall, daß die Freiheitsentziehung durch eine Polizeibehörde angeordnet wurde.[460] Damit ist polizeiliches Handeln nicht von der Verpflichtung des S. 2 ausgenommen, sondern unterliegt ebenso dem Gebot der unverzüglichen Herbeiführung einer richterlichen Entscheidung.[461]

---

40; Kunig in: v. Münch, GG, Art. 104 Rz. 25; Kaufmann, Der polizeiliche Eingriff in Freiheiten und Rechte, S. 264.

452 Kunig in: v. Münch, GG, Art. 104 Rz. 25.

453 Maunz/Dürig, GG, Art. 104 Rz. 40.

454 Maunz/Dürig, GG, Art. 104 Rz. 40.

455 Rachor in: Lisken/Denninger, HdbdPolR, F 334.

456 Kunig in: v. Münch, GG, Art. 104 Rz. 26; ähnlich Maunz/Dürig, GG, Art. 104 Rz. 40.

457 Rachor in: Lisken/Denninger, HdbdPolR, F 334.

458 BVerwGE 45, 51, 64; Maunz/Dürig, GG, Art. 104 Rz. 41.

459 OLG Ffm SJZ 1950, 53; Maunz/Dürig, GG, Art. 104 Rz. 41; Kunig in: v. Münch, GG, Art. 104 Rz. 24; a. A. Koschwitz, Die kurzfristige polizeiliche Freiheitsentziehung, S. 95, 98.

460 BVerfGE 10, 302, 321.

461 Kunig in: v. Münch, GG, Art. 104 Rz. 24.

Art. 104 Abs. 3 GG ist, wie Art. 104 Abs. 2 S. 3 GG, eine ergänzende Spezialvorschrift zu Art. 104 Abs. 2 S. 2 GG.[462] Mit diesen Regelungen des Art. 104 Abs. 3 GG werden grundlegende strafprozessuale Prinzipien in die Verfassungsebene erhoben.[463] Er enthält Sonderregelungen für den Fall, daß jemand wegen des Verdachts einer strafbaren Handlung vorläufig festgenommen wird. Im Unterschied zu Art. 104 Abs. 2 S. 3 GG muß innerhalb der Höchstfrist nicht auch eine richterliche Entscheidung ergangen sein.[464]

Der wesentliche Inhalt dieser Vorschrift ergibt sich bereits aus Art. 104 Abs. 2 und 103 Abs. 1 GG, so daß ihre Bedeutung eher gering ist. [465] Die Verpflichtung zur Vorführung des Festgenommenen ist von der Entscheidungszuständigkeit des Richters nach Art. 104 Abs. 2 S. 1 und S. 3 GG miterfaßt, ebenso wie Abs. 2 S. 2 bereits die Verpflichtung des Richters enthält, unverzüglich eine Entscheidung zu treffen.[466] Die Vernehmung und Anhörung des Betroffenen nach Art. 104 Abs. 3 GG erfordert zwingend eine persönliche Gegenüberstellung des Betroffenen[467], die durch Art. 103 Abs. 1 GG nicht notwendig verbürgt ist.[468]

Die meisten Landesverfassungen enthalten dem Art. 104 Abs. 3 GG entsprechende Vorschriften.[469] Wird diese Vorführungsgrenze in den Landesverfassungen jedoch zugunsten des Betroffenen unterschritten[470], gelten diese Bestimmungen gem. Art. 142 GG in bundesrechtlichen Verfahren weiter.[471] Da Art. 104 Abs. 3 GG lediglich Maximalvorgaben enthält, sind auch kürzere Fristen bei

---

462 Maunz/Dürig, GG, Art. 104 Rz. 42.

463 BVerfGE 9, 89, 100; BGHSt 2, 44, 50.

464 Jarass/Pieroth, GG, Art. 104 Rz. 16; Kunig in: v. Münch, GG, Art. 104 Rz. 29; Maunz/Dürig, GG, Art. 104 Rz. 29.

465 Maunz/Dürig, GG, Art. 104 Rz. 42; Kunig in: v. Münch, GG, Art. 104 Rz. 30.

466 Vgl. Gusy NJW 1992, 462.

467 Hier unstreitig: Maunz/Dürig, GG, Art. 104 Rz. 42; Kunig in: v. Münch, GG, Art. 104 Rz. 29; Grabitz in: Isensee/Kirchhof, HdbStR VI, § 130 Rz. 28; Hantel JuS 1990, 871; vgl. auch BVerfGE 58, 208, 220 f.

468 BVerfGE 58, 208, 220 f; 83, 24, 36.

469 Vgl. z.B. Art. 4 Abs. 4 Thür. Landesverfassung; Art. 9 Abs. 3 der Verfassung von Berlin; Art. 102 Abs. 2 Bay. Verfassung.

470 Vgl. z.B. Art. 19 der Hessischen Landesverfassung und § 5 der Verfassung von Rheinland-Pfalz: Der Festgenommene ist bereits innerhalb einer Frist von 24 Stunden dem Richter vorzuführen.

471 BayObLGZ 56, 425, 431; Maunz/Dürig, GG, Art. 104 Rz. 42; Kunig in: v. Münch, GG, Art. 104 Rz. 33.

strafverfahrensrechtlichen Regelungen[472] verfassungsrechtlich unbedenklich, wenn nicht sogar aus verfassungsrechtlicher Sicht wünschenswert.[473]

472 Vgl. z.B. § 163 c StPO: Eine Freiheitsentziehung zur Feststellung der Identität darf höchstens zwölf Stunden ohne richterliche Vorführung betragen.

473 Müller in: Karlsruher Komm., StPO, § 163c Rz 4.

# 4. Kapitel: Die Modalitäten der Freiheitsentziehung im einzelnen

## A. Die Dauer der Freiheitsentziehung

### *I. Die Höchstdauer der Freiheitsentziehung im strafprozessualen Bereich*

#### *a) Ohne richterliche Anordnung*

Für die Dauer der repressivpolizeilichen Freiheitsentziehung ohne richterliche Anordnung gilt entsprechend Art. 104 Abs. 2 S. 3 i.V.m. Abs. 3 GG grundsätzlich, daß der Betroffene ohne richterliche Entscheidung längstens bis zum Ende des Tages nach seinem Ergreifen festgehalten werden kann (§ 128 StPO). Er ist unverzüglich, spätestens am Tage nach der Festnahme, dem Richter vorzuführen, der dann über die Freilassung oder den Erlaß eines Haftbefehls entscheidet. Eine Ausnahme von dieser Frist bestimmt § 163 c Abs. 3 StPO für die Freiheitsentziehung zur Identitätsfeststellung; diese darf eine Dauer von zwölf Stunden nicht überschreiten.[474] Der zur Identitätsfeststellung Festgenommene ist unverzüglich dem Amtsrichter vorzuführen, falls dies nicht länger als die Identitätsfeststellungsmaßnahmen an sich dauern würde.[475] Stellt sich während der freiheitsentziehenden Maßnahme heraus, daß sie länger als zunächst angenommen ausgedehnt werden muß, so ist im Zeitpunkt dieser Erkenntnis erneut zu prüfen, ob nunmehr die richterliche Entscheidung noch vor der Entlassung des Betroffenen herbeigeführt werden kann.[476] Sollten die zwölf Stunden in dem einen oder anderen Fall zur Identitätsfeststellung nicht ausreichen, ist der Betroffene aus dem Gewahrsam zu entlassen, auch wenn dadurch der Strafanspruch des Staates nicht verwirklicht werden könnte.[477]

Doch tritt diese Situation, daß die zwölf Stunden für eine Identitätsfeststellung nicht ausreichend sein könnten, in der polizeilichen Praxis quasi nie auf. Denn die Erforderlichkeit einer über zwölf Stunden ausgedehnten Identitätsfeststellung stellt sich nur dann, wenn ein Festhalten nach § 127 Abs. 2 StPO be-

---

474 Vgl. auch EGMR EuGRZ 1998, 129 ff., der bei Überschreitung der zwölf-Stunden-Frist einen Verstoß gegen Art. 5 Abs. 1 lit. c EMRK bejaht.

475 Vgl. § 163 c Abs. 1 S. 2 1. Hbs. StPO.

476 Müller in: Karlsruher Komm., StPO, § 163 c Rz. 5; Kleinknecht/Meyer, StPO, §163 c Rz. 6.

477 Müller in: Karlsruher Komm., StPO, § 163 c Rz. 5; Kolmer Die Polizei 1996, 76.

gründet ist. In diesem Fall dient der Gewahrsam zwar auch der Identitätsfeststellung, doch ist Anordnungsgrund der Verdacht, daß es sich bei dieser Person um den gesuchten Straftäter handelt.[478]

*b) Mit richterlicher Anordnung*

Ordnet der Richter den Erlaß eines Haftbefehls an, dann beträgt die Höchstdauer der Untersuchungshaft wegen derselben Tat[479] sechs Monate (§ 121 StPO), wenn nicht das OLG die Fortdauer der Untersuchungshaft angeordnet hat. Voraussetzung ist, daß der Beschuldigte der Tat dringend verdächtig ist und ein Haftgrund besteht.[480] Von dem Vorliegen eines Haftgrundes gem. § 112 Abs. 2 StPO kann abgesehen werden, wenn der Beschuldigte einer Straftat der Schwerkriminalität dringend verdächtig ist (§ 112 Abs. 3 StPO).

Eine Ausnahme regelt wiederum § 163 c StPO. Demnach darf auch bei richterlicher Anordnung die gesetzliche Maximalfrist von insgesamt zwölf Stunden nicht überschritten werden, wenn der Betroffene zwecks einer Identitätsfeststellung festgehalten wird.[481] Der Ausdruck „insgesamt" trägt dem Umstand Rechnung, daß der erste Teil des Festhaltens auf polizeilicher und ein weiterer Teil gegebenenfalls auf richterlicher Entschließung beruht.[482] Ferner setzt eine vorübergehende Unterbrechung der Freiheitsentziehung innerhalb derselben Identitätsfeststellung keine neue Frist in Lauf.[483]

Darüber hinaus ist im Bereich der Strafprozeßordnung eine richterlich angeordnete Freiheitsentziehung zur körperlichen Untersuchung möglich. So kann der Amtsrichter auf Antrag der Staatsanwaltschaft bei dem Beschuldigten[484] eine

478 So die Aussage eines Beamten des Bundeskriminalamtes in Wiesbaden, der zuvor jahrelang im Polizeidienst tätig war.

479 Der Begriff der Tat entspricht nicht dem des § 264 StPO, OLG Celle NStZ 1987, 571; OLG Düsseldorf StV 1986, 345; OLG Frankfurt NJW 1990, 2144; Boujong in: Karlsruher Komm., StPO, § 121 Rz. 10. Zur Tat i.S.v. § 121 StPO gehören vielmehr alle Taten des Beschuldigten von dem Zeitpunkt an, in dem sie bekanntgeworden sind und daher in den Haftbefehl hätten aufgenommen werden können, OLG Celle NdsRpfl. 1987, 239.

480 § 112 Abs. 1 StPO. Haftgründe sind u.a. Verdunklungsgefahr (Abs. 2 Nr. 3 c), Fluchtgefahr (Abs. 2 Nr. 2) oder wenn der Beschuldigte hinsichtlich einer der in §112 a StPO bezeichneten Straftaten dringend verdächtig ist.

481 Kleinknecht/Meyer, StPO, § 163 c Rz. 15. Müller in: Karlsruher Komm., StPO, §163 Rz. 2; vgl. auch EGMR EuGRZ 1998, 129 ff.

482 Kleinknecht/Meyer, StPO, § 163 c Rz. 15.

483 Rieß in: Löwe/Rosenberg, StPO, § 163 c Rz. 5.

484 Zu den Voraussetzungen der körperlichen Untersuchung anderer Personen als Beschuldigte vgl. § 81 c StPO.

körperliche Untersuchung zur Feststellung von Tatsachen, die für das Verfahren von Bedeutung sind[485], anordnen. Zu diesem Zwecke ist teilweise eine stationäre Unterbringung des Beschuldigten erforderlich. Nach überwiegender Auffassung in Rechtsprechung[486] und Lehre[487] enthält § 81 a Abs. 1 StPO auch die Rechtsgrundlage für die zur Untersuchung erforderliche Freiheitsentziehung, die allerdings kurzfristig sein und am Grundsatz der Verhältnismäßigkeit gemessen werden muß. Grundsätzliche Bedenken gegen die Verfassungsmäßigkeit von §81a StPO hat das BVerfG nicht erhoben, sondern in der bisherigen Rechtsprechung nur die Bedeutung des Grundsatzes der Verhältnismäßigkeit auf die Auslegung und Anwendung dieser Eingriffsnorm betont.[488] Die Unannehmlichkeit des Eingriffs, der Erkenntniswert der Untersuchungsmethoden und die Schwierigkeit fachgerechter Durchführung erfordern hierbei besondere Aufmerksamkeit.[489] Die Dauer von längstens fünf Tagen wird überwiegend für hinnehmbar erachtet.[490]

Zudem kann gem. § 80 Abs. 1 i.V.m. § 81 Abs. 1, 2 und 5 StPO eine Unterbringungsanordnung zur Vorbereitung eines Gutachtens über den psychischen Zustand des Beschuldigten für die Dauer von maximal sechs Wochen richterlich angeordnet werden; vorausgesetzt, daß der psychische Zustand des Beschuldigten anders nicht beurteilt werden kann.[491]

---

485 Z.B. die Schuld- und Verhandlungsfähigkeit des Beschuldigten.

486 BayVerfGH NJW 1982, 1583, 1584, BayObLG NJW 1975, 272 f.; OLG Celle NJW 1971, 256 f.; OLG Frankfurt MDR 1979, 694; OLG Schleswig NStZ 1982, 81.

487 Kleinknecht/Meyer, StPO, § 81a Rz. 24; Müller/Sax, StPO, § 81 a Rz. 42; Dahs in: Löwe/Rosenberg, StPO, § 81a Rz. 29; Kleinknecht NJW 1964, 2181; Genzel NJW 1969, 1562 f.; a.A. Maunz/Dürig, GG, Art. 2 Abs. 2 Rz. 51; E. Schmidt, Lehrkomm. zur StPO, § 81 a Anm. 19, ders. NJW 1962, 664.

488 BVerfGE 16, 194, 199; 17, 108, 112; 47, 239, 245.

489 BVerfGE 16, 194, 199: Das BVerfG hat in dieser Entscheidung die sog. Hirnkammerluftfüllung (Lumbal- oder Okzipitalpunktion) zur Feststellung der Schuldfähigkeit im Hinblick darauf verboten, daß es sich um Vermögensdelikte mit geringer Schadenshöhe (700 - 1000 DM) handelt.

490 Vgl. BayVerfGH NJW 1982, 1583, 1584; BayObLG NJW 1975, 272 f.; OLG Celle NJW 1971, 256 f.; Kleinknecht/Meyer, StPO, § 81a Rz. 24; Müller/Sax, StPO, § 81 a Rz. 42; Dahs in: Löwe/Rosenberg, StPO, § 81a Rz. 29; a.A. E. Schmidt Anm. zu BayObLG JR 1957, 110: 14 Tage.

491 So st. Rspr. des BVerfG, zuletzt BVerfG StV 1995, 617.

## *II. Die Höchstdauer der Freiheitsentziehung für den präventiv-polizeilichen Gewahrsam*

### *a) Aufgrund polizeilicher Anordnung*

Die Bestimmung des Art. 104 Abs. 2 S. 3 GG findet sich sinngemäß in fast allen Polizeigesetzen.[492] Demnach darf die Polizei aus eigener Machtvollkommenheit eine Person nur bis zum Ende des Tages nach dem Ergreifen in eigenem Gewahrsam festhalten und unterliegt dem Gebot der unverzüglichen Herbeiführung einer richterlichen Entscheidung.[493] Eine Unterschreitung des verfassungsrechtlichen Zeitrahmens zugunsten des Betroffenen sehen die Polizeigesetze von Rheinland-Pfalz[494] und des Saarlandes[495] vor. Der Betroffene ist im Geltungsbereich dieser Gesetze spätestens 24 Stunden nach dem Ergreifen zu entlassen, sofern bis dahin keine anderslautende, gerichtliche Entscheidung vorliegt. Eine Modifizierung der im saarländischen und im rheinland-pfälzischen Polizeigesetz enthaltenen Besserstellung des Betroffenen sieht § 35 Abs. 1 Nr. 2 HSOG vor. Die Pflicht zur Freilassung nach Ablauf von 24 Stunden besteht nur, wenn der Betroffene bis dahin nicht dem Richter „zugeführt worden ist".

Eine Ausnahme von der 48- bzw. 24-Stunden-Regelung sehen einige Polizeigesetze[496] für den Polizeigewahrsam zwecks Identitätsfeststellung vor: Entsprechend der Regelung des §163 c StPO darf in diesem Fall eine Frist von zwölf Stunden nicht überschritten werden.

### *b) Aufgrund richterlicher Anordnung*

Die Höchstdauer des richterlich angeordneten Polizeigewahrsams ist in den einzelnen Polizeigesetzen unterschiedlich geregelt. Einige Länder sehen auch für den richterlich angeordneten Polizeigewahrsam entsprechend Art. 104 Abs. 2 S. 3 GG

---

492 Vgl. Art. 20 Nr. 3 bayPAG; § 28 Abs. 3 S. 2 bwPolG; § 33 Abs. 1 Nr. 3 ASOG Bln; § 23 Abs. 1 Nr. 3 bdgPolG; § 18 Abs. 1 bremPolG; § 13 c Abs. 1 Nr. 3 hmbSOG; § 35 Abs. 1 Nr. 3 HSOG; § 55 Abs. S. 2 SOG MV; § 21 Nr. 3 NGefAG; § 38 Abs. 1 Nr. 3 PolGNW; §22 Abs. 7 S. 4 SächsPolG; § 40 Abs. 1 Nr. 3 SOG LSA; §204 Abs. 5 S. 2 schlhLVwG; §22 Nr. 3 S.1 thürPAG.

493 Vgl. die diesbezüglichen Ausführungen in 3. Kapitel C II c).

494 § 17 Nr. 3 rhpfPOG.

495 § 16 Abs. 1 Nr. 3 SaarlPolG.

496 § 35 Abs. 2 HSOG; § 18 Abs. 2 bremPolG; § 16 Abs. 2 SaarlPolG; § 33 Abs. 2 ASOG; § 13 c Abs. 2 hmbSOG; § 40 Abs. 2 SOG LSA; § 38 Abs. 2 PolGNW; § 20 Abs. 2 bdgPolG; § 181 Abs. 3 S. 5 schlhLVwG.

eine Höchstdauer von 48 Stunden vor.[497] Über diese Frist hinaus kann der Richter in diesen Ländern eine Freiheitsentziehung „nur aufgrund eines anderen Gesetzes anordnen". Die Polizeigesetze von Rheinland-Pfalz[498] und dem Saarland[499] sehen demgegenüber auch bei einer richterlichen Anordnung eine Verkürzung der Frist auf lediglich 24 Stunden vor. Die Polizeigesetze von Bremen[500], Hamburg[501], Mecklenburg-Vorpommern[502] und Schleswig-Holstein[503] treffen überhaupt keine Bestimmung über die zulässige Höchstdauer des Polizeigewahrsams. Einige Polizeigesetze eröffnen hingegen den Polizeibehörden die Möglichkeit, einen Störer für die Dauer von zwei Wochen in Polizeigewahrsam zu nehmen.[504] Einen Mittelweg haben die Polizeigesetze von Thüringen[505] mit einer Höchstdauer von zehn Tagen und die Polizeigesetze von Brandenburg[506], Niedersachsen[507] und Sachsen-Anhalt[508] mit einer Höchstdauer von jeweils vier Tagen eingeschlagen.

*c) Verfassungsmäßigkeit eines bis zu 14 Tagen andauernden Polizeigewahrsams?*

Obwohl die Vollzugspolizei in Baden-Württemberg seit 1955 auf richterliche Anordnung hin einen Störer bis zu zwei Wochen in Gewahrsam nehmen kann[509], hat sich ein intensiv geführter Streit hierüber erst an der Novellierung des Bayerischen PAG im Jahre 1989[510] entfacht[511], der mit der Novellierung des Sächsi-

497 § 33 Abs. 1 Nr. 3 ASOG; § 23 Abs. 1 Nr. 3 bdgPolG; § 13 c Abs. 1 Nr. 3 hmbSOG; § 35 Abs. 1 Nr. 3 HSOG; § 38 Abs. 1 Nr. 3 PolGNW; § 17 Nr. 3 rhpfPOG; § 16 Abs. 1 Nr. 3 SaarlPolG.

498 § 17 Nr. 3 rhpfPOG.

499 § 16 Abs. 1 Nr. 3 SaarlPolG.

500 Vgl. § 18 Abs. 1 bremPolG.

501 Vgl. § 13 Abs. 1 hmbSOG.

502 Vgl. § 55 Abs. 1 SOG MV.

503 Vgl. § 181 Abs. 1 schlhLVwG.

504 § 22 Abs. 3 S. 3 bwPolG; Art. 20 Nr. 3 bayPAG; § 22 Abs. S. 3 SächsPolG.

505 § 22 Nr. 3 thürPAG.

506 § 20 Abs. 1 Nr. 3 S. 3 bdgPolG.

507 § 21 Nr. 3 NGefAG.

508 § 40 Abs. 1 Nr. 3 SOG LSA.

509 § 22 Abs. 3 S. 3 l. Hbs. bwPolG in der Fassung vom 21.11.1955; Gbl. f. Baden-Württemberg S. 249/1955.

510 Zweites Gesetz zur Änderung des Polizeiaufgabengesetzes vom 23.3.1989, GVBl. S. 79 f.

511 Vgl. die Reaktionen in der juristischen Fachpresse: Hirsch ZRP 1989, 81 ff.; Schmitt-Glaeser BayVBl. 1989, 129 ff.; Beckstein ZRP 1989, 289 ff.; Knemeyer

schen Polizeigesetzes im Jahre 1994[512] erneut Zündstoff bekam.[513] Beide Novellierungen sahen eine Erhöhung der Maximalfrist des richterlich angeordneten Polizeigewahrsams auf zwei Wochen vor.

Nachfolgend soll untersucht werden, ob ein bis zu 14 Tagen andauernder, richterlich angeordneter Polizeigewahrsam den verfassungsrechtlichen Anforderungen entspricht.

### *1. Verstoß gegen Art. 104 Abs. 2 S. 3 GG*

Vereinzelt wird in der Literatur vertreten[514], daß ein mehrtägiger, richterlich angeordneter Polizeigewahrsam gegen die Regelung des Art. 104 Abs. 2 S. 3 GG verstößt, weil die der Festnahme unmittelbar folgende richterliche Entscheidung die „eigene Machtvollkommenheit“ (Art. 104 Abs. 2 S. 3 GG) der Polizei keinesfalls ausschließe. Denn die Haft bliebe auch nach richterlicher Entscheidung immer ein polizeilicher Gewahrsam, weil nur die Polizei die Art und Weise des Vollzugs bestimme sowie darüber, ob die Höchstdauer auch ausgeschöpft werde. Wenn die Polizei somit offenbar selbst und ohne erneute Beteiligung eines Richters entscheidet, ob die polizeirechtlichen Voraussetzungen eines Gewahrsams nach vier oder fünf Tagen noch vorliegen, dann entscheide sie eben aus „eigener Machtvollkommenheit“.[515]

Demgegenüber lehnen Rechtsprechung[516] und ein überwiegender Teil der Literaturmeinungen[517] zu Recht unter Hinweis auf den Wortlaut des Art. 104 Abs. 2 S. 3 GG („Die Polizei“) die Herleitung eines Verfassungsverstoßes aus Art. 104 Abs. 2 S. 3 GG ab. Die in Art. 104 Abs. 2 S. 3 GG genannte Höchstfrist bezieht sich ausdrücklich auf die polizeilich angeordnete Ingewahrsamnahme. Die Entscheidung über eine zeitliche Begrenzung des richterlich angeordneten

---

NVwZ 1990, 138 ff.; Jahn DVBl. 1989, 1038 ff.; sowie FAZ v. 26.3.1989 u. v. 29.3.1989.

512 Gesetz zur Änderung des Polizeigesetzes vom 24.5.1994, SächsGVBl. S. 929.

513 Vgl. Denninger in: Paeffgen/Schumer, Das Sächsische Polizeigesetz vor dem Verfassungsgerichtshof des Freistaates Sachsen, S. 62 ff.; Lisken ZRP 1996, 332 ff.; Paeffgen Neue Justiz 1996, 454 ff.; VerfGH Sachsen, JZ 1996, 957 ff m. Anm. v. Götz; sowie FAZ v. 30.4.1994 u. v. 2.5.1994.

514 Hirsch ZRP 1989, 81 ff.; Jahn DVBl. 1989, 1038 ff.

515 So Hirsch ZRP 1989, 84.

516 Vgl. BVerwGE 45, 51, 58 f.

517 Vgl. Rachor in: Lisken/Denninger, HdbdPolR, F 340; Drews/Wacke/Vogel/ Martens, Gefahrenabwehr, S. 199 Anm. 9; Kunig in: v. Münch, GG, Art. 104 Rz. 24 ff.; Maunz/ Dürig, GG Art. 104 Rz. 39 f.; Lisken ZRP 1980, 146; Blankenagel DÖV 1989, 691; Hantel, Der Begriff der Freiheitsentziehung in Art. 104 II GG, S. 25 f.; m.w.N.

Polizeigewahrsams wurde offensichtlich dem Gesetzgeber überlassen, der gem. Art. 104 Abs. 2 S. 4 GG „das Nähere" zu regeln hat.[518] Zudem bedeutet aus „eigener Machtvollkommenheit" i.S.v. Art. 104 Abs. 2 S. 3 GG aufgrund eigener, also polizeilicher Anordnung.[519] Die Ingewahrsamnahme erfolgt aber nach Einholung der richterlichen Entscheidung aufgrund richterlicher Anordnung. Demzufolge läßt sich ein Verfassungsverstoß jedenfalls nicht aus Art. 104 Abs. 2 S. 3 GG herleiten. Das Gebot zur Freilassung des Betroffenen nach Ablauf des Tages nach dem Ergreifen wendet sich nur an die Polizei und nicht auch an den Richter.[520]

### 2. *Kollision mit bundesrechtlichen Regelungen (§§ 112 ff. StPO)*

Die polizeigesetzlichen Vorschriften, die einen mehrtägigen, richterlich angeordneten Polizeigewahrsam vorsehen[521], stehen im Widerspruch zu den bundesrechtlichen Regelungen der §§ 112 ff. StPO, wie das nachfolgende Beispiel aus der polizeilichen Praxis verdeutlichen soll: Wird z.B. eine Person wegen Beteiligung an einer Schlägerei auf einer Demonstration festgenommen, dann können ihn die Polizeibeamten aus repressiven oder aus präventiven Gründen festnehmen. Welche letztendlich in dem konkreten Fall Anwendung finden, obliegt zu entscheiden dem zuständigen Einlieferungsbeamten.[522] Gerade in diesem Beispiel kann die Grenzziehung zwischen präventivem und repressivem Polizeigewahrsam „fließend" sein. So kann man zum einen den strafverfahrensrechtlichen Gewahrsam nach § 127 Abs. 2 StPO damit begründen, daß der Betroffene wegen seiner Beteiligung an der Schlägerei festgehalten wird. In diesem Fall kann die Polizei diese Person maximal 48 Stunden festhalten und der Richter die Fortdauer des Gewahrsams nur dann anordnen, wenn ein Haftgrund gem. §§ 112 ff. StPO gegeben ist oder die Voraussetzungen für die Inhaftierung aufgrund eines anderen Gesetzes vorliegen. Etwas anderes ergibt sich, wenn der Gewahrsamsbeamte die

---

518 Im Ergebnis auch Schmitt-Glaeser BayVBl. 1989, 129, 134.

519 Vgl. Ausführungen 3. Kapitel C II b).

520 Vgl. BVerwGE 45, 51, 58 f.; Rachor in: Lisken/Denninger, HdbdPolR, F 340; Drews/Wacke/Vogel/Martens, Gefahrenabwehr, S. 199 Anm. 9; Kunig in: v. Münch, GG, Art. 104 Rz. 24 ff.; Maunz/ Dürig, GG, Art. 104 Rz. 39 f.; Lisken ZRP 1980, 146; Hantel, Der Begriff der Freiheitsentziehung in Art. 104 II GG, S. 25 f. m.w.N .

521 Vgl. § 22 Abs. 3 S. 3 bwPolG; Art. 20 Nr. 3 bayPAG; § 22 Abs. S. 3 SächsPolG; § 22 Nr. 3 thürPAG; § 20 Abs. 1 Nr. 3 S. 3 bdgPolG; § 21 Nr. 3 NGefAG; § 40 Abs. 1 Nr. 3 SOG LSA.

522 So ist der Grund der Freiheitsentziehung erst bei der Aufnahme in den Polizeigewahrsam anzugeben, vgl. statt vieler Ziff. 3.1.2. Polizeigewahrsamsordnung von Bremen und §§ 1, 2 und 12 der Polizeigewahrsamsordnung zum HSOG.

Ingewahrsamnahme nach jeweils geltendem Polizeirecht anordnet. So könnte man in diesem Fall einen Präventivgewahrsam dahin gehend begründen, daß bei dem Betroffenen Werkzeuge gefunden wurden, die ersichtlich zur Tatbegehung bestimmt sind und die Ingewahrsamnahme somit unerläßlich ist, um eine unmittelbar bevorstehende Begehung oder Fortsetzung einer Straftat abzuwehren.[523] So gerade dann, wenn es sich bei dieser Demonstration um angekündigte, mehrtägige Ausschreitungen handelt. In diesem Fall kann der Störer, je nachdem in welchem Bundesland er sich aufgehalten hat, unter den gleichen Voraussetzungen bis zu 14 Tagen in Polizeigewahrsam genommen werden. Noch deutlicher wird die Kollision mit Bundesrecht bei einer präventivpolizeilich angeordneten Ingewahrsamnahme zur Identitätsfeststellung. Im Bereich des Strafverfahrensrechts kann die maximale Dauer der Ingewahrsamnahme zur Identitätsfeststellung von zwölf Stunden gem. § 163 c Abs. 3 StPO auch durch richterliche Anordnung nicht überschritten werden, es sei denn, es liegt einer der Haftgründe vor (§§ 112 ff. StPO). Dagegen kann der Betroffene im Bereich präventivpolizeilichen Handelns durch richterliche Anordnung bis zu 14 Tagen in Polizeigewahrsam genommen werden, ohne daß die strengen Voraussetzungen der §§ 112 ff StPO vorliegen müssen. Außer dem allgemeinen Grundsatz der Verhältnismäßigkeit gibt es in diesem Fall keinen gesetzlichen Entscheidungsmaßstab für die richterliche Entscheidung.[524] So erklärte der Sächsische Verfassungsgerichtshof[525] nunmehr auch die polizeigesetzliche Vorschrift, die einen bis zu 14 Tagen andauernden Polizeigewahrsam zwecks Identitätsfeststellung vorsah, wegen Verstoßes gegen den Grundsatz der Verhältnismäßigkeit für verfassungswidrig. Er verweist auf die fehlende praktische Relevanz eines solchen Zeitraums und hält die gesetzgeberische Wertung, für den Gewahrsam zur Identifizierung sei eine Höchstfrist von 14 Tagen erforderlich, für verfassungsrechtlich nicht mehr vertretbar. Sei die Identität einer Person nicht alsbald feststellbar, komme ein längerfristiger Gewahrsam nur nach speziellen Regeln, z.B. des Polizei-, Ausländer-, Asylverfahrens- oder Strafverfahrensrechts in Betracht.[526]

---

523 Vgl. z.B. Art. 17 Abs. 1 Nr. 2 bayPAG; § 19 Abs. 1 Nr. 2 b) thürPAG; § 37 Abs. 1 Nr. 2 SOG LSA; § 28 Abs. 1 Nr. 2 bwPolG.

524 Ähnlich auch das Beispiel bei Hirsch ZRP 1989, 81, 82: Identitätsfeststellungen bei Kontrollstellen nach § 111 StPO können gem. § 163 c III StPO max. zwölf Stunden andauern; wird dagegen dieselbe Kontrollstelle nach der jeweiligen polizeirechtlichen Bestimmung angeordnet, kann ein diesbezüglicher Identitätsgewahrsam nach richterlicher Anordnung z.B. in Bayern und Baden-Württemberg bis zu 14 Tagen betragen.

525 Urteil v. 14.5.1996, Vf. 44-II-94, Bl. 40 f.; JZ 1996, 957, 958 m. Anm. v. Götz.; vgl. hierzu auch die Anm. v. Paeffgen Neue Justiz 1996, 455.

526 SächsVerfGH, Urteil v. 14.5.1996, Vf. 44-II-94, Bl. 41.

Darüber hinaus besteht ein Wertungswiderspruch zwischen dem polizeilichen Präventiv-/bzw. Unterbindungsgewahrsam und dem in § 112 a StPO normierten Haftgrund der Wiederholungsgefahr.[527] Die einzige, mit dem präventiven, auf Verhinderung einer strafbaren Handlung abzielenden Polizeigewahrsam begrenzt vergleichbare Konstellation ist der Haftgrund der Wiederholungsgefahr in § 112 a StPO. Diese Vorschrift hat rein vorbeugenden Charakter[528] und ist nicht nur kurzfristiger Natur.[529] Er darf gem. § 122 a StPO nicht länger als ein Jahr aufrechterhalten werden und stellt entgegen der klassischen Haftgründe des § 112 StPO, die in erster Linie der Untersuchung dienen, einen Fall der Sicherungshaft dar.[530] Voraussetzung für eine Freiheitsentziehung nach diesem Tatbestand ist unter anderem der dringende Tatverdacht bestimmter schwerwiegender Delikte, die in § 112 a StPO abschließend aufgezählt sind. Die Anordnung eines mehrtägigen Polizeigewahrsams setzt demgegenüber voraus, daß er unerläßlich zur Abwehr einer unmittelbar bevorstehenden Gefahrenlage ist, wie z.B. die unmittelbar bevorstehende Begehung oder Fortsetzung einer Straftat oder einer Ordnungswidrigkeit von erheblicher Bedeutung für die Allgemeinheit und stützt sich hierzu auf prognostische Erwägungen.[531] Das BVerfG[532] hat zu der Regelung des § 112 a StPO festgestellt, daß es sich um Straftaten handeln müsse, die einen erheblichen, in der Höhe der Strafandrohung zum Ausdruck kommenden Unrechtsgehalt aufweisen. Auch müsse die Tat, deren der Beschuldigte dringend verdächtig ist, die Rechtsordnung schwerwiegend beeinträchtigt haben, um im Einzelfall eine hohe Straferwartung zu begründen; etwa eine Freiheitsstrafe von mehr als einem Jahr. Das müsse auch für Straftaten gelten, zu deren Verhinderung der Betroffene in Haft genommen wird. Schließlich dürfe die Annahme der Wiederholungsgefahr nicht auf bloße Vermutungen, sondern müsse auf Tatsachen gestützt werden. Dabei sei in der Regel zu verlangen, daß der Betroffene innerhalb der letzten fünf Jahre wegen einer gleichartigen Straftat rechtskräftig zu einer Freiheitsstrafe verurteilt worden ist. Eine solche Regelung bringe das durch Art. 2 Abs. 2 S. 2 GG geschützte Interesse des Beschuldigten an der Bewahrung seiner persönlichen

527 Vgl. Denninger in: Paeffgen/Schumer, Das Sächsische Polizeigesetz vor dem Verfassungsgerichtshof des Freistaates Sachsen, S. 78 f.

528 Boujong in: Karlsruher Komm., StPO, § 112 a Rz. 1.

529 Vgl. § 122 a StPO und zur Verfassungsmäßigkeit dieser Vorschrift BVerfGE 19, 349 f.; 35, 185 ff.

530 So schon der damalige Bundesjustizminister Dr. Bucher BT Prot. IV 6438; vgl. auch Dünnbier in: Löwe-Rosenberg, StPO, § 112 a Rz. 12.

531 Vgl. Hirsch ZRP 1989, 81, 84, der Art. 17 I Nr. 2 bayPAG, § 19 I Nr. 2 b) thürPAG und § 37 I Nr. 2 SOG LSA als „Vermutungstatbestände“ bezeichnet.

532 BVerfGE 19, 342, 349 f.; 35, 185, 191 f.

Freiheit mit den unabweisbaren Bedürfnissen einer wirksamen Verbrechensbekämpfung zu einem angemessenen Ausgleich.[533]

Diese Abwägungsgrundsätze sind überzeugend. Sie dürfen nicht dadurch umgangen werden, daß längerfristiger Polizeigewahrsam auf der Grundlage des Polizeirechts angeordnet wird.[534] Die Reichweite der polizeigesetzlichen Befugnis zur Ingewahrsamnahme kann beim sog. Präventivgewahrsam nicht weiter sein als beim sog. Repressivgewahrsam.[535] Der Bundesgesetzgeber hat das Mittel der längeren Vorbeugehaft nur für die Fälle der Wiederholungsgefahr als notwendig und angemessen qualifiziert. [536]

Bei der Beschlußfassung zum Musterentwurf eines einheitlichen Polizeirechts des Bundes und der Länder[537] hatte die Innenministerkonferenz einstimmig darum gebeten, daß der Bundesminister des Inneren mit dem Bundesminister der Justiz baldmöglichst die Harmonisierung der Bestimmungen des Musterentwurfs mit der Strafprozeßordnung herbeiführen sollte.[538] Aus der Tatsache, daß ein richterlich angeordneter Gewahrsam nach dem Polizeirecht einzelner Länder bis zu 14 Tagen andauern, hingegen die strafverfahrensrechtliche Ingewahrsamnahme einen solchen Zeitraum nur unter Voraussetzung der strengen Anforderungen der §§ 112 ff. StPO oder aufgrund anderer Gesetze erreichen kann, wird sich kein Verfassungsverstoß herleiten lassen,[539] denn die Fortdauer des Polizeigewahrsams kann immer nur durch richterliche Anordnung erfolgen. Doch stehen diese Regelungen im Wertungswiderspruch mit den bundesrechtlichen Regelungen der §§112 ff. StPO. Dieser Konflikt kann nur vermieden werden, wenn polizeigesetzlich auch der richterlich angeordnete Polizeigewahrsam auf maximal 48 Stunden begrenzt ist. Anderenfalls könnten Länderregelungen die Anwendung der grundrechtssichernden und machtbegrenzenden Bundesregelungen der §§ 112 ff. StPO obsolet machen.[540]

---

533 BVerfGE 35, 185, 191 f.

534 Vgl. Hirsch ZRP 1989, 81, 83; Rachor in: Lisken/Denninger, HdbdPolR, F 342.

535 Lisken ZRP 1996, 332, 333.

536 Lisken ZRP 1996, 332, 333; so im Ergebnis auch Rachor in: Lisken/Denninger, HdbdPolR, F 342.

537 MEPolG v. 10./11.6.1976.

538 Vgl. Angaben bei Heise-Riegel, MEPolG, 1978, S. 15.

539 So im Ergebnis auch Hirsch ZRP 1989, 82.

540 Lisken ZRP 1996, 333.

### *3. Verstoß gegen die EMRK*[541]

Fraglich ist, ob ein richterlich angeordneter Polizeigewahrsam bis zu 14 Tagen mit der Europäischen Menschenrechtskonvention sowie der Rechtsprechung des Europäischen Gerichtshofs für Menschenrechte (EGMR) vereinbar ist.

#### *aa) Die Geltung der EMRK für die Polizeigesetze der Länder*

Die EMRK besitzt in der deutschen Rechtsordnung aufgrund der innerstaatlichen Anwendung nach Art. 59 Abs. 2 GG[542] den Rang eines einfachen Bundesrechts[543], das gemäß Art. 31 GG dem Landesrecht vorgeht. Sie besitzt demzufolge keinen Verfassungsrang[544] und ist somit kein Prüfungsmaßstab für die Begründetheit einer Verfassungsbeschwerde.[545] Doch begründet die EMRK einen inhaltlichen Mindeststandard europäischen Menschenrechtsschutzes und ist von allen Staatsorganen zu beachten.[546] Das Bundesverfassungsgericht[547] legt deshalb die Grundrechte und die rechtsstaatlichen Grundsätze des Grundgesetzes in ihrem Lichte aus.

Der Sächsische Verfassungsgerichtshof[548] hat entschieden, daß Gleiches auch für die Grundrechte und die rechtsstaatlichen Grundsätze der Landesverfassungen gilt. Die Grundrechte der Landesverfassungen sind weitestgehend am Grundgesetz orientiert und dürfen keinen geringeren Schutz bewirken, als die vergleichbaren grundgesetzlichen Regelungen.[549] Deshalb ist bei der Auslegung der Landesverfassungen der Stand des europäischen Menschenrechtsschutzes zugrunde zulegen, der sich aus dem Wortlaut der EMRK sowie aus der ständigen Rechtsprechung des EGMR ergibt.[550] Die polizeigesetzlichen Bestimmungen sind somit im

541 Europäische Konvention zum Schutz der Menschenrechte und Grundfreiheiten v. 4.11.1950 (Vertragsgesetz v. 7.8.1952, BGBl. II, S. 685, 953; Art. 11, 8 Einigungsvertrag v. 31.8.1990, BGBl. II S. 889).

542 Das sog. Vertragsgesetz, mit dem die Zustimmung zur Ratifikation erfolgte, wurde am 7. August 1952 erlassen, BGBl. II 1952, 685 mit Berichtigung S. 953; ratifiziert wurde die EMRK am 5. Dezember 1952 und am 3. September 1953 trat sie völkerrechtlich und innerstaatlich in Kraft: BGBl. II 1954, 14.

543 BVerfGE 41, 88, 105 f.; EuGRZ 1976, 136 f.; vgl. ferner Guradze, EMRK, S. 17f.

544 BVerfGE 10, 271, 274; Schmidt-Bleibtreu/Klein, GG, Art. 104 Rz. 18.

545 BVerfGE 10, 271, 274; 34, 384, 395; 41, 88, 105 f.; 41, 126, 149; a.A Morvay ZaöRV 21 (1961), 102 Anm. 61.

546 Schmidt-Bleibtreu/Klein, GG, Art. 104 Rz. 18.

547 BVerfGE 74, 358, 370.

548 Urteil v. 14.5.1996, Vf. 44 - II - 94.

549 SächsVerfGH, Urteil v. 14.5.1996, Vf. 44 - II - 94, S. 34.

550 SächsVerfGH, Urteil v. 14.5.1996, Vf. 44 - II - 94, S. 29.

Hinblick auf die entsprechenden Vorschriften der jeweiligen Landesverfassungen[551] zu überprüfen, die wiederum ihrerseits im Lichte der EMRK auszulegen sind.[552]

Nachfolgend soll untersucht werden, ob ein richterlich angeordneter Polizeigewahrsam bis zu 14 Tagen dem Mindeststandard europäischen Menschenrechtsschutzes entspricht.

*bb) Verstoß gegen die Fristenregelung des Art. 5 Abs. 1 S. 2 lit. c i.V.m. Abs. 3 EMRK?*

Die EMRK verweist im wesentlichen auf das innerstaatliche Recht und enthält eine Verpflichtung, die darin vorgesehenen materiell - und verfahrensrechtlichen Bestimmungen einzuhalten. Sie verlangt aber auch, daß jede freiheitsentziehende Maßnahme mit dem Zweck des Art. 5 EMRK, nämlich dem Schutz des Einzelnen vor Willkür, im Einklang stehen muß.[553]

Art. 5 Abs. 1 S. 2 lit. c i.V.m. Abs. 3 EMRK bestimmt, daß „jede nach der Vorschrift des Abs. 1 S. 2 lit. c festgenommene oder in Haft gehaltene Person unverzüglich einem Richter... vorgeführt werden muß. Er hat Anspruch auf Aburteilung innerhalb einer angemessenen Frist...“. Neben der U-Haft betrifft diese Vorschrift auch die polizeiliche Präventivhaft.[554] In der Literatur wird vereinzelt vertreten[555], daß die Frist des Art. 5 EMRK als Höchstfrist für jede Form präventivpolizeilicher Freiheitsentziehung zu verstehen sei. Aus dem Wortlaut des einleitenden Satzes von lit. c EMRK („wenn er rechtmäßig festgenommen worden ist ...zum Zwecke seiner Vorführung vor die zuständigen Gerichtsbehörden“), der quasi als Obersatz auch für die polizeiliche Präventivhaft gilt[556], folge, daß die

551 Vgl. z.B. Art. 16 Abs. 1 S. 2 i.V.m. Art. 1 S. 2 SächsVerf; Art. 8 Abs. 1 i.V.m. Art. 2 Abs. 1 BdgVerf; Art. 5 Abs. 2 S. 2 i.V.m. Art. 2 Abs. 1 LSAVerf; Art. 1 Abs. 2 i.V.m. Art. 3 Abs. 1 S. 2 ThürVerf; Art. 3 Abs. 1 i.V.m. Art. 102 Abs. 1 BayVerf; Art. 2 Abs. 2 S. 2 i.V.m. Art. 2 Abs. 1 BWVerf.

552 SächsVerfGH, Urteil v. 14.5.1996, Vf. 44 - II - 94, S. 29

553 EGMR EuGRZ 1998, 129, 135; vgl. auch EGMR Urteil Lukanov ./. Bulgarien vom 20. März 1997, Entscheidungssammlung 1997 - II, S. 543 - 544, Ziff. 41, und EGMR Urteil Guilia Manzoni ./. Italien vom 1. Juli 1997, Entscheidungssammlung 1997 - VI, S. 1190, Ziff. 21.

554 Frowein/Peukert, EMRK, Art. 5 Rz. 58; Guradze, EMRK, Art. 5 Anm. 14; Herzog in: AöR Bd. 86 (1961), 194, 220 unterscheidet bei Art. 5 Abs. 1 lit. c EMRK zwei Fallgruppen: Die sog. „verfolgungsrechtliche Fallgruppe“ und die sog. „polizeirechtliche Fallgruppe“.

555 Vgl. Trechsel, Die EMRK, S. 227 f.; a.A. Frowein/Peukert, EMRK, Art. 5 Rz. 66.

556 So Aussage der KOM an den Ministeraussschuß des Europarates in ihrem Schriftsatz vom 16.12.1960, der sich der EGMR (Jb. IV 464/5) anschloß.

Präventivhaft überhaupt nur bis zum Zeitpunkt der Vorführung vor die zuständige Gerichtsbehörde durch lit. c gedeckt sei. Denn es fehle der Eingriffsvorbehalt, welcher Präventivhaft aufgrund einer endgültigen richterlichen Entscheidung zuließe.[557]

Aus der Feststellung des EGMR[558], daß Art. 5 Abs. 3 EMRK keine generalpräventiven Maßnahmen decke, kann jedoch implizit gefolgert werden, daß der EGMR die Fristen des Art. 5 EMRK nicht auf die richterliche Entscheidung über Freiheitsentziehungen beziehen will.[559] Auch enthält der Wortlaut des Abs. 3 keine Einschränkung des Zeitrahmens für den richterlich angeordneten Polizeigewahrsam. Vielmehr hat der Betroffene nach der „unverzüglichen" richterlichen Vorführung („ohne schuldhaftes Zögern[560]) lediglich Anspruch auf eine Aburteilung innerhalb einer „angemessenen Frist"(Art. 5 Abs. 3 EMRK), die je nach den Umständen des Einzelfalls bis zu 19 Monaten betragen kann.[561]

Im Ergebnis verstößt somit ein mehrtägiger, richterlich angeordneter Polizeigewahrsam nicht gegen die Fristenregelung des Art. 5 Abs. 1 lit c i.V.m. Abs. 3 EMRK.[562]

*cc) Exkurs: Ingewahrsamnahme zur Verhinderung von Ordnungswidrigkeiten mit erheblicher Bedeutung für die Allgemeinheit - Verstoß gegen Art. 5 Abs. 1 S. 2 lit. c EMRK?*

Eine Gruppe von polizeigesetzlichen Vorschriften[563] sieht vor, daß eine Person in Gewahrsam genommen werden kann, wenn dies unerläßlich ist, um die unmittelbar bevorstehende Begehung oder Fortsetzung einer Straftat oder Ordnungswid-

557 Trechsel, Die EMRK, S. 228.
558 Vgl. den Fall „Guzzardi" , EGMR EuGRZ 1983, 640 Ziff. 102.
559 So Frowein/Peukert, EMRK, Art. 5 Rz. 66.
560 Vgl. Schorn, Die EMRK zum Schutz der Menschenrechte und Grundfreiheiten, S. 171 unter Hinweis darauf, daß Art. 5 EMRK keine Zeitbegrenzung enthält, innerhalb deren eine Vorführung erfolgen muß.
561 Kom. E 530/59 Jb. III 184; 920/60 Rec. 8, 46, 48: In dieser Entscheidung vom 19.12.1961 sieht die Kommission keine Verletzung des § 5 Abs. 3 EMRK, da bei einer 18 Jahre zurückliegenden Tat die Aufklärung, die Heranschaffung der Beweismittel und die Feststellung der Schuld besonders schwierig ist und längere Zeit beansprucht.
562 Vgl. auch Blankenagel DÖV 1989, 693.
563 Vgl. Art. 17 Abs. 1 Nr. 2 bayPAG; § 30 Abs. 1 Nr. 2 ASOG; § 20 Abs. 1 Nr. 2 bdgPolG; §15 Abs. 1 Nr. 2 bremPolG; § 13 Abs. 1 Nr. 2 hmbSOG; § 32 Abs. 1 Nr. 2 HSOG; § 55 Abs. 1 Nr. 2 SOG MV; § 18 Abs. 1 Nr. 2 NGefAG; § 35 Abs. 1 Nr. 2 PolGNW; § 14 Abs. 1 Nr. 2 rhpfPOG; § 13 Abs. 1 Nr. 2 SaarlPolG; § 37 Abs. 1 Nr. 2 SOG LSA; § 204 Abs. 1 Nr. 2 schlhLVwG; § 19 Abs. 1 Nr. 2 thürPAG.

rigkeit mit erheblicher Bedeutung für die Allgemeinheit zu verhindern. Die Ingewahrsamnahme zwecks Verhinderung von Ordnungswidrigkeiten ist in vielerlei Hinsicht rechtlich problematisch.[564] Nachfolgend soll überprüft werden, ob diese polizeigesetzlichen Regelungen mit den Vorgaben der EMRK im Einklang stehen.

Gem. Art. 5 Abs. 1 lit. c EMRK ist eine Freiheitsentziehung zulässig, wenn „begründeter Anlaß zu der Annahme besteht, daß es notwendig ist, den Betreffenden an der Begehung einer strafbaren Handlung...zu hindern"/... *when it is reasonably considered necessary to prevent his committing an offence / ... qu'il y a des motifs raisonnables de croire à la nécessité de l'empêcher de commettre une infraction"*. Für die Vereinbarkeit der entsprechenden polizeirechtlichen Bestimmungen mit der Konvention ist somit u.a. entscheidend, ob unter „strafbare Handlung" in Art. 5 Abs. 1 S. 2 lit c 2. Alt EMRK nur die mit Kriminalstrafe bedrohten Handlungen erfaßt werden.[565] Die Befürworter dieser Auffassung[566] schließen aus dem Wortlaut („straf"-bare Handlung), daß es sich nur um Handlungen mit kriminellem Gehalt handeln könne, was bei Ordnungswidrigkeiten gerade nicht der Fall sei.[567] Auch bestehe ein Widerspruch zwischen dem durchzusetzenden Strafanspruch des Staates - Geldbuße - und dem dazu eingesetzten Mittel - Freiheitsentzug -. Daran ändere auch die Möglichkeit, daß an die Stelle der Geldbuße Haft treten kann, nichts, weil dies in der Praxis grundsätzlich ausgeschlossen sei.[568] Die Gegenauffassung[569] will unter diesem Begriff auch Ordnungswidrigkeiten verstanden wissen. Es könne nicht angenommen werden,

564 Ausführlich hierzu Rachor in: Lisken/Denninger, HdbdPolR, F 285 ff.

565 Dies ablehnend BayVerfGH BayVBl. 1990, 658 f.; verneinend auch der SächsVerfGH, Urteil v. 14.5.1996, Vf. 44 - II - 94, Bl. 33.

566 So Denninger in: Paeffgen/Schumer, Das Sächsische Polizeigesetz vor dem Verfassungsgerichtshof des Freistaates Sachsen, S. 83 f.; Ekrem Ehrun, La Convention européenne des Droits de l'homme, Thèse Paris 1953; Guradze, EMRK, Anm. 18 zu Art. 5; Schorn, Die Europäische Konvention zum Schutz der Menschenrechte und Grundfreiheiten, S. 152; Frowein/Peukert, EMRK, Art. 5 Rz. 72; Partsch, Die Rechte und Freiheiten der Europäischen Menschenrechtskonvention, S. 129 f.; Rachor in: Lisken/Denninger, HdbdPolR, F 288, Blankenagel DÖV 1989, 697 und Jahn DVBl. 1989, 1043 m.w.N.

567 Vgl. § 1 OWiG.

568 Frowein/Peukert, EMRK, Art. 5 Rz. 72: „Nach deutschem Recht kommt Erzwingungshaft bei zurechenbarer Zahlungsverweigerung, nicht aber Strafhaft als Ersatzstrafe in Betracht". Im Ergebnis ebenso Guradze, EMRK, Art. 5 Anm. 18; Schorn, Die Europäische Konvention zum Schutz der Menschenrechte und Grundfreiheiten, S. 152.

569 BayVerfGH BayVBl. 1990, 658 f.; SächsVerfGH, Urt. v. 14.5.1996, Vf. 44 - II - 94, Bl. 34; Herzog AöR Bd. 86 (1961), 221; Trechsel, Die EMRK, S. 214 f. m.w.H. in Fn. 793.

daß die Vertragsstaaten sich soweit hätten binden wollen, daß in einem Staat Polizeigewahrsam ausgeschlossen sein solle, wenn das zu verhindernde Unrecht nur unter die Sanktion einer Geldbuße und nicht einer Kriminalstrafe gestellt sei.[570]

Ob unter „strafbare Handlungen" auch die Begehung von Ordnungswidrigkeiten zu verstehen ist, hängt davon ab, ob die Begriffe *offence* und *infraction* ein solches Verständnis des deutschen Begriffs der „strafbaren Handlungen" in Art. 5 EMRK zulassen. Denn nur der englische und französische Wortlaut der Konvention (Art. 66 Abs. 4 S. 2 EMRK) sind für den Inhalt der völkerrechtlichen Verpflichtung der Bundesrepublik Deutschland, wie auch für die innerstaatliche Umsetzung aufgrund des Vertragsgesetzes maßgeblich.[571] Verträgen, die innerstaatlich der parlamentarischen Genehmigung bedürfen[572], wird in diesem Fall eine Übersetzung in die Landessprache beigegeben. Wenn diese Fassung nicht gleichzeitig eine der als verbindlich erklärten Fassungen ist, kann sie ohne Befassung des Parlaments durch eine bloße Bekanntmachung berichtigt werden.[573] Für die innerstaatliche Rechtsanwendung entscheidend bleiben jedoch nur die fremdsprachigen Texte, falls bloß diese kraft der Schlußklausel des Vertrages[574] verbindlich sein sollen.[575]

Aus der Tatsache, daß es sich hier um zwei authentische Vertragssprachen handelt, könnten sich Schwierigkeiten hinsichtlich einer einheitlichen Wortinterpretation ergeben. Erfahrungsgemäß besteht zwischen den Begriffen verschiedener Rechtssprachen selten diejenige Konvergenz, von der eine Klärung diffiziler Auslegungsfragen abhängt.[576] Sollte eine einheitliche Interpretation nicht möglich sein, ist nach dem völkerrechtlichen Grundsatz zu verfahren, daß im Zweifelsfall überhaupt nur „auf das allen Texten gemeinsame Minimum, über das allseitige Zustimmung besteht"[577], abzustellen ist.[578]

---

570 BayVerfGH BayVBl. 1990, 658 f.

571 So die ständige Rechtsprechung des Reichsgerichts zu den nur in französischer und englischer Sprache verbindlichen Bestimmungen des Versailler Friedensvertrages, RGZ 102, 403, 404; RGZ 114, 188, 190; Seidl-Hohenveldern, Völkerrecht, Rz. 368 f.; s. auch SächsVerfGH, Urt. v. 14.5.1996, Vf. 44 - II - 94, Bl. 34.

572 Art. 59 Abs. 2 GG, vgl. Ausführungen zuvor unter 3. aa).

573 Vgl. Seidl-Hohenveldern, Völkerrecht, Rz. 369.

574 So gemäß Art. 66 Abs. 4 S. 2 EMRK nur der englische und französische Vertragstext, vgl. Seidl-Hohenveldern, Völkerrecht, Rz. 369.

575 Frowein/Peukert, EMRK, Art. 66 Rz. 2.

576 Eine einheitliche Wortinterpretation grundsätzlich als unmöglich ablehnend v. Weber ZStrW Bd. 65 (1953), 344 f.; Jescheck NJW 1954, 784; Echterhölter JZ 1956, 142 ff.; Herzog BayVBl. 1959, 45; vgl. zu den Schwierigkeiten einer einheitlichen Wortinterpretation bei völkerrechtlichen Verträgen auch Jacobs, The European Convention on Human Rights, S. 16 f.

577 Vgl. Berber, Lehrbuch des Völkerrechts, S. 444 (zu e); Dahm, Völkerrecht, S. 56.

Auszugehen ist somit von dem französischen Begriff *infraction* und dem englischen Begriff *offence*. *Infraction* ist der Oberbegriff für Rechtsverletzungen und Übertretungen, die staatliche Sanktionen nach sich ziehen.[579] So werden von dem Begriff *infraction* drei verschiedene Kategorien von Übertretungen erfaßt, die sich lediglich durch ihre Schwere unterscheiden.[580] Auf der untersten Stufe stehen *les contraventions, punies de peines de police*. Das sind Übertretungen bzw. Zuwiderhandlungen, die zwar von der Polizei verfolgt, aber nicht mit Kriminalstrafe geahndet werden. Diesen *contraventions* entsprechen in etwa die Rechtsverstöße, die im deutschen Rechtssystem mit „Ordnungswidrigkeiten" bezeichnet werden.[581] Die nächste, unter den Begriff *infraction* fallende Kategorie sind *les dèlits, punis de peines correctionelles,* also Vergehen, die mit Polizei- und Ordnungsstrafe verfolgt werden.[582] Die dritte Kategorie bilden *les crimes, punis de peines afflictives ou infamantes;* Verbrechen, die mit Freiheitsentzug geahndet werden.[583] Demzufolge ist es für die Verwendung des Begriffs *infraction* unbeachtlich, ob die Handlung gegen kriminelles oder Ordnungsstrafrecht verstößt.[584] Das gilt auch für den englischen Begriff *offence*. So ist *offence* kein technischer Begriff[585] und umfaßt sowohl Handlungen mit kriminellem Gehalt[586], als auch Bagatelldelikte und Übertretungen.[587] Zudem wird der Begriff *offence* in der französischen Rechtssprache mit dem Begriff *infraction* erläutert.[588] Folglich fällt unter die Begriffe *infraction/offence* und damit auch unter „strafbare Handlung" i.S.v. Art. 5 Abs. 1 lit. c EMRK jede mit einer staatlichen Sanktion bedroh-

---

578 Herzog AöR Bd. 86 (1961), 197 f.: Unter der zusätzlichen Berücksichtigung der Präambel der EMRK als Interpretationshilfe.

579 Vgl. in Grand Larousse, Encyclopèdique, S. 156.

580 vgl. in Grand Larousse, Encyclopèdique, S. 156.

581 Vgl. Doucet/Fleck, Wörterbuch, S. 193 und S. 155.

582 vgl. Doucet/Fleck, Wörterbuch, S. 193: *délit correctionnel* = „Vergehen, das in den Zuständigkeitsbereich des französischen Strafgerichts beim Großinstanzengericht fällt". Dumey/Plasa (Dictionnaire Juridique, S. 644) übersetzen den Begriff *délit correctionnel* hingegen mit „Ordnungswidrigkeiten".

583 Dumey/ Plasa, Dictionnaire Juridique, S. 644.

584 So im Ergebnis auch der SächsVerfGH, Urt. v. 14.5.1996, Vf. 44 - II - 94, Bl. 34 und Herzog AöR Bd. 86 (1961), 221 f.

585 Vgl. Dietl, Dictionary of Legal, Commercial and Political Terms, S. 539.

586 „Indictable offences" = „Verbrechen (schweres Vergehen)", vgl. Dietl, Dictionary of Legal, Commercial and Political Terms, S. 539; ebenso Herbst, Dictionary of Commercial, Financial and Legal Terms, S. 697.

587 „Minor / petty offence" = „Bagatelldelikt, Übertretung", vgl. v. Beseler/Jacobs-Wüstefeld, Law Dictionary, S. 1134.

588 Vgl. Herbst, Dictionary of Commercial, Financial and Legal Terms, S. 697 sowie Ingelton, Elsevier's Dictionary of Police and Criminal Law, S. 163.

te Handlung, ohne Rücksicht darauf, ob sie als Straftat oder als Ordnungswidrigkeit qualifiziert ist.[589]

Auch zeigt ein Vergleich des endgültigen Textes der Konvention mit der Urfassung, wie sie von einer Gruppe von fünf Staaten für den UN-Pakt vorgeschlagen war, daß die Begriffe *offence/infraction* nicht zufällig gewählt wurden. Dort finden sich nämlich in den entsprechenden littera auch die Wörter *crime/délit.*[590] Beide Begriffe werden vorwiegend für Handlungen mit kriminellem Gehalt verwendet.[591] Bei der Beschränkung auf einen einheitlichen Begriff fiel die Wahl in beiden Sprachen auf die weitere, weniger technische Bezeichnung, obgleich die beiden Ausdrücke ursprünglich an verschiedenen Stellen verwendet worden waren.[592] Für die Annahme, daß die EMRK die Festnahme bei Ordnungswidrigkeiten i.S.d. deutschen Rechts zulassen wollte, spricht ferner der Umstand, daß die Gesetze mehrerer Mitgliedstaaten dies ausdrücklich, wenn auch unter besonderen Voraussetzungen, zulassen.[593]

*dd) Ergebnis*

Im Ergebnis sind zum einen die Fristen des Art. 5 EMRK nicht auf einen richterlich angeordneten Polizeigewahrsam anwendbar, so daß ein Verstoß der entsprechenden polizeigesetzlichen Regelungen gegen Art. 5 EMRK unter diesem Gesichtspunkt ausscheidet. Zum anderen ist unter Berücksichtigung der EMRK im Rahmen der jeweiligen Landesverfassungen nichts gegen die polizeigesetzlichen Regelungen einzuwenden, die eine Ingewahrsamnahme zur Verhinderung einer

---

589 Vgl. auch SächsVerfGH, Urt. v. 14.5.1996, Vf. 44 - II - 94, Bl. 34.

590 UN Doc. E/1371; vgl. auch UN Yearbook on Human Rights, 1949, 339. Der englische Text sprach vom Verdacht „..of having committed an offence...“ und „to prevent his committing a crime...“; der franzöische Text vom Verdacht “... qu'il a commis un délit...“ und „...l'empêcher de commettre une infraction...“.

591 Vgl. Dietl, Dictionary of Legal, Commercial and Political Terms, S. 189: Der Begriff *crime* wird im Englischen als Oberbegriff für Handlungen mit kriminellem Gehalt verwendet, wie *felonies, misdemeanors and petty misdemeanors*, also Verbrechen und Vergehen, wobei die Zweiteilung der Straftaten nicht dem des deutschen Strafgesetzbuches entspricht. In Groß-Britannien wurde die Einteilung von Verbrechen in *felonies* und *misdemeanours* durch den „Criminal Justice Act“ im Jahre 1967 abgeschafft.

592 Vgl. UN Doc. E/1371 sowie UN Yearbook on Human Rights, 1949, 339.

593 So etwa ÖStPO § 452 Ziff. 3; NLSV Art. 64 lit. d und Art. 58, LCIC Art. 91, NStPO Art. 229. Verboten ist die Verhaftung in Fällen, bei denen nur Geldstrafe angedroht ist, in SPG Kap. 24 § 1 Abs. 4, DkStPO Art. 780.

Ordnungswidrigkeit mit erheblicher Bedeutung für die Allgemeinheit vorsehen.[594]

### *4. Verstoß gegen das Verhältnismäßigkeitsprinzip*

Zu prüfen ist, ob ein mehrtägiger Polizeigewahrsam gegen das verfassungsrechtliche Übermaßverbot verstößt. Der Grundsatz der Verhältnismäßigkeit verlangt, daß die Grundrechtsbeschränkung von hinreichenden Gründen des Gemeinwohls gerechtfertigt wird, das gewählte Mittel zur Erreichung des Zwecks geeignet und erforderlich und bei einer Gesamtabwägung zwischen der Schwere des Eingriffs und dem Gewicht der ihn rechtfertigenden Gründe die Grenze des Zumutbaren noch gewahrt ist.[595]

#### *aa) Zweck eines mehrtägigen, richterlich angeordneten Polizeigewahrsams*

Der Gesetzgeber verfolgt mit einem mehrtägigen, richterlich angeordneten Polizeigewahrsam regelmäßig den Zweck einer möglichst effektiven Gefahrenabwehr bei der wachsenden Bedrohung der öffentlichen Sicherheit.[596] Dieser Zweck ist im Interesse der inneren Sicherheit des Staates sowie der zu gewährleistenden Sicherheit der Menschen und somit verfassungsrechtlich nicht zu beanstanden.[597] Die dadurch erfolgte Beschränkung der körperlichen Bewegungsfreiheit ist demzufolge durch hinreichende Gründe des Gemeinwohls gerechtfertigt.[598]

---

594 Vgl. Art. 17 Abs. 1 Nr. 2 bayPAG; § 30 Abs. 1 Nr. 2 ASOG; § 20 Abs. 1 Nr. 2 bdgPolG; § 15 Abs. 1 Nr. 2 bremPolG; § 13 Abs. 1 Nr. 2 hmbSOG; § 32 Abs. 1 Nr. 2 HSOG; § 55 Abs. 1 Nr. 2 SOG MV; § 18 Abs. 1 Nr. 2 NGefAG; § 35 Abs. 1 Nr. 2 PolGNW; § 14 Abs. 1 Nr. 2 rhpfPOG; § 13 Abs. 1 Nr. 2 SaarlPolG; § 37 Abs. 1 Nr. 2 SOG LSA; § 204 Abs. 1 Nr. 2 schlhLVwG; § 19 Abs. 1 Nr. 2 thürPAG.

595 BVerfGE 78, 77, 85.

596 Vgl. Die Polizeiliche Kriminalstatistik für das Jahr 1997, Presse - und Informationsamt der Bundesregierung, Nr. 37/S. 425, Bonn den 29.5.1997; vgl. zudem die Begründung der Bayerischen Staatsregierung zum Gesetzesentwurf v. 6.8.1989: Bay LT-Drs. 11/9078, Einzelbegründung zu § 1 Nr. 1 Ziff. 1 c S. 5 sowie Allg. Begr. zu § 1 Nr. 1 S. 3.

597 Vgl. auch SächsVerfGH, Urt. v. 14.5.1996, Vf. 44 - II - 94, Bl. 38.

598 Vgl. auch BayVerfGH BayVBl. 1990, 658 f.; SächsVerfGH, Urt. v. 14.5.1996, Vf. 44 - II - 94, Bl. 45.

*bb) Geeignetheit eines mehrtägigen, richterlich angeordneten Polizeigewahrsams*

Geeignet zur Zweckerreichung ist eine Maßnahme dann, wenn mit ihrer Hilfe der gewünschte Erfolg gefördert werden kann.[599]

Der gewünschte Erfolg, nämlich beispielsweise die Verhinderung einer erheblichen Störung der öffentlichen Sicherheit, kann grundsätzlich mit dem „Wegsperren" des Störers vorübergehend erreicht werden. Zweifelhaft ist jedoch, ob ein polizeilicher Vorbeugegewahrsam überhaupt geeignet sein kann, „eine bereits eingetretene erhebliche Störung"[600] zu beseitigen, ohne daß es sich dabei um Strafverfolgung handelt.[601] Besteht die Störung in einer begangenen Straftat, so sind die Strafverfolgungsorgane zuständig, die eventuell nach den §§ 112 a, 116 StPO zu verfahren haben; für einen präventiven Polizeigewahrsam ist daneben kein Raum.[602] Schleudert beispielsweise ein Demonstrant seine mitgeführten Wurfgeschosse und Feuerwerkskörper auf Personen und verletzt diese (- ist also eine Störung der öffentlichen Sicherheit bereits eingetreten -), dann dienen die daraufhin erfolgenden polizeilichen Freiheitsentziehungen der Strafverfolgung, wie z.B. die Verhaftung (§§ 112 - 126 StPO), die einstweilige Unterbringung (§ 126 a StPO) oder die vorläufige Festnahme (§§ 127 bis 129 StPO) und nicht der Gefahrenabwehr. Demzufolge kann diese Variante des Vorbeugegewahrsams bereits nicht geeignet sein, die Effektivität der polizeilichen Gefahrenabwehr zu steigern und ist somit wegen Verstoßes gegen das Übermaßverbot verfassungswidrig.[603]

*cc) Erforderlichkeit eines mehrtägigen, richterlich angeordneten Polizeigewahrsams*

Eine Freiheitsentziehung zur Verhinderung einer bestimmten, mit Strafe oder Bußgeld sanktionierten Verhaltensweise oder beispielsweise zur Feststellung der Identität ist dann nicht erforderlich, wenn die Effektivität der Gefahrenabwehr

599 Vgl. statt vieler BVerfGE 81, 156, 192.

600 Vgl. § 22 Abs. 1 Nr. 1 SächsPolG; § 19 Abs. 1 Nr. 2 thürPAG; § 37 Abs. 1 Nr. 2 SOG LSA; § 28 Abs. 1 Nr. 2 bwPolG.

601 Vgl. auch die Antragsteller in dem Verfahren vor dem SächsVerfGH, Urt.v. 14.5.1996, Vf. 44 - II - 94, Bl. 10.

602 Vgl. Denninger in: Paeffgen/Schumer, Das Sächsische Polizeigesetz vor dem Verfassungsgerichtshof des Freistaates Sachsen, S. 79 f.

603 Vgl. Denninger in: Paeffgen/Schumer, Das Sächsische Polizeigesetz vor dem Verfassungsgerichtshof des Freistaates Sachsen, S. 79 f., der eine Entscheidung hierzu aber letztendlich „auf sich beruhen" läßt.; A.A. SächsVerfGH, Urt.v. 14.5.1996, Vf. 44 - II - 94, Bl. 36 f.

auch durch ein gleich geeignetes, aber weniger belastendes, milderes Mittel gesteigert werden kann.[604] Vor der Prüfung der Erforderlichkeit eines bis zu 14 Tagen andauernden Polizeigewahrsams stellt sich die Frage, ob das gewählte Mittel der Freiheitsentziehung überhaupt erforderlich ist, oder der Gesetzgeber ein gleich wirksames, aber das Grundrecht auf Freiheit nicht oder weniger stark einschränkendes Mittel hätte wählen können.[605]

*(1) Erforderlichkeit der Freiheitsentziehung*

Eine Bejahung der zuvor aufgeworfenen Frage setzt voraus, daß sich *eindeutig* feststellen läßt, daß andere weniger einschneidende Mittel zur Verfügung stehen.[606] Im wesentlichen läuft dies auf eine Evidenzkontrolle der Erforderlichkeit hinaus.[607] Die Anordnung einer Freiheitsentziehung wäre dann übermäßig belastend, wenn z.B. grundsätzlich strafbare Handlungen mit der Verhängung von Ordnungsgeldern oder Meldeauflagen[608] verhindert werden könnten. Dem steht aber entgegen, daß sich in vielen Fällen die Rädelsführer gewalttätiger Ausschreitungen oder Aktionen nicht durch einen Bußgeldbescheid oder Meldeauflagen von der Begehung strafbarer Handlungen abhalten lassen. In solchen Fällen wird eine, wenn auch kurzfristige, Ingewahrsamnahme des Betroffenen unumgänglich sein. Ebenso sind Fälle denkbar, in denen die Ingewahrsamnahme zur Durchsetzung eines Platzverweises unerläßlich sein kann, wie beispielsweise im Fall des „Gladbecker-Geiseldramas“.[609] Wenn sich Journalisten trotz mehrfacher Aufforderung nicht aus der Gefahrenzone entfernen,[610] ist eine vorübergehende Ingewahrsamnahme dieser Personen (z.B. in einem Polizeifahrzeug) „notwendig“, um den Platzverweis durchzusetzen.

Problematischer ist der Bereich der Ingewahrsamnahme zur Verhinderung von Ordnungswidrigkeiten, weil hier am ehesten die Frage gestellt werden kann,

---

604 Zum Grundsatz der Verhältnismäßigkeit vgl. BVerfGE 30, 292, 316; 63, 88, 115; 70, 1, 26; 70, 278, 286; 78, 38, 50; 78, 232, 245, BVerfG NJW 1994, 1577.

605 S. hierzu auch Götz, Allgemeines Polizei- und Ordnungsrecht, Rz. 255; Knemeyer, Polizei- und Ordnungsrecht, Rz. 214; v. Krauss, Der Grundsatz der Verhältnismäßigkeit, S. 18.

606 Vgl. BVerfGE 17, 232, 244 f.; 25, 1, 19 f.; 30, 292, 319; 37, 1, 21.

607 Pieroth/Schlink, Staatsrecht II: Grundrechte, Rz. 306 ff.

608 Anläßlich der Gewalttaten bei der Fußballweltmeisterschaft 1998 in Frankreich wurden in Baden-Württemberg gegen 20 Hooligans Meldeauflagen erlassen. Die betroffenen Personen mußten sich während der Weltmeisterschaft an Tagen vor Spielen der deutschen Nationalmannschaft und am Tag der Spiele selbst mehrfach bei den zuständigen Polizeirevieren melden, vgl. FAZ v. 26.6.1998.

609 Sog. Geiseldrama aus dem Jahre 1988, vgl. FAZ v. 18.8.1988.

610 vgl. FAZ v. 20.8.1988.

ob die Ingewahrsamnahme in diesen Fällen noch dem Erfordernis der Notwendigkeit entspricht. Denn die Verhaftung und vorläufige Festnahme zum Zweck der Verfolgung von Ordnungswidrigkeiten ist grundsätzlich unzulässig (§ 53 Abs. 1 S. 2 i.V.m. § 46 Abs. 3 S. 1 OWiG). Doch gibt es durchaus sanktionierte Verhaltensweisen „von erheblicher Bedeutung für die Allgemeinheit", die nicht schon als Straftatbestände ausgestaltet sind und den Polizeigewahrsam als letztes Mittel zulassen können.[611] Neben dem Versammlungsrecht (§ 29 VersammlG) als Hauptanwendungsfall des Polizeigewahrsams zwecks Verhinderung von Ordnungswidrigkeiten[612] wäre auch der Polizeigewahrsam als letztes Mittel zur Verhinderung von Ordnungswidrigkeiten gem. § 117 OWiG (unzulässiger Lärm) denkbar, wenn die Lärmerzeugung derart ausgestaltet ist, daß „die Nerven in einen krankhaften Zustand versetzt werden können".[613] Ebenso könnten Umweltstraftaten im Bereich des Gewässerschutzes[614] als Ordnungswidrigkeiten von erheblicher Bedeutung für die Allgemeinheit angesehen werden. Doch ist in all diesen Fällen stets zu prüfen, ob die Abwehr oder Beseitigung der Störung nicht durch Einsatz eines polizeilichen Mittels mit geringerer Eingriffsintensität vermieden werden kann.[615] Deshalb darf nach den Polizeigesetzen Gewahrsam nur angeordnet werden, wenn auf andere Weise die Störung nicht verhindert oder die Identität nicht festgestellt werden kann oder der Gewahrsam zum Schutz der Person erforderlich oder zur Durchsetzung eines Platzverweises unerläßlich ist. So darf z.B. eine Person nicht in Gewahrsam genommen werden, wenn eine Personalienfeststellung, verbunden mit einer Platzverweisung, ausreicht[616] oder sie den Eltern oder dem Jugendamt zugeführt werden kann.[617] Sind „Fans" mit Wurfgeschossen auf dem Weg zum Fußballstadion, reicht in der Regel eine Beschlagnahme dieser Gegenstände zur Gefahrenabwehr aus. Auch darf ein betrunkener Kraftfahrer nicht zwecks Hinderung an der Weiterfahrt in Gewahrsam genommen

611 BayVerfGH BayVBl. 1990, 654, 658; Schmitt-Glaeser BayVBl. 1989, 129 ff.; a.A. Hirsch ZRP 1989, 84.

612 Rachor in: Lisken/Denninger, HdbdPolR, F 292 mit der Anmerkung, daß eine Freiheitsentziehung im Bereich des grundrechtlich gewährleisteten Versammlungsrechts nicht schon bei einem Verstoß gegen einzelne Ordnungswidrigkeitentatbestände zu bejahen ist, sondern „höchstens bei einem Hinzutreten weiterer, erheblicher gefahrenträchtiger Umstände".

613 Vgl. Göhler, OWiG, § 117 Rz. 15.

614 § 41 Abs. 1 i.V.m. § 3 Abs. 2 Nr. 3 WHG.

615 Vgl. Art. 4 bayPAG; § 15 SOG MV; § 3 SächsPolG; § 4 hmbSOG; § 2 rhpfPOG; § 11 ASOG; § 4 HSOG; § 3 bremPolG; § 4 thürPAG; § 5 SOG LSA; § 2 PolGNW; § 3 bdgPolG; § 73 schlhLVwG; § 5 bwPolG; § 4 NGefAG.

616 Vgl. Berner/Köhler, BayPAG, Art. 4 Rz. 2.

617 Vgl. Belz, SächsPolG, § 3 Rz. 24.

werden, wenn die Abnahme des KFZ-Schlüssels und erforderlichenfalls die Sicherstellung des Fahrzeugs zum Ziel führt.

Es läßt sich folglich für keine der Varianten der polizeilichen Ingewahrsamnahme feststellen, daß ausnahmslos auch ein milderes, die Freiheitsentziehung vermeidendes Mittel zur Gefahrenabwehr zur Verfügung steht.[618]

*(2) Erforderlichkeit einer Höchstfrist bis zu 14 Tagen*

Zweifelhaft ist jedoch, ob eine Höchstfrist bis zu 14 Tagen gemessen am Maßstab der Erforderlichkeit dem Grundsatz der Verhältnismäßigkeit entspricht.

Der Gesetzgeber hat grundsätzlich bei der Festlegung der Höchstfrist des Gewahrsams einen Einschätzungs-, Wertungs- und Beurteilungsspielraum, der ihm bezüglich der Auswirkungen der in dem Gesetz vorgesehenen Maßnahmen in einer ungewissen Zukunft gebührt.[619] Mit der Festlegung eines bis zu 14 Tagen andauernden Polizeigewahrsams sind die jeweiligen Gesetzgeber diesen Wertungs- und Einschätzungsaufgaben nicht entsprechend nachgekommen. Dieser Ansicht ist auch der SächsVerfGH[620] in den Fällen eines bis zu 14-Tagen andauernden Schutzgewahrsams (§ 22 Abs. 1 Nr. 2 SächsPolG), Gewahrsams zur Identitätsfeststellung (§ 22 Abs. 1 Nr. 3 SächsPolG) sowie zur Durchsetzung eines Platzverweises (§ 2 Abs. 1 Nr. 4 SächsPolG).[621] Er rügte zunächst, daß der Gesetzgeber nicht entsprechend dem verfassungsrechtlichen Bestimmtheitsgebot die einzelnen Eingriffsermächtigungen mit den dafür angepaßten Höchstfristen versehen hat.[622] Denn die Grundsätze der Verhältnismäßigkeit und Bestimmtheit gebieten eine Differenzierung bei der Bestimmung des gesetzlichen Rahmens für die jeweils zulässige Höchstdauer des Gewahrsams. Das Festsetzen einer pauschalen Höchstfrist lasse für den Normanwender den Rückschluß zu, „es handele sich im Hinblick auf die zu schützenden Gemeinwohlinteressen um Eingriffsbefugnisse mit jeweils gleichem Gewicht“[623] und damit durchweg um Sachverhalte, bei denen sich im einzelnen Anwendungsfall ein mehrtägiger Gewahrsam als er-

---

618 So im Ergebnis auch der SächsVerfGH, Urt.v. 14.5.1996, Vf. 44 - II - 94, Bl. 37.

619 BayVerfGH BayVBl. 1990, 658.

620 Urt. v. 14.5.1996, Vf. 44 - II - 94, Bl. 39 ff.; s. auch Denninger in: Paeffgen/Schumer, Das Sächsische Polizeigesetz vor dem Verfassungsgerichtshof des Freistaates Sachsen, S. 73 f.

621 Vgl. auch die Reaktionen der Presse: FAZ v. 14.5.1996 u. SZ v. 14.5.1996.

622 SächsVerfGH, Urt. v. 14.5.1996, Vf. 44 - II - 94, Bl. 38; s. auch Denninger in: Paeffgen/Schumer, Das Sächsische Polizeigesetz vor dem Verfassungsgerichtshof des Freistaates Sachsen, S. 74.

623 SächsVerfGH, Urt. v. 14.5.1996, Vf. 44 - II - 94, Bl. 38; s. auch Denninger in: Paeffgen/Schumer, Das Sächsische Polizeigesetz vor dem Verfassungsgerichtshof des Freistaates Sachsen, S. 73 f., 79.

forderlich oder angemessen erweisen könnte. Unter Berücksichtigung der unterschiedlichen Voraussetzungen sowie Schutzzwecke der einzelnen Tatbestände sei das aber gerade nicht der Fall. So seien keine Fälle bekannt geworden, in denen die Ingewahrsamnahme bis zu 14 Tagen zum Schutz einer Person erforderlich geworden wäre.[624] Das Gleiche gelte auch für die Identitätsfeststellung. Fast alle Bundesländer begrenzen den Gewahrsam zur Identitätsfeststellung auf wenige Stunden, allenfalls auf das Ende des der Ingewahrsamnahme folgenden Tages.[625] Auch aus Bayern und Baden-Württemberg, welche allgemein die Höchstfrist auf 14 Tage bestimmt haben, seien keine Fälle bekannt, in denen je ein 14-tägiger Identitätsgewahrsam erforderlich geworden wäre.[626] Es sei also nicht ersichtlich, daß die Polizei ohne diesen Zeitraum ihre Aufgabe des Schutzes der öffentlichen Sicherheit nicht erfüllen könne. Im Bereich des Gewahrsams zur Durchsetzung eines Platzverweises stellte der SächsVerfGH[627] fest, daß sich bereits aus dem Charakter des Platzverweises als eine vorübergehende Sicherung eines Ortes ein normativer Widerspruch zu der gesetzlichen Höchstfrist von 14 Tagen ergebe. Auch werde die Höchstfrist von 14 Tagen zur Durchsetzung dieser Maßnahme deshalb nicht dem Maßstab der Erforderlichkeit gerecht, weil die totale Freiheitsentziehung durch Gewahrsam grundsätzlich weit über den engen Zweck der Freiheitsbeschränkung durch den auf einen bestimmten Ort eingegrenzten Platzverweis hinaus wirke.[628]

In Konsequenz dieser Urteilsbegründung hätte der SächsVerfGH auch für den Präventiv-/bzw. Unterbindungsgewahrsams die Höchstfrist von 14 Tagen für verfassungswidrig erklären müssen.[629] Zum einen ergibt sich aus dem Charakter einer „unmittelbar bevorstehenden erheblichen Störung“ lediglich eine vorübergehende Ingewahrsamnahme und somit ein Widerspruch zu der in Sachsen geltenden Höchstfrist von 14 Tagen. Das Tatbestandsmerkmal der „unmittelbar bevorstehenden erheblichen Störung“ beschränkt die Ingewahrsamnahme auf Fälle der Vorbeugung oder Unterbindung einer unmittelbar anstehenden, aber nur kurzfristigen Störung der öffentlichen Sicherheit. Im Hinblick auf den dritten, vierten oder gar zehnten Tag des in dieser Dauer anzuordnenden Gewahrsams läßt sich

624 SächsVerfGH, Urt. v. 14.5.1996, Vf. 44 - II - 94, Bl. 39 f.

625 Vgl. § 33 Abs. 2 ASOG; § 18 Abs. 2 bremPolG; § 13 c Abs. 2 hmbSOG; § 35 Abs. 2 HSOG; § 21 S. 2 NGefAG; § 16 Abs. 2 SaarlPolG; § 40 Abs. 2 SOG LSA; § 176 d Abs. 3 schlhLVwG.

626 SächsVerfGH, Urt.v. 14.5.1996, Vf. 44 - II - 94, Bl. 41.

627 SächsVerfGH, Urt.v. 14.5.1996, Vf. 44 - II - 94, Bl. 41.

628 SächsVerfGH, Urt.v. 14.5.1996, Vf. 44 - II - 94, Bl. 41.

629 Die in § 22 Abs. 2 und 3 SächsPolG normierten Fälle der Ingewahrsamnahme zur Zuführung Minderjähriger und Rückführung Entwichener waren nicht Gegenstand dieses Normenkontrollverfahrens.

zum Zeitpunkt der Festnahme kaum noch von einer akuten Gefahrenlage sprechen.[630] Der Störer ist auch in diesen Fällen nach einer kurzfristigen Ingewahrsamnahme wieder freizulassen.[631] Sollte es dann zu strafbaren Handlungen des Betroffenen kommen, sind diese mit den Mitteln des Strafverfahrensrechts polizeilich zu verfolgen; eine erneute polizeigesetzliche Ingewahrsamnahme ist dagegen in diesem Fall nicht zulässig.

Zum anderen haben die zu dem Verfahren vor dem SächsVerfGH geladenen Polizeiexperten übereinstimmend verneint, daß in den Ländern, die eine derart lange Internierungsmöglichkeit eröffnen, je ein derartiger Zeitraum in Anspruch genommen worden ist.[632] Aufgrund des umfangreichen taktischen Instrumentariums der Polizei, wie beispielsweise der Beobachtung potentieller Gewalttäter an Treffpunkten, der Ermittlung von Personalien potentieller Gewalttäter anhand von KFZ-Kennzeichen, der Identitätsfeststellung anreisender Teilnehmer, der Einsatz technischer Hilfsmittel, der Durchsuchung von Personen sowie Aufenthalts- und Zugangsverbote bewegten sich die mit einem in der Regel angekündigten Ereignis (z.B. „Heß-Geburtstag") erforderlichen Ingewahrsamnahmen in über 90% der Fälle in einem Zeitraum bis zu 24 Stunden. In den übrigen Fälle seien nicht mehr als 48 Stunden erforderlich gewesen und lediglich bei einer verschwindend geringen Anzahl aller Ingewahrsamnahmen sei es zu drei bis vier Tagen Polizeigewahrsam gekommen.[633]

Ein ähnliches Ergebnis hat die im Rahmen dieser Arbeit durchgeführte empirische Erhebung bei Polizeibehörden und Amtsgerichten ergeben. Demnach konnte, bis auf eine Ausnahme in Thüringen[634], keiner der befragten Polizei- bzw. Justizexperten einen Fall nennen, der eine bis zu 14-tägige Ingewahrsamnahme aufgrund polizeigesetzlicher Vorschriften erforderlich gemacht hätte.[635] Auch bestätigten die befragten Polizeiexperten, daß sich in ihrer polizeilichen

---

630 Vgl. auch Rachor in: Lisken/Denninger, HdbdPolR, F 341.

631 A.A. z.B. der Polizeiexperte aus Berlin anläßlich der Anhörung vor dem Sächsischen Verfassungsgerichtshofs am 12. und 13. Oktober 1995. Im Ergebnis auch der SächsVerfGH, Urt. v. 14.5.1996, Vf. 44 - II - 94, Bl. 37: Eine Störung der öffentlichen Sicherheit könne über viele Tage unmittelbar bevorstehen, wenn sie nur durch die Ingewahrsamnahme des Störers verhindert werden kann und mit dessen Freilassung sofort eine erneute Störung der öffentlichen Sicherheit zu erwarten wäre.

632 Vgl. das Protokoll über die Anhörung vom 12.10.1995 vor dem SächsVerfGH.

633 Aussage des Polizeiexperten aus Schleswig-Holstein anläßlich der mündlichen Anhörung vor dem SächsVerfGH am 12.10.1995.

634 Ein Fall einer zehn-tägigen Ingewahrsamnahme in dem Zeitraum 1.7.1995 - 30.6.1996, allerdings ohne Angabe der Hintergründe, vgl. 2. Kapitel, B III b.

635 Vgl. auch die Ausführungen im 2. Kapitel unter B IV und C IV.

Praxis zur Durchführung oder Durchsetzung der polizeilichen Maßnahmen ein Polizeigewahrsam von wenigen Stunden[636] als ausreichend erwiesen habe.[637]

Schon der BayVerfGH[638] merkte in seiner Entscheidung über die einstweilige Anordnung gegen die Neuregelung des Bayerischen Polizeirechts an, daß ausweislich der Stellungnahme der Bayerischen Staatsregierung der längerfristige Polizeigewahrsam in sechs der acht Gewahrsamsformen ohne praktische Bedeutung sei.[639] Es sei daher nicht damit zu rechnen, daß die Richter in diesen Fällen die Höchstdauer von 14 Tagen zulassen werden.[640]

In Konsequenz dieser allseits vertretenen Einschätzung, daß sich in der polizeilichen Praxis für alle Varianten polizeilicher Ingewahrsamnahmen ein Stundenansatz von max. 24 bis 48 Stunden als ausreichend zur Bewältigung polizeilicher Aufgaben erwiesen hat, sind Fristenregelungen bis zu 14 Tagen nicht erforderlich und demzufolge wegen Verstoßes gegen das Übermaßverbot verfassungswidrig.

*dd) Angemessenheit -Verhältnismäßigkeit im engeren Sinne-*[641]

Die Prüfung der Verhältnismäßigkeit im engeren Sinne erfordert eine entsprechende Abwägung: Die polizeigesetzlichen Höchstfristenregelungen sind dann nicht mehr angemessen, wenn sie bei Abwägung des zu schützenden Gemeinwohlinteresses mit der möglichen Dauer der Freiheitsentziehung das Maß der von dem Eingriff ausgehenden Belastung des einzelnen außer Verhältnis zur Bedeutung der Sache und den von ihm hinzunehmenden Einbußen stellten.[642] Der SächsVerfG[643] hebt im Rahmen dieser Abwägung die Bedeutung des Grundrechts auf Freiheit hervor und unterstreicht die daraus resultierenden hohen An-

---

636 Nach der Aussage aus Nürnberg sogar nur max. 6 Stunden, vgl. 2. Kapitel B III a).

637 Im Bereich des Präventiv-/bzw. Unterbindungsgewahrsams hielt lediglich der Bearbeiter aus Frankfurt/Oder einen Zeitraum von über 24 Stunden für erforderlich; vgl. 2. Kapitel B III a), IV.

638 BayVerfGH NVwZ 1989, 856 f.: Abweisung des Antrages auf Erlaß einer einstweiligen Anordnung gegen die Neuregelung des Bayerischen Polizeirechts 1989.

639 Ebenso Berner/Köhler, BayPAG, Art. 20 Rz. 6 unter Bezug auf die Erfahrungswerte der polizeilichen Praxis in Baden-Württemberg, sowie Bremen und Hamburg.

640 BayVerfGH NVwZ 1989, 856, 857; wiederum eine Einschätzung, die sich als unzutreffend herausstellte, vgl. BayVerfGH BayVBl. 1990, 654, 658.

641 Zur Vollständigkeit der Argumentation wird nachfolgend auch auf die Angemessenheit der entsprechenden polizeigesetzlichen Regelungen eingegangen.

642 Vgl. BVerfGE 80, 297, 312 m.w.N.

643 SächsVerfGH, Urt. v. 14.5.1996, Vf. 44 - II - 94, Bl. 42.

forderungen an die Bewertung der Störung, die mit der Ingewahrsamnahme abgewendet werden soll. Doch gewichtet er im Ergebnis den Schutz der Gemeinwohlinteressen höher, als die von dem Eingriff ausgehenden Belastungen für den einzelnen und bejaht die Angemessenheit eines bis zu 14 Tagen andauernden Präventiv- bzw. Unterbindungsgewahrsams. Er begründet seine Entscheidung u.a. mit einem in der Zukunft möglicherweise auftretenden Einzelfall, dem nur mit dem Mittel des Gewahrsams unter Ausschöpfung der gesetzlichen Höchstfrist begegnet werden könne.[644] Dieser Auffassung kann nicht gefolgt werden. Die gesamte Rechtsordnung ist von der Wertung durchdrungen, daß nur begangenes und bewiesenes Unrecht eine repressive Freiheitsentziehung rechtfertigen kann. Freiheit als körperliche Bewegungsfreiheit gehört zu den elementaren Bedingungen der physischen menschlichen Existenz und ihre rechtswidrige Verletzung ist im strengen Sinne nicht reparabel, auch nicht durch eine mögliche Geldentschädigung.[645] Dieser Bedeutung des Grundrechts auf Freiheit werden die polizeigesetzliche Regelung, die eine derart lange Ingewahrsamnahme eröffnen (bis zu 14 Tagen) nicht gerecht.[646] Im Gegensatz zum Bayerischen PAG (Art. 17 i.V.m. Art. 20 Abs. 3 bayPAG) oder dem Thüringischen PAG (§ 19 Abs. 1 Nr. 2 i.V. § 22 Abs. 3 thürPAG), die ebenfalls einen zweiwöchigen bzw. zehntägigen Polizeigewahrsam kennen und für diesen immerhin eine Straftat oder eine Ordnungswidrigkeit von erheblicher Bedeutung für die Allgemeinheit fordern, reicht beispielsweise bei dem Sächsischen Polizeigesetz (§ 22 Abs. 1 Nr. 1 SächsPolG) und dem Baden-Württembergischen Polizeigesetz (§ 28 Abs. 1 Nr. 2 bwPolG) für eine Ingewahrsamnahme, im Höchstfall bis zu zwei Wochen, u.U. nur eine „erhebliche Störung der öffentlichen Sicherheit" aus. Es muß also nicht einmal eine strafbare Handlung gegeben sein.[647] Das bedeutet, daß je nach Auslegung die Gefahr der Zertrümmerung einer teuren Fensterscheibe oder auch nur das nicht strafbare unbotmäßige Verhalten eines Demonstranten gemäß den Tatbeständen des § 29 VersammlG für einen 14-tägigen Polizeigewahrsam ausreichend sein kann.[648] Der zu erwartende Einwand, daß dies lebensfremde Spekulationen

644 SächsVerfGH, Urt. v. 14.5.1996, Vf. 44 - II - 94, Bl. 42.

645 So spricht auch das BVerfG (E 22, 180, 219) von einem „hohen Rechtsgut", das nur „aus besonders wichtigen Gründen" eingeschränkt werden dürfe und hebt das „besondere Gewicht" dieses Grundrechts hervor, vgl. BVerfGE 65, 317, 322; s. auch Denninger in: Paeffgen/Schumer, Das Sächsische Polizeigesetz vor dem Verfassungsgerichtshof des Freistaates Sachsen, S. 76.

646 Ebenso Blankenagel DÖV 1989, 695 f.; Jahn DVBl. 1989, 1044; a.A. Knemeyer NVwZ 1990, 141; Schmitt-Glaeser BayVBl. 1989, 135.

647 Vgl. Denninger in: Paeffgen/Schumer, Das Sächsische Polizeigesetz vor dem Verfassungsgerichtshof des Freistaates Sachsen, S. 76.

648 Vgl. Denninger in: Paeffgen/Schumer, Das Sächsische Polizeigesetz vor dem Verfassungsgerichtshof des Freistaates Sachsen, S. 77.

seien, geht fehl, weil nie auszuschließen ist, daß der zu entscheidende Richter nicht einmal der Auffassung sein könnte, daß ein zweiwöchiger Gewahrsam ein „gutes Mittel“ zur „Abschreckung“ künftiger „gewaltbereiter“ Störer sein könnte.[649] Entscheidend ist, daß es aus Gründen rechtssichernden Grundrechtsschutzes und der Wahrung der Gewaltenteilung nicht zulässig ist, daß sich der Gesetzgeber mit der Setzung eines weiten und womöglich auch noch vagen Rahmens begnügt, dessen Ausfüllung er der Exekutive und der Judikative überläßt. Wenn die Freiheit des Einzelnen begrenzt wird, muß der Gesetzgeber entscheiden, wann und in welchem Umfang belastende Eingriffe erfolgen dürfen.[650] Der Vorwurf, der die Gesetzgeber polizeigesetzlicher Regelungen, die einen bis zu 14 Tagen andauernden Polizeigewahrsam vorsehen, trifft, ist nicht der, daß sie sich unklar und zweideutig ausgedrückt haben, sondern daß sie fehlerhafte Rechtsgüterwertungen zugrunde gelegt haben, eben solche, die das Angemessenheitsgebot verletzen.[651] Dem polizeilichen Rechtsgüterschutz ist durch einen bis zu 48 - Stunden andauernden, richterlich angeordneten Polizeigewahrsam umfassend Rechnung getragen.[652] Daß Fälle „denkbar“ sind, bei denen eine über den Ablauf des folgenden Tages hinausgehende Polizeihaft notwendig sein könnte, genügt nicht, um „Rahmenvollmacht für alle Fälle“[653] zu erteilen. Gerade die Prognosefähigkeit der Polizei wird von den Polizeipraktikern selbstkritisch als der „neuralgische Punkt polizeilicher Einsatzüberlegungen“[654] betrachtet. Vieles ist eher Spekulation als wirklich fachlich fundierte und rechtsstaatlich vertretbare Analyse.[655]

Im Ergebnis ist somit auch die Angemessenheit eines bis zu 14 Tagen andauernden Polizeigewahrsams zu verneinen.

---

649 Vgl. Denninger in: Paeffgen/Schumer, Das Sächsische Polizeigesetz vor dem Verfassungsgerichtshof des Freistaates Sachsen, S. 77.

650 So Benda in: Benda/Maihofer/Vogel, Handbuch des Verfassungsrechts, § 17, Der soziale Rechtsstaat, Rdnr. 34. Benda gibt damit den anerkannten Stand des deutschen Verfassungsrechts wieder. Ebenso mit dem Zitat, a.a.O., Rdnr. 35: „ Je gewichtiger die Folgen eines Verwaltungshandelns für den Bürger sind, um so strenger werden die Anforderungen sein, die an die Bestimmtheit des Gesetzes zu stellen sind.“

651 Zutreffend Denninger in: Paeffgen/Schumer, Das Sächsische Polizeigesetz vor dem Verfassungsgerichtshof des Freistaates Sachsen, S. 79.

652 Vgl. 2. Kapitel B III, C III.

653 Lisken ZRP 1996, 334.

654 Aussage des Polizeiexperten aus Kiel anläßlich der mündlichen Anhörung vor dem SächsVerfGH am 12.10.1995.

655 So z.B. die Aussage des Polizeiexperten aus Berlin anläßlich der Anhörung vor dem SächsVerfGH am 12.10.1995, der davon sprach, daß „in Zukunft eher eine Ausweitung von sicherheitsgefährdenden Ausschreitungen und Aktionen zu erwarten sein dürfte“.

*ee) Ergebnis zum Übermaßverbot*

Zusammenfassend ist festzuhalten, daß die Ingewahrsamnahme zur Abwendung einer „bereits eingetretenen" erheblichen Störung nicht geeignet ist, den gewünschten Erfolg (Effektivität der Gefahrenabwehr) zu fördern, weil es sich hierbei nur um Fälle der Strafverfolgung und nicht der Gefahrenabwehr handeln kann.

Zudem verstößt ein mehrtägiger, richterlich angeordneter Polizeigewahrsam zur Verhinderung einer „unmittelbar bevorstehenden" Störung gemessen am Maßstab der Geeignetheit gegen das Übermaßverbot, weil darunter immer nur Fälle einer kurzfristigen, über wenige Stunden andauernde Störung zu verstehen sind.

Darüber hinaus sind die polizeigesetzlichen Regelungen, die einen die 48-Stunden übersteigenden, richterlich angeordneten Polizeigewahrsam vorsehen[656], verfassungswidrig, weil sie weder erforderlich noch angemessen sind. Längerfristige Freiheitsentziehungen sind in speziellen Gesetzen und unter besonderen Voraussetzungen zu regeln, nicht im allgemeinen Polizeirecht. [657]

*d) Abschließende Stellungnahme zur Frage der Höchstdauer des richterlich angeordneten Polizeigewahrsams*

Eine präventive Freiheitsentziehung muß eine strenge Ausnahmeerscheinung bleiben und darf auch bei richterlicher Anordnung nicht die in Art. 104 Abs. 2 S. 3 GG normierte 48-Stunde-Grenze überschreiten. Bereits aus der situativ wie temporär eng umgrenzten Gestalt einer polizeilichen Lage[658] sowie der Entstehungsgeschichte des Art. 104 GG folgt die Kurzfristigkeit des Polizeigewahrsams.[659] Zum einen sind die Indizien bei einem Eilfall[660] und die damit verbundenen Erkenntnismöglichkeiten für das Vorliegen einer möglicherweise langandauernden Gefahrenlage nur sehr gering. In allen Fällen, in denen Polizeigewahrsam zulässig ist, ist aufgrund der verfassungsrechtlichen Verfahrensgarantien bei

656 § 22 Abs. 3 S. 3 bwPolG; Art. 20 Nr. 3 bayPAG; § 22 Abs. S. 3 SächsPolG. § 22 Nr. 3 thürPAG; 20 Abs. 1 Nr. 3 S. 3 bdgPolG; § 21 Nr. 3 NGefAG; § 40 Abs. 1 Nr. 3 SOG LSA.

657 Vgl. auch Blankenagel DÖV 1989, 694; Lisken ZRP 1996, 334; Rachor in: Lisken/Denninger, HdbdPolR, F 341.

658 Rachor in: Lisken/Denninger, HdbdPolR, F 341.

659 Vgl. Blankennagel DÖV 1989, 692; Rachor in: Lisken/Denninger, HdbdPolR, F 341.

660 Nur in diesen Fällen ist die polizeiliche Anordnung der Ingewahrsamnahme möglich, vgl. 3. Kapitel C I.

Freiheitsentziehungen keine Zeit für intensive Ermittlungen gegeben. Der Richter, dessen Entscheidung über die Ingewahrsamnahme unverzüglich herbeizuführen ist, kann seiner Entscheidung nur die Fakten und Erkenntnisse zugrunde legen, die die Polizei bis zu diesem Zeitpunkt gewinnen konnte. Das Mitführen von bestimmten Gegenständen kann u.U. den Schluß zulassen, daß zur Abwehr einer unmittelbar bevorstehenden Begehung einer Straftat ein kurzfristiger Polizeigewahrsam erforderlich ist, doch für eine Prognose über einen bis zu zwei Wochen andauernden Gewahrsam reichen diese Indiztatsachen nicht aus.[661] Zum anderen ist den Beratungen des Parlamentarischen Rates zu Art. 104 Abs. 2 GG zu entnehmen, daß man nicht an den polizeilichen Gewahrsam zur Verhinderung einer Straftat oder gar zur Verbrechensbekämpfung[662] dachte, sondern nur allgemein an die Variante des fürsorgerischen Schutzgewahrsams, etwa bei Geistesgestörtheit oder Trunkenheit.[663] In diesem Zusammenhang ging man selbstverständlich davon aus, daß die richterliche Entscheidung über die Verlängerung der Freiheitsentziehung nicht auf der Grundlage eines Polizeigesetzes erfolgen würde, sondern auf der Grundlage eines „anderen" Gesetzes[664]. Diese Vorstellung des Parlamentarischen Rates entspricht der in vielen Bundesländern herrschenden Rechtslage.[665]

Zudem wollte der Grundgesetzgeber mit der Normierung des Art. 104 Abs. 2 S. 3 GG unter keinen Umständen die polizeiliche „Schutzhaft" der NS-Zeit wieder aufleben lassen.[666] Auch dies gibt Hinweise auf die grundgesetzliche Bewertung des polizeilichen Präventiv-/bzw. Unterbindungsgewahrsams. Unter „Schutzhaft" verstand man während der NS-Zeit nicht nur die willkürliche Einsperrung Andersdenkender aufgrund polizeilicher Anordnung, sondern auch die Ingewahrsamnahme zur Verhinderung der Begehung beliebiger strafbarer Handlungen.[667] Die sehr präzisen und engen Vorstellungen des Parlamentarischen Ra-

---

661 Rachor in: Lisken/Denninger, HdbdPolR, F 341.

662 So aber Berner/Köhler, BayPAG, Art. 20 Rz. 6 a.E. und Schmitt-Glaeser BayVBl. 1989, 129, die eine Ausdehnung des Polizeigewahrsams zur Bekämpfung verzweigter Bandenkriminalität, des organisierten Verbrechens und der international operierenden Kriminalität für dienlich halten.

663 Vgl. Blankenagel DÖV 1989, 692.

664 Vgl. auch die 25. Sitzung des Hauptausschusses des Parlamentarischen Rates, Stenographischen Protokolle, S. 158 f., 297 f.: Das Voraussetzen einer anderen gesetzlichen Grundlage ist besonders deutlich bei den Abgeordneten Wagner und Becker.

665 Vgl. § 33 Abs. 1 Nr. 3 ASOG; § 23 Abs. 1 Nr. 3 bdgPolG; § 13 c Abs. 1 Nr. 3 hmbSOG; § 35 Abs. 1 Nr. 3 HSOG; § 38 Abs. 1 Nr. 3 PolGNW; § 17 Nr. 3 rhpfPOG; § 16 Abs. 1 Nr. 3 SaarlPolG.

666 Vgl. 1. Kapitel D II, III.

667 Vgl. Spohr, Das Recht der Schutzhaft, S. 20 f.

tes bezüglich der präventiven Freiheitsentziehung lassen somit den Rückschluß zu, daß ein die Grenze des Art. 104 Abs. 2 S. 3 GG übersteigender Polizeigewahrsam auf jeden Fall nicht vorgesehen war, sondern auch bei richterlicher Anordnung immer nur kurzfristig sein sollte.[668] Nur in diesem Fall ist auch eine Kollision mit den bundesrechtlichen Regelungen der §§ 112 ff StPO vermeidbar.[669]

Es fragt sich somit, warum der Gesetzgeber und nunmehr auch die Gerichte sich diese Option für den eventuell zukünftig auftretenden Einzelfall[670] offenhalten wollen, obwohl es doch nach ihrer Aussage keine Anwendungsmöglichkeiten gibt. Oder andersherum, warum die Verfassungsgerichte nicht konsequent diesem „Treiben" der Gesetzgeber Einhalt gebieten. Als ein „Schritt in die richtige Richtung" ist die Entscheidung des EGMR[671] zu sehen, daß die Behörden an die gesetzlichen Zeiträume für Freiheitsentziehungen unbedingt gebunden sind. So hat der EGMR einen Verstoß gegen Art. 5 Abs. 1 lit. c EMRK für den Fall bejaht, daß die gesetzliche zwölf-Stunden-Frist für polizeiliches Festhalten zur Feststellung der Identität überschritten wird (hier um 45 Minuten).[672] Unter Bezug auf den Zweck der Vorschrift, daß niemandem willkürlich die Freiheit entzogen werden darf, sind nach Auffassung des EGMR die unter lit. c aufgeführten Ausnahmegründe für eine Freiheitsentziehung restriktiv auszulegen. Eine Verzögerung bei der Freiheitsentziehung sei bisher lediglich in den Fällen anerkannt worden, in denen die Dauer der Freiheitsentziehung nicht vorab gesetzlich festgelegt war und aufgrund einer gerichtlichen Entscheidung endete.[673] So könnten in diesen Fällen praktische Gegebenheiten im Hinblick auf den Geschäftsgang bei den Gerichten und die Erfüllung besonderer Formerfordernisse dazu führen, daß die Vollziehung einer gerichtlichen Entscheidung einige Zeit in Anspruch nimmt.[674] Etwas anderes gelte aber dann, wenn die Höchstdauer der Freiheits-

---

668 Blankennagel DÖV 1989, 692; vgl. auch Azzola-AK-GG, Art. 104 Rz. 36 ff.; Lisken ZRP 1996, 333 sowie die Angaben von Rupprecht, Polizei Lexikon, S. 184: Polizeigewahrsam sei „regelmäßig kurzfristig"; sich für einen kurzfristigen Polizeigewahrsam aussprechend auch Knemeyer NVwZ 1990, 141.

669 Vgl. Ausführungen in diesem Kapitel unter c) 2.

670 Vgl. auch die Stellungnahmen der befragten Polizeipraktiker und Amtsrichter: Obwohl bis auf wenige Ausnahmen kein Fall eines langfristigen Gewahrsams bekannt war, hielt man einheitlich „für die Zukunft" die Möglichkeit eines mehrtägigen, richterlich angeordneten Polizeigewahrsams für erforderlich, vgl. 2. Kapitel B III a), IV, C III a, IV.

671 EGMR EuGRZ 1998, 129 ff.

672 EGMR EuGRZ 1998, 129, 135.

673 EGMR EuGRZ 1998, 129, 135.

674 Vgl. auch EGMR Urteil Quinn ./. Frankreich vom 22. März 1995, Série A, Nr. 311, S. 17, Ziff. 42 und Urteil im Fall Guilia Manzoni, S. 1191, Ziff. 25.

entziehung gesetzlich festgelegt und unbedingt sei.[675] Für diesen Fall betont der EGMR, daß die für die Freiheitsentziehung verantwortlichen Behörden verpflichtet sind, alle nötigen Vorkehrungen zu treffen, um sicherzustellen, daß die zulässige Dauer nicht überschritten wird. Demzufolge stellt die Überschreitung des gesetzlichen Zeitrahmens für eine Freiheitsentziehung einen Verstoß gegen Art. 5 Abs. 1 lit. c EMRK vor.

Es ist die Tendenz zu beobachten, daß zunehmend mehr Polizeigesetze Regelungen für einen mehrtägigen, richterlich angeordneten Polizeigewahrsam enthalten.[676] Das richterliche Zögern resultiert wohl daraus, daß der Verfassungsgeber es versäumt hat, klare Vorgaben über die zulässige Höchstdauer eines richterlich angeordneten Polizeigewahrsams zu geben. Demzufolge richtet sich die Höchstdauer des Polizeigewahrsams weniger nach Verhältnismäßigkeits - und Zweckmäßigkeitserwägungen als nach politischen Einflüssen. Das bedeutet, daß im Zuge der ständig wachsenden Kriminalität der Staat nicht zugeben will und vielleicht auch nicht kann, daß er im Grunde schon vor der „Allmacht des Verbrechens" kapituliert hat und lediglich versucht, das weitere Anwachsen der Kriminalität zu bekämpfen. In dieser Hilflosigkeit reagiert der Staat, indem er die bestehenden Gesetze verschärft. So hat z.B. die Bayerische Landesregierung bei Erweiterung des Polizeigewahrsams und Anhebung der zulässigen Höchstdauer selbst auf den damit verbundenen Gesichtspunkt der Bekämpfung der Bandenkriminalität und der international operierenden Kriminalität hingewiesen.[677] Sie hat demzufolge die präventivpolizeiliche Freiheitsentziehung aus Gründen der Generalprävention verschärft, was nach Entscheidung des Europäischen Gerichtshofs unzulässig ist.[678]

Bei den Polizeigesetzen, die keine Höchstfrist für den richterlich angeordneten Polizeigewahrsam regeln[679], ergibt sich die Höchstdauer aus der entsprechenden Anwendung des Art. 104 Abs. 2 S. 3 GG und kann somit auch bei richterli-

---

675 Im Falle von EGMR EuGRZ 1998, 129 § 163 c StPO: Zwölf Stunden für die Identitätsfeststellung.

676 Im Zuge der Wiedervereinigung und der damit einhergehenden Neuschaffung von Polizeigesetzen überwiegt nunmehr fast die Zahl derjenigen Polizeigesetze, die einen mehrtägigen Polizeigewahrsam vorsehen. So sahen zunächst nur das bayPAG und das bwPolG einen mehrtägigen Polizeigewahrsam vor. Jetzt haben auch die Polizeigesetze in Brandenburg, Sachsen, Sachsen-Anhalt und Thüringen den sonst „mehrheitlichen" 48-stündigen Polizeigewahrsam überschritten.

677 Bay LT-Drs. 11/9078, Vorspruch A, S. 1; vgl. auch Berner/Köhler, BayPAG, Art. 21 Rz. 6.

678 So ausdrücklich der EGMR im Fall „Guzzardi (EuGRZ 1983, 640 Ziff. 102), vgl. Ausführungen in diesem Kapitel unter 4. bb).

679 Vgl. § 18 Abs. 1 bremPolG, § 13 Abs. 1 hmbSOG, § 55 Abs. 1 SOG MV, § 181 Abs. 1 schlhLVwG.

cher Anordnung höchstens 48 Stunden betragen.[680] Denn jenseits aller Bedenken wegen der Unbestimmtheit dieser Regelungen bedeutet eine fristlose Möglichkeit im Lichte der strengen Bindung an das zeitliche Übermaßverbot keinesfalls beliebige Möglichkeiten längerer Ingewahrsamnahmen.[681]

## B. Die Durchführung des Polizeigewahrsams

### *I. Die Behandlung festgehaltener Personen*

#### *a) Die Bekanntgabe des Grundes der Ingewahrsamnahme*

Einheitlich bestimmen alle Polizeigesetze, daß einer festgehaltenen Person „unverzüglich der Grund des Festhaltens bekanntzugeben ist".[682] Der Festgenommene soll dadurch in die Lage versetzt werden, von den ihm zur Verfügung stehenden Rechtsbehelfen - bzw. -mitteln Gebrauch zu machen.[683] Eine „unverzügliche" Bekanntgabe setzt voraus, daß der Betroffene zum frühestmöglichen Zeitpunkt, also schon während der Ingewahrsamnahme und nicht erst beispielsweise auf der Dienststelle oder im Gewahrsamsraum, über den Grund der Maßnahme unterrichtet wird.[684] Die Informationserteilung hat jedoch spätestens im unmittelbaren Anschluß an die Festnahme zu erfolgen, d.h. bei der ersten Vernehmung.[685] „Grund der Maßnahme" ist der tatsächliche Hergang, der die getroffene Maßnahme nach der einschlägigen gesetzlichen Bestimmung rechtfertigt[686], jedoch

680 Vgl. Rachor in: Lisken/Denninger, HdbdPolR, F 343.

681 Wie das manche Äußerungen aus Bayern Glauben machen wollen; vgl. z.B. die Aussage des bayerischen Staatssekretär in ZRP 1989, 287, 290; ähnlich auch Schmitt-Glaeser BayVBl. 1989, 129 f.

682 Vgl. Art. 19 Abs. 1 S. 1 bayPAG; § 56 Abs. 1 SOG MV; § 22 Abs. 4 SächsPolG; § 13 b Abs. 1 hmbSOG; § 16 Abs. 1 rhpfPOG; § 32 Abs. 1 S. 1 ASOG; § 34 Abs. 1 HSOG; § 17 Abs. 1 S. 1 bremPolG; § 15 Abs. 1 S. 1 SaarlPolG; § 21 Abs. 1 thürPAG; § 39 Abs. 1 SOG LSA; § 37 Abs. 1 PolGNW; § 19 Abs. 1 S. 1 bdgPolG; § 205 Abs. 1 schlhLVwG; § 28 Abs. 2 bwPolG; § 20 Abs. 1 S. 1 NGefAG.

683 Vgl. Rachor in: Lisken/Denninger, HdbdPolR, F 327; Berner/Köhler, BayPAG, Art. 19 Rz. 2; Ebert/Honnacker, ThürPAG, § 21 Anm. 2; Meixner, HSOG, § 34 Rz. 1.

684 Vgl. Rachor in: Lisken/Denninger, HdbdPolR, F 327; s. auch Vollzugsbekanntmachung Nr. 19.1 zu Art. 19 bayPAG.

685 So in Übereinstimmung mit der Auslegung zu Art. 5 EMRK, vgl. Bericht der Europäischen Kommission - Beschwerdenummer B 8022/77 - „Mc. Veigh", DR Bd. 25 (seit 1975 - „Decisions and Reports") Ziff. 205; ebenso EGMR EuGRZ 1983, 430.

686 Ebert/Honnacker, ThürPAG, § 21 Anm. 2.

ohne die Mitteilung rechtlicher Einzelheiten.[687] Die Nennung der einschlägigen Rechtsgrundlage ist hierbei nicht vorgeschrieben, jedoch zweckmäßig.[688] Ist der Betroffene nicht in der Lage, die Bekanntgabe aufzunehmen, z.B. weil er betrunken ist oder sich in einem sonstigen Rauschzustand befindet, ist die Bekanntgabe nachzuholen, sobald der Hinderungsgrund weggefallen ist.[689] Für die Form der Bekanntgabe genügt die mündliche Mitteilung, doch empfiehlt sich aus Beweisgründen eine Niederschrift.[690]

### *b) Die Rechtsmittelbelehrung*

#### *1. Die Rechtsmittelbelehrung in den Polizeigesetzen*

Die überwiegende Anzahl von Polizeigesetzen[691] enthält die ausdrückliche Pflicht, die festgehaltene Person auch über die ihr zustehenden Rechtsmittel bzw. -behelfe zu belehren. Der Betroffene ist zum einen darüber zu informieren, ob die Polizei unverzüglich selbst die richterliche Entscheidung herbeiführt oder ob sie wegen der Kurzfristigkeit der Maßnahme hiervon absieht.[692] Ferner ist er darüber zu belehren, daß er selber die richterliche Entscheidung beantragen kann und zwar sowohl während der Dauer der Ingewahrsamnahme[693], als auch nach deren Beendigung nach Maßgabe der jeweiligen Bestimmungen.[694] Die Rechtsmittelbelehrung umfaßt zudem entsprechend § 58 VwGO den Hinweis auf das sachlich und örtlich zuständige Gericht[695] und kann auch die Gegenvorstellung bei der

---

687 Meixner, HSOG, § 34 Rz. 1; Meixner/Martell, SOG LSA, § 39 Rz. 1; vgl. auch Vollzugsbekanntmachung 19.1 zu Art. 19 bay PAG.

688 Ebert/Honnacker, ThürPAG, § 21 Anm. 2; a.A. Rachor in: Lisken/Denninger, HdbdPolR, F 327, der ausnahmslos die Mitteilung aller einschlägigen Rechtsgrundlagen fordert .

689 Meixner, HSOG, § 34 Rz 1.

690 Berner/Köhler, BayPAG, Art. 19 Rz. 2.

691 § 56 Abs. 1 PolG MV; § 22 Abs. 4 SächsPolG; § 32 Abs. 1 S. 2 ASOG; § 17 Abs. 1 S. 2 bremPolG; § 15 Abs. 1 S. 2 SaarlPolG; § 19 Abs. 1 S. 2 bdgPolG; § 205 Abs. 1 schlhLVwG; § 28 Abs. 2 bwPolG; § 20 Abs. 1 S. 2 NGefAG; Art. 19 Abs. 1 S. 1 bayPAG.

692 Berner/Köhler, BayPAG, Art. 19 Rz. 3; s. hierzu auch die Ausführungen im 3. Kapitel unter C I b).

693 Berner/Köhler, BayPAG, Art. 19 Rz. 3 unter Verweis auf Art. 19 Abs. 4 GG; Belz, SächsPolG, § 22 Rz. 15; Reiff/Wöhrle/Wolf, BWPolG, § 28 Rz. 26; Mandelartz/ Sauer/Strube, SaarlPolG, § 15 Rz 6; vgl. auch die amtlichen Erläuterungen zu § 32 ASOG unter Ziff. II (Stand 1/96) sowie zu § 20 NGefAG unter Ziff. 3.1(Stand 5/95).

694 So z.B. in Berlin (§ 31 Abs. 2 ASOG) oder Bayern (Art. 18 Abs. 2 S. 1 bayPAG).

695 Vgl. Berner/Köhler, BayPAG, Art. 19 Rz. 3.

Behörde und die Aufsichtsbeschwerde beinhalten.[696] Ebenso wie bei der Bekanntgabe des Grundes ist auch bei der Rechtsmittelbelehrung keine Schriftform vorgesehen; doch wird auch hier eine Niederschrift mit Gegenzeichnung des Betroffenen aus Beweisgründen für zweckmäßig erachtet.[697]

Entsprechend dem einheitlichen Wortlaut der polizeigesetzlichen Bestimmungen („ist zu belehren"), ist die Unterrichtungspflicht für die Polizei zwingend.[698] Bei Nichtbeachtung wird die Freiheitsentziehung nicht rechtswidrig[699], jedoch kann dadurch eine Amtspflichtverletzung gem. Art. 34 GG i.V.m. § 839 BGB begründet sein. [700]

## 2. *Die allgemeine Belehrungspflicht*

Einige Polizeigesetze enthalten keine ausdrückliche Pflicht über eine Rechtsmittelbelehrung des Betroffenen.[701] Teilweise[702] wird vertreten, daß mangels einer entsprechenden polizeigesetzlichen Normierung keine Belehrungspflicht bestehe, sondern lediglich im Einzelfall eine entsprechende Auskunft erteilt werden sollte; so z.B., wenn der Betroffene nach den Rechtsmittelmöglichkeiten fragt.[703] Dieser Auffassung ist jedoch entgegenzuhalten, daß auch der Polizei eine Betreuungs- und Fürsorgepflicht gegenüber dem Festgenommenen obliegt, die ihre Grundlage im Rechtsstaatsprinzip findet.[704] Sie soll die Waffengleichheit im Verfahren sichern. § 25 VwVfG, der die Beratung und Auskunftserteilung der Behörde gebietet, ist eine Ausprägung dieser Pflichten und schließt die Informationserteilung auch über die den Beteiligten am Verwaltungsverfahren zustehenden Rechte nicht aus.[705] Eine solche Rechtsbehelfsbelehrung würde in jedem Fall den polizeilichen Hinweis umfassen, daß eine Freiheitsentziehung nur durch den Richter angeord-

---

696 Vgl. Reiff/Wöhrle/Wolf, BWPolG, § 28 Rz. 26; dies ausdrücklich verneinend Berner/Köhler, BayPAG, Art. 19 Rz. 3, weil schon aus dem Wortlaut des Art. 19 bayPAG „Rechtsmittelbelehrung" hervorgehe, daß sich die Belehrung nicht auf solche formlosen Rechtsbehelfe erstrecke; ebenso für das Saarland Mandelartz/Sauer/Strube, SaarlPolG, § 15 Rz 8.

697 Berner/Köhler, BayPAG, Art. 19 Rz. 3.

698 Vgl. hierzu Meixner, HSOG; § 33 Rz. 7.

699 So BVerwG NJW 1974, 811.

700 Vgl. BVerwG NJW 1974, 811; Mandelartz/ Sauer/Strube, SaarlPolG, § 15 Rz. 9.

701 So in den Polizeigesetzen von Hamburg, Rheinland-Pfalz, Hessen, Thüringen, Sachsen-Anhalt und Nordrhein-Westfalen.

702 So Ebert/Honnacker, ThürPAG, § 21 Anm. 3; vgl. auch Meixner/Martell, SOG LSA, § 39 Rz. 4.

703 So Ebert/Honnacker, ThürPAG, § 21 Anm. 3.

704 Roos, RhPfPOG, § 15 Rz. 20; a.A. Kopp, VwGO, § 59 Rz. 1.

705 Rachor in: Lisken/Denninger, HdbdPolR, F 329.

net werden darf. Verzichtet werden könnte lediglich auf die Auskunft, daß der Betroffene von sich aus eine richterliche Entscheidung beantragen kann.[706] Denn eine Entscheidung nach Art. 104 Abs. 2 GG über die Zulässigkeit und Fortdauer der Freiheitsentziehung hat konstitutiven Charakter und ist kein Rechtsbehelf.[707]

Im Ergebnis darf somit auch in den Polizeigesetzen, die eine Rechtsmittelbelehrung nicht ausdrücklich normieren, auf eine entsprechende Auskunftserteilung nicht verzichtet werden.[708]

### 3. *Die Belehrungspflicht über das Aussageverweigerungsrecht*

Zur Aussage verpflichtet sind Störer, wie z.B. randalierende Demonstranten oder Hooligans und, unter den Voraussetzungen des polizeilichen Notstandes, auch Nichtstörer.[709] Die Auskunftsverpflichtung des polizeilich Verantwortlichen besteht aber nicht ausnahmslos. Er kann in entsprechender Anwendung des § 55 StPO die Auskunft auf solche Fragen verweigern, deren Beantwortung ihm selbst oder einem der in § 52 Abs. 1 StPO bezeichneten Angehörigen die Gefahr zuziehen würde, wegen einer Straftat oder einer Ordnungswidrigkeit verfolgt zu werden. Ein Auskunftsverweigerungsrecht haben auch z.B. Geistliche, Ärzte und Rechtsanwälte (§§ 53, 53 a StPO) nach Maßgabe dieser Vorschriften.[710] Diese Auskunftsverweigerungsrechte haben im Bereich des Polizeirechts die meisten Länder ausdrücklich, wenn auch nicht alle im gleichen Umfang, normiert.[711] Als Ausdruck des allgemeinen Verfassungsgrundsatzes, wonach niemand sich selbst belasten muß[712], bestehen Aussageverweigerungsrechte ausdrücklich auch in den übrigen Ländern.[713]

---

706 Vgl. auch Roos, RhPfPOG, § 15 Rz. 20. Auf eine entsprechende Frage des Betroffenen ist ihm aber auch diese Information zu erteilen.

707 Rachor in: Lisken/Denninger, HdbdPolR , F 329.

708 Rachor in: Lisken/Denninger, HdbdPolR , F 329; Roos, RhPfPOG, § 15 Rz. 20.

709 So die Regelungen von § 12 Abs. 2 HSOG, § 12 Abs. 3 NGefAG und § 14 Abs. 2 SOG LSA. Weitergehend § 28 Abs. 2 SOG MV und § 180 Abs. 2 schlhLVwG: Nach diesen Vorschriften ist jeder, an den die Polizei Fragen stellen darf, auch zur Auskunft verpflichtet, mit Ausnahme seiner eigenen Personalien. Diese muß er nur preisgeben zur Abwehr einer „im einzelnen Fall bevorstehenden Gefahr".

710 Darüber hinaus sind Auskunftsverweigerungsrechte beispielsweise noch in § 46 Abs. 6 GWB, § 116 Abs. 3 BSHG, § 73 Abs. 6 TierSG, § 17 Abs. 3 HandwO, § 46 Abs. 1 WaffG normiert.

711 § 18 Abs. 6 ASOG; § 3 Abs. 3 HmbDatenVPolG; § 12 Abs. 2 S. 2 HSOG; § 28 Abs. 2 S. 2 SOG MV; § 12 Abs. 5 NGefAG; § 25a rhpfPOG; § 11 Abs. 1 S. 4 und 5 SaarlPolG; § 18 Abs. 6 S. 2 SächsPolG; § 14 Abs. 2 SOG LSA; § 180 Abs. 2 S. 3 schlhLVwG.

712 BVerfGE 56, 37, 50 f.

713 Vgl. Rachor in: Lisken/Denninger, HdbdPolR, F 177.

Über das Recht zur Aussageverweigerung ist der Betroffene vor der Befragung zu belehren.[714] Dabei ist zu beachten, daß der Festgehaltene trotz der Freiwilligkeit von Auskünften zur Sache in jedem Fall zur Aussage zu seiner Person verpflichtet bleibt.[715] Die Verweigerung der Personalien würde regelmäßig einen bußgeldbewehrten Verstoß (§ 111 OWiG) begründen.

In Berlin wird in Anlehnung an § 18 Abs. 5 ASOG[716] die Belehrungspflicht über das Aussageverweigerungsrecht dann eingeschränkt, wenn anderenfalls die Erfüllung der polizeilichen Aufgabe erheblich erschwert oder gefährdet würde (z.B. mögliche Mittäterschaft).[717] Die polizeirechtlichen Bestimmungen in Bremen gehen noch einen Schritt weiter: Wenn nach Lage des Einzelfalls eine bestimmte Aussage des Festgehaltenen zur Abwendung einer konkreten Gefahr erforderlich erscheint, kann er zu einer Auskunft verpflichtet werden[718] (z.B. wenn seine Komplizen die gemeinsam geplanten Gewaltaktionen fortsetzen wollen). Ähnlich bestimmen die Polizeigesetze von Hessen[719], Mecklenburg-Vorpommern[720], Niedersachsen[721] und Schleswig-Holstein[722], daß in persönlichen Konfliktlagen das grundsätzlich bestehende Aussageverweigerungsrecht zurückgenommen wird; von der entsprechenden Belehrungspflicht darf in diesen Fällen abgesehen werden.[723] Danach müssen auch strafrechtlich relevante Sachverhalte offenbart werden, wenn dies für die Abwehr einer Gefahr für Leib, Leben oder Freiheit einer Person erforderlich ist.[724]

Eine solche Offenbarungspflicht ist nicht von vornherein unzulässig.[725] Der Schutz der Selbstbelastung gilt uneingeschränkt nur im Strafverfahren. Er gilt nicht in gleicher Weise für Personen, die „aus besonderen Gründen rechtsgeschäftlich oder gesetzlich verpflichtet sind, einem anderen oder einer Behörde die

---

714 So ausdrücklich Art. 19 Abs. 1 S. 2 bayPAG, § 32 Abs. 1 S. 3 ASOG, § 17 Abs. 1 S. 2 bremPolG; § 55 Abs. 2 StPO analog; vgl. auch Meixner, HSOG, § 12 Rz. 11.

715 Berner/Köhler, BayPAG, Art. 19 Rz. 3; amtl. Erläuterungen zu § 32 ASOG, III; amtl. Ausführungsvorschriften zu § 17 bremPolG Ziff. 2.

716 Belehrungspflicht bei der behördlichen Informationsbeschaffung.

717 Vgl. amtl. Erläuterungen zu § 32 ASOG (Stand 1/1996) unter Punkt III.

718 Vgl. Ausführungsvorschriften zu § 17 bremPolG unter Ziff. 2: Anordnungsgrundlage ist in diesem Fall § 10 bremPolG (polizeiliche Generalklausel).

719 § 12 Abs. 2 S. 3 HSOG.

720 § 28 Abs. 2 S. 4 SOG MV.

721 § 12 Abs. 5 S. 2 NGefAG.

722 § 180 Abs. 2 S. 4 schlhLVwG.

723 Vgl. Meixner, HSOG, § 12 Rz. 11.

724 Vgl. Rachor in: Lisken/Denninger, HdbdPolR, F 178; Meixner, HSOG, § 12 Rz. 11.

725 Vgl. Rachor in: Lisken/Denninger, HdbdPolR, F 178.

für diese notwendige Information zu erteilen".[726] Voraussetzung ist, daß zwischen dem Auskunftspflichtigen und dem Empfänger der Information ein „besonderes Pflichtenverhältnis" besteht.[727] Es darf nicht allein um ein staatliches Informationsbedürfnis, sondern es muß zugleich um die Interessen geschädigter Dritter gehen.[728] Bei Übertragung dieser Grundsätze auf das Polizeirecht ergibt sich, daß der Betroffene dann nicht zur Auskunft verpflichtet ist, wenn keine gesetzliche Obliegenheit besteht sowie dort, wo er nicht sich selbst, sondern einen Angehörigen belasten würde.[729] Er unterliegt nur dann der Selbstbezichtigung, wenn ausgeschlossen ist, „daß die staatlichen Strafverfolgungsbehörden weitergehende Möglichkeiten erlangen, als in anderen Fällen der Strafverfolgung".[730] Anderenfalls ist die Auskunftsverpflichtung eine unverhältnismäßige Beeinträchtigung des Persönlichkeitsrechts des Betroffenen.[731]

Die Auskünfte, die für die Abwehr einer Lebensgefahr erforderlich sind, dürfen entsprechend ihrer Zweckbindung ausschließlich für diese Zwecke verwendet werden und nicht zur allgemeinen Gefahrenabwehr (vgl. z.B. § 1 Abs. 4 HSOG).[732] Das BVerfG[733] hat ähnliche Zweckkombinationen des Volkszählungsgesetzes aus dem Jahre 1983 für verfassungswidrig erklärt. So, wenn tendenziell Unvereinbares miteinander verbunden wird und diese Verknüpfung den Bürger angesichts der für ihn undurchsichtigen Möglichkeiten der automatischen Datenverarbeitung in hohem Maße verunsichert.[734] Diese Konstellation liegt vor, wenn die aufgrund der Selbstbezichtigung erlangten Auskünfte nicht nur zur Abwehr der konkreten Lebensgefahr dienen, sondern auch für künftige polizeilich relevante Lagen verwendet werden sollen. Demzufolge müssen diese Informationen nach Abschluß der polizeilichen Maßnahme gelöscht bzw. vernichtet werden.[735] Die entspechenden polizeigesetzlichen Vorschriften[736] sind somit verfassungskonform auszulegen.

---

726 BVerfGE 56, 37, 45.

727 BVerfGE 56, 37, 48.

728 BVerfGE 56, 37, 49 f.

729 Rachor in: Lisken/Denninger, F 179; Vgl. dazu auch Kempf, Anhörung im Landtag zum HSOG, Stenographischer Bericht, 9. Sitzung des Untersuchungsausschusses Informationsverarbeitung und Datenschutz vom 22.2.1989, S. 97.

730 BVerfGE 56, 37, 51.

731 BVerfGE 56, 37, 50 f.

732 Anders aber § 12 Abs. 2 S. 4 HSOG; § 28 Abs. 2 S. 5 SOG MV; § 12 Abs. 5 S. 3 NGefAG; § 180 Abs. 2 S. 5 schlhLVwG die vorsehen, daß die Auskünfte „nur zu Zwecken der Gefahrenabwehr" verwendet werden.

733 Vgl. BVerfGE 65, 1, 61 ff.

734 Vgl. BVerfGE 65, 1, 62.

735 Rachor in: Lisken/Denninger, HdbdPolR, F 181.

*c) Die polizeigesetzliche Benachrichtigungspflicht*

Die Polizeigesetze bestimmen einheitlich, daß der festgehaltenen Person unverzüglich Gelegenheit zur Benachrichtigung eines Angehörigen oder einer Person ihres Vertrauens zu geben ist.[737] Die Vorschriften gehen im Grundsatz über die grundrechtliche Festlegung aus Art. 104 Abs. 4 GG hinaus.[738] Das dort angesprochene Verfahren bezieht sich auf die repressiv ausgelegte Festnahme und sieht entsprechend die Benachrichtigung lediglich nach der richterlichen Entscheidung über die Anordnung oder über die Dauer der Freiheitsentziehung vor. Sinn und Zweck der polizeigesetzlichen Vorschriften für die vorläufige Festnahme ist, wie bei der richterlichen Benachrichtigungspflicht nach Art. 104 Abs. 4 GG, daß Menschen nicht spurlos verschwinden können.[739]

Wer Vertrauensperson ist, bestimmt der Festgehaltene selbst. Zu den Vertrauenspersonen zählen vor allem Rechtsanwälte[740], Angehörige, Freunde, Verlobte[741] sowie im Einzelfall auch Zeitungsredakteure oder Mitarbeiter von Redaktionen, wenn der Festgehaltene behauptet, zu diesen Personen ein Vertrauensverhältnis zu haben.[742] Ohne daß dieses im Gesetz ausdrücklich erwähnt ist, kommt die Benachrichtigung von Freunden nur in Betracht, wenn Sinn und Zweck der Ingewahrsamnahme dadurch nicht in Frage gestellt werden. Das könnte z.B. dann angenommen werden, wenn mehrere Hooligans, die bereits vor Beginn des Fußballspiels in Vorbeugegewahrsam genommen wurden, nun unverzüglich ihre

---

736 § 12 Abs. 2 S. 4 HSOG; § 28 Abs. 2 S. 5 SOG MV; § 12 Abs. 5 S. 3 NGefAG; §180 Abs. 2 S. 5 schlhLVwG.

737 Vgl. Art. 19 Abs. 2 S.1 bayPAG; § 51 Abs. 2 S.1 SOGMV; § 22 Abs. SächsPolG; § 13b Abs. 2 S.1 hmbSOG; § 16 Abs. 2 S.1 rhpfPOG; § 32 Abs. 2 S.1 ASOG; § 34 Abs. 2 HSOG; § 17 Abs. 2 S.1 bremPolG; § 15 Abs. 2 SaarlPolG; §21 Abs. 2 thür PAG; § 39 Abs. 2 SOG LSA; § 37 Abs. 2 PolGNW; § 19 Abs. 2 S.1 bdgPolG; §200 Abs. 2 S.1 schlhLVwG; § 1 Abs. 2 S.1 bwDVOPolG; § 20 Abs. 2 NGefAG.

738 Vgl. zur Benachrichtigungspflicht nach Art. 104 Abs. 4 GG Ausführungen im 3. Kapitel unter B III e).

739 Vgl. v. Mangoldt, Das Bonner Grundgesetz, Art. 104 Rz. 2; vgl. auch 3. Kapitel unter B III e).

740 In § 17 Abs. 2 bremPolG werden Rechtsanwälte alternativ als Vertrauensperson genannt; § 20 Abs. 2 NGefAG spricht jetzt von einer „Person ihrer Wahl" und nicht mehr von einer „Vertrauensperson" um zum Ausdruck zu bringen, daß Rechtsanwälte auch dann verständigt werden können, wenn noch kein Mandat besteht, vgl. amtliche Erläuterungen zu NGefAG (Stand 1996) zu § 20 Ziff. 3.2.

741 Vgl. Berner/Köhler, BayPAG, Art. 19, Ziff. 19.2.

742 Rachor in: Lisken/Denninger, HdbdPolR, F 330; Ebert/Honnacker, ThürPAG, §21 Anm. 5.

Freunde verständigen wollen, um ihnen verschlüsselt Anweisungen zur Durchführung weiterer Gewaltaktionen zu übermitteln.[743]

Die Regelungen sprechen überwiegend von „einer" Person des Vertrauens. Entsprechend dem Sinn und Zweck dieser Vorschriften, andere über den Verbleib des Festgehaltenen zu informieren, besteht nach erfolgter Benachrichtigung beispielsweise eines Angehörigen oder eines Rechtsanwalts seitens des Festgehaltenen kein Recht mehr, weitere Personen von der Ingewahrsamnahme in Kenntnis zu setzen.[744] Weitergehend sind demgegenüber die polizeirechtlichen Bestimmungen von Baden-Württemberg, Sachsen und Brandenburg.[745] Sie sehen vor, daß dem Betroffenen neben der Benachrichtigung einer Vertrauensperson auch die Gelegenheit zur Beiziehung eines Rechtsanwalts oder eines anderen Bevollmächtigten zu geben ist.[746]

Die Polizei muß den Betroffenen auf sein Recht zur Benachrichtigung hinweisen und ihm tatsächlich die Möglichkeit zur Benachrichtigung einräumen, also z.B. ein Telefon zur Verfügung stellen.[747] Die Telefonkosten hat der Festgehaltene zu tragen[748], doch ist im Einzelfall (z.B. bei Mittellosigkeit) eine Nacherhebung der Kosten möglich.[749] Die Benachrichtigung kann in jeder geeigneten Weise geschehen, also etwa auch durch Telegramm, Telefax oder Brief, wobei wegen der gebotenen Eile („unverzüglich") dem Telefonanruf, dem Telefax oder dem Telegramm regelmäßig der Vorzug vor schriftlichen Benachrichtigungen zu geben ist.[750] Wenn der Festgehaltene von der Gelegenheit zur Benachrichtigung keinen Gebrauch macht, ist die Polizei nicht verpflichtet, die Benachrichtigung „von Amts wegen" vorzunehmen.[751] Etwas anderes gilt aber dann, wenn die betroffene Person z.B. wegen Alkohol- oder Drogeneinflusses nicht zur Benachrichtigung in der Lage ist. Dann ist die Polizei zur Verständigung einer Vertrauensperson verpflichtet, wenn sie nicht dem mutmaßlichen Willen des Festge-

---

743 Vgl. Roos, RhPfPOG, § 16 Rz. 10.

744 Rachor in: Lisken/Denninger, HdbdPolR, F 330.

745 § 1 Abs. 2 S. 1 und 2 bwDVOPolG; § 22 Abs. 4 und 5 SächsPolG; § 19 Abs. 2 S. 1 bdgPolG.

746 Dies auch für das Bayerische PAG empfehlend Berner/Köhler, BayPAG, Art. 19 Rz. 4.

747 Meixner, HSOG, § 34 Rz. 6.

748 Ebert/Honnacker, ThürPAG, § 21 Rz. 5; Schipper u.a., Polizeirecht in Schleswig Holstein, Rz. 225; Roos, RhPfPOG, § 16 Rz. 10; a.A. Rachor in: Lisken/ Denninger, HdbdPolR, F 330.

749 Roos, RhPfPOG, § 16 Rz. 10.

750 Berner/Köhler, BayPAG, Art. 19 Rz. 4, vgl. auch Ebert/Honnacker, ThürPAG, §21 Anm. 5.

751 Vgl. Rachor in: Lisken/Denninger, HdbdPolR, F 332; Art. 104 Abs. 4 GG gilt nur für richterliche Entscheidungen.

nommenen widerspricht.[752] Zur Annahme eines entgegenstehenden Willens des Betroffenen bedarf es allerdings konkreter Anhaltspunkte, denn es handelt sich hierbei in Anlehnung an Art. 104 Abs. 4 GG um eine Rechtsfrage und nicht um eine Ermessensfrage.[753] Von einer Benachrichtigung wird z.B. dann abzusehen sein, wenn der Polizei bei der Ingewahrsamnahme eines alleinstehenden „Stadtstreichers“ zur Ausnüchterung bekannt ist, daß er mit seinen Verwandten nichts zu haben will.[754]

Ist die festgehaltene Person minderjährig, unter Vormundschaft gestellt oder ist für sie eine Betreuung eingerichtet, ist die Polizeibehörde zur Benachrichtigung des Sorgeberechtigten verpflichtet.[755]

Nach dem Wortlaut der Polizeigesetze soll die Pflicht, dem Festgehaltenen eine Gelegenheit zur Benachrichtigung anderer Personen zu geben, nicht ausnahmslos gelten.[756] So kommt sie nur in Betracht, „soweit dadurch der Zweck der Freiheitsentziehung nicht gefährdet wird“[757], nicht jedoch aus anderen Erwägungen oder aus Bequemlichkeit.[758] An die Beurteilung, wann eine Gefährdung des Zwecks der Maßnahme anzunehmen ist, sind strenge Maßstäbe anzulegen.[759] Eine Gefährdung der Freiheitsentziehung kann vorliegen, wenn die Verhinderung einer Straftat vereitelt werden könnte.[760] So z.B., wenn die Benachrichtigung für den unmittelbaren oder mittelbaren Empfänger ein Hinweis sein könne, die verhinderte Straftat nun selbst zu begehen oder fortzusetzen.[761] Doch dürfte die Relevanz dieser Fälle als eher gering einzustufen sein, weil es unrealistisch ist, daß der Festgehaltene so eine bestehende Komplizenschaft aufdecken würde.[762] In jedem Fall ist dem Betroffenen aber die Möglichkeit zur Einschaltung eines Rechtsanwalts zu geben, weil von dieser Person aufgrund ihrer beruflichen Stel-

---

752 Ebert/Honnacker, ThürPAG, § 21 Rz. 8.

753 Meixner, HSOG, § 34 Rz. 8; Ebert/Honnacker, ThürPAG, § 21 Rz 8; Roos, RhPfPOG, § 16 Rz. 12.

754 Meixner, HSOG, § 34 Rz. 8.

755 Vgl. § 15 Abs. 2 S. 4 ME.

756 Auch ohne ausdrückliche Aufnahme in den Wortlaut des § 16 Abs. 2 S. 1 POG gilt dieser Grundsatz auch in Rheinland-Pfalz; Roos, RhPfPOG, § 16 Rz. 9.

757 § 15 Abs. 2 S. 1 ME; wurde weitestgehend von allen Polizeigesetzgebern wortgleich übernommen.

758 Meixner, HSOG, § 34, Rz. 7.

759 Rachor in: Lisken/Denninger, HdbdPolR, F 332.

760 Berner/Köhler, BayPAG, Art. 19 Rz. 4; Heise/Tegtmeyer, PolGNW, § 37 Rz. 5; Meixner/Martell, SOG LSA, § 39 Rz. 7.

761 Ebert/Honnacker, ThürPAG, § 21 Rz. 6; vgl. auch die Beispiele bei Meixner, HSOG, § 34 Rz. 7.

762 Rachor in: Lisken/Denninger, HdbdPolR, F 331.

lung angenommen werden kann, daß sie nicht im Zusammenhang mit dem Anlaß der Freiheitsentziehung steht.[763]

### *d) Das Folter- und Mißhandlungsverbot des Art. 104 Abs. 1 S. 2 GG*

Gem. Art. 104 Abs. 1 S. 2 GG dürfen festgehaltene Personen weder seelisch noch körperlich mißhandelt werden. Das grundgesetzliche Mißhandlungsverbot gilt sowohl für die richterlich als auch die behördlich angeordneten Freiheitsbeschränkungen und -entziehungen.[764] Art. 104 Abs. 1 S. 2 GG stellt das bereits in Art. 1 Abs. 2 und Art. 2 Abs. 2 S. 2 GG normierte Verbot der seelischen und körperlichen Mißhandlung für den Vollzug klar.[765] Unter „körperliche Mißhandlung" fällt jedes üble, unangemessene Behandeln, das entweder das körperliche Wohlbefinden oder die körperliche Unversehrtheit nicht nur unerheblich beeinträchtigt.[766] Unzulässig ist somit das Einschließen des Festgenommenen in zu enge und feuchte Zellen, grelle Beleuchtung, unzureichende hygienische Bedingungen und mangelhafte Verpflegung.[767] „Seelische Mißhandlung" ist jede entehrende und entwürdigende Behandlung, wie z.B. Beleidigungen, Bloßstellungen, unnötige psychologische Testversuche, das Verabreichen von Wahrheitsdrogen oder narkoanalytischer Mittel, sofern diese Mittel nicht bereits als körperliche Mißhandlung verboten sind.[768] Die Zulässigkeit der Zwangsernährung ist hingegen unter dem Gesichtspunkt der Selbstgefährdung zu bestimmen.[769]

---

763 Meixner/Martell, SOG LSA, § 39 Rz. 7.

764 BVerfGE 33, 1, 10; 49, 24, 54 f.; Kunig in: v. Münch, GG, Art. 104 Rz. 8; Jarass/Pieroth, GG, Art. 104 Rz. 6; zu einschränkend Maunz/Dürig, GG, Art. 104 Rz. 20, die das Mißhandlungsverbot des Art. 104 Abs. 1 S. 2 GG ausschließlich auf Freiheitsentziehungen anwenden wollen.

765 Vgl. Kunig in: v. Münch, GG, Art. 104 Rz. 8; Maunz/Dürig, GG, Art. 104 Rz. 20.

766 So in Anlehnung an den gleichlautenden Begriff des § 223 StGB, Kunig in: v. Münch, GG, Art. 104 Rz. 8; Maunz/Dürig, GG, Art. 104 Rz. 20; a.A. Jarass/Pieroth, GG, Art. 104 Rz. 6 und Sachs, GG, Art. 104 Rz. 45, die aus Systematik und Wortlaut, insbesondere aus dem Fehlen eines Gesetzesvorbehalts, wie ihn Art. 2 Abs. 2 S. 3 GG enthält, eine Einschränkung dieser Definition entnehmen. Demnach sei Mißhandlung jede Form der Folter als Zufügung von physischen oder psychischen Leiden zur Brechung des Willens; vgl. auch Azzola-AK-GG, Art. 104 Rz. 42.

767 Maunz/Dürig, GG, Art. 104 Rz. 20 unter Verweis auf die Judikatur zu § 223 StGB.

768 Maunz/Dürig, GG, Art. 104 Rz. 20.

769 Jarass/Pieroth, GG, Art. 104 Rz. 6; a.A. Azzola-AK-GG, Art. 104 Rz. 46, der in der Zwangsernährung grundsätzlich eine Verletzung des Mißhandlungsverbots sieht.

*II. Die einzelnen Modalitäten des Polizeigewahrsams*

Im Polizeigewahrsam sind bis zur Freilassung oder Übergabe an eine andere Behörde u.a. Personen unterzubringen, denen aufgrund der jeweiligen Polizeigesetze der Länder die persönliche Freiheit beschränkt bzw. entzogen wurde. Der Vollzug von Freiheitsstrafen und Untersuchungshaft im Polizeigewahrsam ist hingegen unzulässig.[770]

Der Polizeigewahrsam wird in der Regel in den Verwahrungsräumen bei den Polizeibehörden durchgeführt[771], deren Einrichtung und Benutzung in den meisten Ländern durch allgemeine Verwaltungsvorschriften geregelt wird.[772] Diese Gewahrsamsordnungen enthalten eine Fülle von Regelungen für den Vollzug der Freiheitsentziehungen im Polizeigewahrsam. Nachfolgend soll anhand einzelner Eingriffsregelungen der Polizeigewahrsamsordnungen untersucht werden, ob die in den Gewahrsamsordnungen vorgeschriebenen Ge- und Verbote mit den Grundsätzen des Rechtsstaates vereinbar sind.

*a) Die Pflicht zur Beachtung des Grundgesetzes*

Art. 1 Abs. 3 GG verpflichtet die vollziehende Gewalt zur Beachtung der Grundrechte und Art. 20 Abs. 3 GG zwingt zur Befolgung von Gesetz und Recht. Gefordert ist materielle Gerechtigkeit. Das bedeutet unmittelbar die Pflicht zur Wahrung der Grundrechte[773] und verlangt für Eingriffe der Verwaltungsbehörden in die Rechts- und Freiheitssphäre von Personen eine förmliche gesetzliche Ermächtigung in Form eines allgemeinen Gesetzes.[774] Regierungs- und Verwaltungsbehörden dürfen nicht aus eigener Machtvollkommenheit in die Rechte und

---

770 Statt vieler vgl. Ziff. 1.1. S. 2 der Polizeigewahrsamsordnung (POG) von Mecklenburg-Vorpommern (Stand v. 9.3.1994); s. auch Berner/Köhler, BayPAG, Art. 19 Rz. 8.

771 Notfalls bei Haftunfähigkeit wegen Krankheit in einem Krankenhaus, vgl. Reiff/Wöhrle/Wolf, BWPolG, § 28 Rz. 27.

772 Vgl. in Hessen: PGO v. 17.1.1991; in Niedersachsen: PGO v. 17.1.1974 i.d.F. v. 30.6.1985; in Brandenburg: PGO v. 5.4.1995; in Nordrhein-Westfalen: PGO v. 27.7.1979; in Sachsen-Anhalt: PGO v. 27.3.1995; in Bremen: PGO v. 15.12.1989; in Mecklenburg-Vorpommern: PGO v. 9.3.1994; in Schleswig-Holstein: PGO v. 29.11.1982; in Baden-Württemberg erfolgt die Durchführung des Gewahrsams nach den Gewahrsamsordnungen, die auf der Ebene der Landespolizeidirektionen (LPD) als Anstaltsordnungen erlassen wurden - vgl. Gewahrsamsordnung der LPD Freiburg v. 18.1.1982.

773 Wolff/Bachof, Verwaltungsrecht, § 30 II b 1 (9).

774 BVerfGE 8, 325; 9, 147; Wolff/Bachof, Verwaltungsrecht, § 30 III a.

Freiheiten der Personen eingreifen, sondern nur auf Grund einer ihnen von dem Parlament erteilten Ermächtigung.[775]

Das gilt insbesondere auch im Umgang mit festgehaltenen Personen. Die mit der Festnahme und der Durchführung des Polizeigewahrsams betrauten Personen haben ihr Handeln streng auf den gesetzlich zulässigen Rahmen zu beschränken und den Festgehaltenen darüber hinaus so zu behandeln, wie es der Würde des Menschen entspricht.[776]

*b) Die rechtliche Einstufung der Gewahrsamsordnungen*

Es handelt sich bei den Regelungen der Gewahrsamsordnungen um Verwaltungsvorschriften, die innerhalb der Verwaltungsorganisation von übergeordneten Verwaltungsinstanzen oder Vorgesetzen (hier dem jeweiligen Innenminister der Länder) an nachgeordnete Behörden oder Bedienstete ergehen (hier die Polizeibehörden) und die dazu dienen, Organisation und Handeln der Verwaltung näher zu regeln.[777] Sie sollen einen einheitlichen Gesetzesvollzug sichern, eine einheitliche Handhabung herbeiführen, Auslegung und Anwendung unbestimmter Gesetzesbegriffe sichern und die Ermessensausübung regeln.[778]

*c) Die verfassungsmäßige Anwendung der Gewahrsamsordnung*

Die Eingriffshandlungen, die die Gewahrsamsordnungen vorschreiben, lassen sich nur dann verfassungskonform ausführen, wenn sie von einem formellen Gesetz getragen werden und wenn sie mit der verfassungsmäßigen Ordnung im Einklang stehen.

*1. Die Durchsuchung des Festgehaltenen*

Einzelne Gewahrsamsordnungen[779] sehen vor, daß die festgenommene Person spätestens vor der Einlieferung in das Polizeigewahrsam durch den anordnenden Beamten zu durchsuchen ist, wobei hier Geschlechtertrennung gilt: Frauen dürfen nur von Frauen und Männer nur von Männern durchsucht werden. Zweck der Durchsuchung ist das Auffinden von Gegenständen, mit denen sich der Festge-

---

775 BVerfGE 8, 325; 9, 147.

776 Vgl. Göddeke Die Polizei 1997, 166, 168.

777 Zum Begriff und der Terminologie von Verwaltungsvorschriften vgl. Wolff/ Bachof, Verwaltungsrecht , § 24 II d.

778 Vgl. Wolff/ Bachof, Verwaltungsrecht, § 24 II d.

779 Vgl. Ziff. 8.2 PGO MV; Ziff. 8.2. PGO SchlHol; Ziff. 14.3. PGO LSA; Ziff. 3.2.1. PGO Bremen; § 9 Abs. 3 PGO NW; Ziff. 2.5.3. PGO Bdg.; § 8 Abs. 2 PGO Hess.

nommene verletzen, fremde Sachen beschädigen oder die ihm die Flucht erleichtern könnten, wie z.B. Messer, Rasierklingen, Nagelfeilen, Gürtel, Feuerzeuge, Schirme oder Mobilfunktelefone.[780]

Das Recht auf Entfaltungs- und Handlungsfreiheit aus Art. 2 Abs. 1 GG schützt grundsätzlich vor unberechtigten Eingriffen in die Lebensbereiche des Bürgers und gewährleistet dem Menschen das Recht, im Rahmen der immanenten Grundrechtsschranken sein Handeln so einzurichten, wie er es kraft eigener Entscheidung für richtig hält.[781] Das Recht auf aktive Lebensgestaltung schützt auch vor der Durchsuchung einer Person.[782] Diese ist nur aufgrund einer verfassungsmäßigen, gesetzlichen Grundlage zulässig. Als Ermächtigungsgrundlagen kommen die entsprechenden polizeigesetzlichen Vorschriften in Betracht, die die Polizeibeamten zur Durchsuchung festgehaltener Personen ermächtigen.[783] Unter Festhalten ist nicht nur die Freiheitsentziehung gem. Art. 104 Abs. 2 GG zu verstehen, sondern jeder Eingriff in die Bewegungsfreiheit.[784] Die Durchsuchung setzt nicht das Vorliegen einer konkreten Gefahr voraus. Mit der Freiheitsentziehung wird die Gefahr vielmehr unwiderleglich vermutet.[785]

Die in den Gewahrsamsordnungen vorgesehene Durchsuchung des Festgenommenen bei Einlieferung in das Polizeigewahrsam ist somit, gestützt auf die jeweiligen polizeigesetzlichen Regelungen, verfassungskonform möglich.

### 2. *Die Sicherstellung bzw. Beschlagnahme von Gegenständen*

Werden bei dem Betroffenen Gegenstände gefunden, mit denen er sich beispielsweise verletzen kann, sind sie sicherzustellen bzw. zu beschlagnahmen.[786] Bar-

780 Vgl. Ziff. 8.3 PGO MV; Ziff. 14.1. PGO LSA; Ziff. 8.3. PGO SchlHol; § 16 Abs. 1 S. 3 PGO Hess.; § 9 Abs. 1 PGO NW.

781 Maunz/Dürig, GG, Art. 2 Rz. 26.

782 BVerfGE 38, 26, 31.

783 § 29 Abs. 1 Nr. 2 bwPolG; § 34 Abs. 2 Nr. 2 ASOG; § 24 Abs. 1 Nr. 2 bdgPolG; § 15 Abs. 1 Nr. 2 hmbSOG; § 36 Abs. 2 Nr. 2 HSOG; § 53 Abs. 1 S. 2 SOG MV; § 22 Abs. 1 Nr. 2 NGefAG; § 39 Abs. 1 Nr. 2 PolGNW; § 18 Abs. 1 Nr. 2 rhpfPOG; § 23 Abs. 1 Nr. 2 SächsPolG; § 41 Abs. 2 Nr. 2 SOG LSA; § 202 Abs. 1 Nr. 2 schlhLVwG; §23 Abs. 1 Nr. 2 thürPAG; Art. 21 Abs. 2 2. Alt bayPAG; § 17 Abs. 2 2. Alt SaarlPolG.

784 Rachor in: Lisken/Denninger, HdbdPolR, F 353.

785 Roos, RhPfPOG, § 18 Rz. 10.

786 Ziff. 8.3. PGO MV; Ziff. 2.5.1. PGO Bdg.; Ziff. 14.1. PGO LSA; § 9 PGO NW; § 16 Abs. 1 PGO Hess.; Ziff. 8.3. PGO SchlHol; Ziff. 3.3 PGO Bremen.

geld oder Wertsachen, die nicht der Sicherstellung oder Beschlagnahme unterliegen, sind auf Wunsch in amtliche Verwahrung zu nehmen.[787]

Diese Weisungen der Gewahrsamsordnungen berühren die Grundrechte der Art. 2 Abs. 1 und 14 Abs. 1 GG. Art. 2 Abs. 1 GG schützt vor gesetzlich nicht vorgesehenen oder unverhältnismäßigen Beschlagnahmen.[788] Die Eigentumsfreiheit hingegen gewährt dem Grundrechtsträger einen Freiraum im vermögensrechtlichen Bereich und ermöglicht ihm dadurch eine eigenverantwortliche Gestaltung seines Lebens.[789]

Die Ermächtigungsgrundlagen für diese Eingriffshandlungen sind wiederum die polizeigesetzlichen Regelungen, die die Beschlagnahme bzw. Sicherstellung von Gegenständen zulassen.[790] Demnach kann die Polizei z.B. eine Sache beschlagnahmen, wenn dies zur Abwehr einer unmittelbar bevorstehenden erheblichen Gefahr erforderlich ist oder wenn nicht ausgeschlossen werden kann, daß die Person, die diese Sache mitführt, sie zur Schädigung von Leben und Gesundheit verwenden wird.[791] Die Gefahr, daß sich der Festgehaltene töten oder verletzen, andere Personen oder Sachen schädigen kann oder daß ihm die mitgeführten Sachen die Flucht ermöglichen oder erleichtern werden, braucht nicht konkret zu sein. Sie ist mit der Freiheitsentziehung und der Tatsache, daß der Festgehaltene gefährliche Sachen mitführt, hinreichend begründet.[792] Diese polizeigesetzlichen Voraussetzungen stimmen quasi wortgleich mit denen der Gewahrsamsordnungen überein.[793] Aufgrund der übereinstimmenden Voraussetzungen ergeben sich keine Anwendungsschwierigkeiten.

Die Sicherstellung bzw. Beschlagnahme gefährlicher Gegenstände vor Vollzug des Gewahrsams ist gestützt auf die jeweiligen Regelungen der Polizeigesetze verfassungskonform.

---

787 Ziff. 3.3.2. PGO Bremen; Ziff. 8.4. PGO SchlHol; § 9 Abs. 2 PGO NW; § 16 Abs. 1 S. 5 PGO Hess.; Ziff. 8.4. PGO MV; Ziff. 2.5.2. PGO Bdg.

788 Schramm, Staatsrecht, S. 63.

789 St. Rspr. d. BVerfG, s. zuletzt E 78, 58, 73; 79, 292, 303 f.; 83, 201, 208.

790 Vgl. § 33 Abs. 1 Nr. 3 bwPolG; Art. 25 Nr. 3 bayPAG; § 38 Nr. 3 ASOG; § 29 Nr. 3 bdgPolG; § 23 Nr. 3 bremPolG; § 14 Abs. 1 b hmbSOG; § 40 Nr. 3 HSOG; § 61 Nr. 3 SOG MV; § 26 Nr. 3 NGefAG; § 43 Nr. 3 PolGNW; § 22 Nr. 3 rhpfPOG; § 21 Nr. 3 SaarlPolG; § 27 Abs. 1 Nr. SächsPolG; § 45 Nr. 3 SOG LSA; § 210 Abs. 1 Nr. 3 schlhLVwG SchlHol.; § 27 Nr. 3 thürPAG.

791 Vgl. z.B. § 40 Nr. 3 HSOG.

792 Meixner, HSOG, § 40 Rz. 10; Roos, RhPfPolG, § 22 Rz. 20.

793 Vgl. den Wortlaut von Ziff. 3.3.2. PGO Bremen; Ziff. 8.4. PGO SchlHol; § 9 Abs. 2 PGO NW; § 16 Abs. 1 S. 5 PGO Hess.; Ziff. 8.4. PGO MV; Ziff. 2.5.2. PGO Bdg.

*3. Die Besuchsregelung*

Die Möglichkeit, im Polizeigewahrsam Besuch zu empfangen, wird durch entsprechende Regelungen der Gewahrsamsordnungen[794] eingeschränkt. Zum einen sind z.B. als Besucher nur Familienangehörige, Rechtsanwälte, Geistliche und diplomatische Vertreter zugelassen[795] und nicht z.B. Freunde. Zum anderen darf der Verwahrte jeden Besucher nur mit Einverständnis der sachbearbeitenden Dienststelle empfangen, soweit der Dienstbetrieb nicht beeinträchtigt wird.[796]

Mit diesen Regelungen wird die allgemeine Handlungsfreiheit berührt, die einen unantastbaren Bereich privater Lebensgestaltung gewährt und das Gebot auf Achtung der Intimsphäre enthält.[797] Das Recht auf aktive Lebensführung aus Art. 2 Abs. 1 GG umfaßt auch das Recht des Untersuchungsgefangenen (und damit auch das Recht anderer festgehaltener Personen) zum Empfang von Besuchern.[798] Der mit der entsprechenden Weisung der jeweiligen Gewahrsamsordnungen angeordnete Eingriff in die Handlungsfreiheit ist nur legitim, wenn er der verfassungsmäßigen Ordnung entspricht oder auf eine gesetzliche Ermächtigung gestützt werden kann.

Im Zusammenhang mit der Besuchsregelung der Gewahrsamsordnungen sind die jeweiligen polizeigesetzlich normierten Eingriffsbefugnisse heranzuziehen, die die Auferlegung von Beschränkungen bei festgehaltenen Personen vorsehen, wenn es „der Zweck der Freiheitsentziehung oder die Ordnung im Gewahrsam erfordert".[799] Diese polizeigesetzlichen Vorschriften entsprechen dem Wortlaut des § 119 Abs. 3 StPO, der für den Vollzug der Untersuchungshaft gilt.[800] Die

794 Ziff. 16.1 PGO MV; Ziff. 3.11.1 PGO Bdg.; § 31 PGO Nds.; Ziff. 18.1. PGO SchlHol; Ziff. 4.1.10 PGO Bremen; § 27 Abs. 1 PGO Hessen; § 21 PGO NW; Ziff. 30.2 PGO LSA.

795 Ziff. 3.11.2 PGO Bdg. Ziff. 4.1.10 PGO Bremen; § 21 Abs. 1 PGO NW; § 27 Abs. 1 PGO Hessen; Ziff. 30.2 S. 2 PGO LSA.

796 Nach § 31 Abs. 1 PGO Nds. ist die Zustimmung des Sachbearbeiters nur bei den Familienangehörigen erforderlich. In den übrigen Fällen ist eine vorherige Unterrichtung der sachbearbeitenden Dienststelle ausreichend.

797 Maunz/Dürig, GG, Art. 2 Rz. 36.

798 BVerfGE 34, 384, 395, 399 ff.

799 § 32 Abs. 3 S. 3 ASOG; § 15 Abs. 2 S. 3 SaarlPolG; § 13 b Abs. 3 S. 2 hmbSOG; § 1 Abs. 3 bwDVOPolG; Art. 19 Abs. 3 S. 3 bayPAG; § 19 Abs. 3 S. 3 bdgPolG; § 56 Abs. 4 SOG MV; § 37 Abs. 3 S. 3 PolGNW; § 205 Abs. 4 schlhLVwG; § 20 Abs. 4 NGefAG; § 15 Abs. 4 S. 2 bremPolG; § 22 Abs. 2 S. 2 SächsPolG; § 21 Abs. 3 S. 3 thürPAG; § 16 Abs. 3 S. 3 rhpfPOG; § 34 Abs. 3 S. 3 HSOG; § 39 Abs. 3 S. 3 SOG LSA.

800 § 119 Abs. 3 StPO: Dem Verhafteten dürfen nur solche Beschränkungen auferlegt werden, die der Zweck der Untersuchungshaft oder die Ordnung in der Vollzugsanstalt erfordert.

dort entwickelten Grundsätze werden für den Polizeigewahrsam entsprechend angewandt.[801] Aus der Regelung des §119 Abs. 3 StPO wird im Umkehrschluß gefolgert, daß der Festgehaltene von allen Beschränkungen frei ist, die nicht notwendig sind, den Haftzweck oder die anstaltliche Ordnung zu sichern.[802] Gilt dies schon im Bereich des Strafverfahrensrechts, dann um so mehr für den Bereich der Gefahrenabwehr, wo es sich häufig um Fälle ohne Schuldvorwurf handelt.[803]

Bei der Frage, ob und welche Besucher zugelassen werden sollen, wird man zunächst prüfen müssen, ob das mit dem Zweck der Freiheitsentziehung vereinbar ist.[804] Ist der Zweck gefährdet (was der Rücksprache mit der sachbearbeitenden Dienststelle bedarf), kann der Besucher abgewiesen werden.[805] Vor der Abweisung des Besuchsbegehrens ist im Rahmen des Übermaßverbots jedoch stets zu prüfen, ob nicht mildere Mittel zur Sicherung der Freiheitsentziehung ausreichend sind, wie z.B. die Durchsuchung des Besuchers.[806] Eine Überwachung und Gesprächskontrolle ist entsprechend den Bestimmungen der Gewahrsamsordnungen bereits vorgesehen („in Gegenwart eines Sachbearbeiters oder eines anderen mit dem Sachverhalt betrauten Polizeivollzugsbediensteten“).[807] Eine Besuchsabweisung kann somit beispielsweise in Betracht kommen, wenn zur fraglichen Zeit nicht hinreichend genug Personal zur Sicherung der Maßnahme anwesend ist oder die Gewahrsamsbeamten gerade andere unaufschiebbare Maßnahmen zu treffen haben. Unterredungen in nichtdeutscher Sprache sind nur zulässig, wenn ein Beamter die Sprache versteht oder der Besucher oder der Verwahrte einen zuverlässigen Dolmetscher zur Verfügung stellt.[808] Ansonsten könnte beispielsweise entgegen dem Gewahrsamszweck der Anführer einer Gruppe gewaltbereiter Kurden sich im Polizeigewahrsam mit seinen kurdischen „Kumpanen“ bezüglich weiterer gewalttätiger Aktionen beraten.

---

801 Vgl. Berner/Köhler, BayPAG, Art. 19 Rz. 12; Ebert/Honnacker, ThürPAG, § 21 Rz. 7. Das bayPAG i.d.F.v. 24.10.1974 verwies in Art. 21 Abs. 1 S. 4 auf die sinngemäße Anwendung von § 119 Abs. 3 und 4 StPO.

802 Kleinknecht/Meyer, StPO, § 119 Rz. 8 ff.

803 Berner/Köhler, BayPAG, Art. 19 Rz. 12.

804 Vgl. Ebert/Honnacker, ThürPAG, § 21 Rz. 7.

805 So z.B., wenn der Rädelsführer einer extremistischen Gruppe anläßlich einer gewalttätigen Ausschreitung interniert wird und von dem Besuch angeblich verwandter „Kumpanen“ zu erwarten ist, daß er lediglich der Übergabe geheimer Nachrichten oder Informationen zur Planung weiterer Gewaltaktionen dient.

806 Vgl. das BVerfG (NJW 1973, 1451; JZ 1974, 95) in Bezug auf § 119 StPO.

807 Ziff. 16.1. PGO MV; Ziff. 3.11.2 PGO Bdg.; § 27 Abs. 2 PGO Hess.; Ziff. 4.1.10 PGO Bremen, Ziff. 18.1. PGO SchlHol; Ziff. 30.4 PGO LSA.

808 Ziff. 3.11.2 PGO Bdg.; Ziff. 30.6. PGO LSA; Ziff. 4.1.10 PGO Bremen; § 21 Abs. 2 PGO NW; § 27 Abs. 2 PGO Hess.

Wenn einzelne Polizeigewahrsamsordnungen eine Beschränkung der erlaubten Besucher auf Familienangehörige und Rechtsanwälte sowie geistliche und konsularische Vertreter vorsehen[809], sind hiergegen Bedenken angebracht. Es ist nicht ersichtlich, warum von z.B. Freunden oder Bekannten ein höheres Risiko ausgehen soll, als von Angehörigen.[810] Auch wenn es durchaus im praktischen Interesse liegt, den Besuchsverkehr nicht „ausufern“ zu lassen, wird man in dem einen oder anderen Fall nicht umhinkommen, dem Wunsch des Festgehaltenen entsprechend auch Freunde und Bekannte zuzulassen, soweit kein Grund vorliegt, den Besuch aus Gründen der Sicherheit oder Ordnung im Polizeigewahrsam zu versagen. Das ist um so mehr nachvollziehbar, wenn die festgehaltene Person keine Familienangehörigen mehr hat.[811]

Die Besuchsdauer im Polizeigewahrsam „soll“ 15[812] bzw. 30[813] Minuten nicht übersteigen. Diese als Soll-Vorschriften ausgestalteten Regelungen lassen Ausnahmen zu, so daß im Einzelfall eine längere Besuchszeit möglich ist, wenn keine Gründe der Sicherheit oder Ordnung entgegenstehen. So z.B., wenn der Besucher zur abschließenden Besprechung einer Angelegenheit mit dem Betroffenen um eine Verlängerung der Gesprächszeit bittet und die Gewahrsamsbeamten gerade keine anderen unaufschiebbaren Verpflichtungen haben.

Die entsprechenden polizeigesetzliche Vorschriften erlauben somit unter bestimmten Voraussetzungen den Eingriff in das Grundrecht des Art. 2 Abs. 1 GG. In dem von diesen Rechtssätzen gesteckten Rahmen sind unter Berücksichtigung des Übermaßverbots die Besuchsregelungen der Polizeigewahrsamsordnungen anzuwenden.

---

809 So z.B. Ziff. 4.1.10 PGO Bremen „als Besucher sind grundsätzlich nur....“; demgegenüber sehen die Polizeigewahrsamsordnungen von Schleswig-Holstein (Ziff. 18), Niedersachsen ( § 31) und MV (Ziff. 16.) überhaupt keine Beschränkung der Besucher auf einen bestimmten Personenkreis vor.

810 Roos, RhPfPOG, § 37 Rz. 5.

811 Dementsprechend sehen die Polizeigewahrsamsordnungen von Sachsen-Anhalt (Ziff. 30.2), Brandenburg (Ziff. 3.11.1), Hessen (§ 27 Abs. 1 S. 2) und NW (§ 21 Abs. 1 S. 2) Ausnahmeregelungen von dem oben aufgeführten Personenkreis vor: Besucher sollten „im allgemeinen“ nur Familienangehörige sein. Nach der PGO von Hessen ausdrücklich auch „Lebensgefährten“.

812 Vgl. Ziff. 3.11.2 PGO Bdg: „ist im allgemeinen zu beschränken auf“; ebenso § 21 Abs. 2 PGO NW und § 27 Abs. 2 S. 4; § 31 Abs. 2 S. 1 PGO Nds. „soll 15 Minuten nicht übersteigen“; ebenso Ziff. 18.4 PGO SchlHol und Ziff. 16.3 PGO MV.

813 „Soll nicht übersteigen“ : Ziff. 4.1.10 PGO Bremen und Ziff. 30.3 PGO LSA

*4. Verteidigerbesuch*

Der Betroffene hat das Recht, jederzeit mit seinem Verteidiger zu sprechen.[814] Der festgehaltenen Person ist grundsätzlich freier schriftlicher oder mündlicher Verkehr mit ihrem Anwalt zu gestatten.[815] Gegen Regelungen der Gewahrsamsordnung, die diese Freiheit nur dem aus strafprozessualen Gründen Verwahrten und seinem Verteidiger zugestehen[816], bestehen äußerste Bedenken. Sie widersprechen dem Prinzip des unbeschränkten Verkehrs[817], das nicht nur für den strafprozessualen Bereich, sondern für jede Form der staatlichen Ingewahrsamnahme zu gelten hat.[818] Das Prinzip ergibt sich daraus, daß der Betroffene, der sein Recht auf Hinzuziehung eines Rechtsanwalts wahrnimmt, nicht schlechter dastehen darf, als wenn er keinen Rechtsanwalt hätte. Durch die Wahl eines Rechtsanwaltes ist der Festgehaltene dem indirekten Zwang ausgesetzt, sich gegenüber seinem Anwalt einzulassen.[819] Nur wenn der Betroffene sich seinem Anwalt gegenüber offener äußern darf, als gegenüber den übrigen Verfahrensbeteiligten oder Besuchern, von denen er keinen Beistand erwartet, hat es für ihn einen Sinn, einen Anwalt zu haben.[820] Deshalb muß diese Geheimnissphäre zwischen Anwalt und Mandant grundsätzlich geschützt werden.[821]

Das bedeutet, daß Verteidiger- und Anwaltsbesuche weder in der Häufigkeit noch in der Zeitdauer begrenzt sind, allerdings müssen die Anwälte die organisatorischen Möglichkeiten des Polizeigewahrsams (etwa hinsichtlich des Zeitpunkts der Gespräche) berücksichtigen.[822] Auch ist für den Verteidigerbesuch ein Raum zur Verfügung zu stellen, in welchem mit normaler Lautstärke Gespräche geführt werden können, ohne daß diese unter normalen Bedingungen mitgehört werden können.[823]

---

814 Vgl. Ziff. 4.1.11 PGO Bremen; Ziff. 19 PGO SchlHol; § 31 PGO Nds.; Ziff. 17 PGO MV.

815 So z.B. ausdrücklich Ziff. 17 PGO MV.

816 Vgl. § 22 PGO NW, § 27 Abs. 3 PGO Hessen und Ziff. 3.12 PGO Bdg.

817 Vgl. Lüderssen in: Löwe/Rosenberg, StPO, § 148 Rz. 2 ff.

818 Lüderssen in Löwe/Rosenberg, StPO, § 148 Rz. 5.

819 Vgl. Welp GA 1977, 132.

820 Kleinknecht/Meyer, StPO, § 148 Rz. 6; Welp GA 1977, 132.

821 OLG Hamm StV 1985, 241; Lüderssen in: Löwe/Rosenberg, StPO, § 148 Rz. 5; Kleinknecht/Meyer, StPO, § 148 Rz. 6.

822 Vgl. hierzu LG Karlsruhe StV 1985, 38: „Im Zweifel ist dem Recht auf eine völlig freie Verteidigung Vorrang vor Regelungen im Interesse der Anstaltsordnung und Anstaltssicherheit einzuräumen"; s. auch OLG Hamm ZfStrVo 1985, 319; OLG Karlsruhe ZfStrVo 1986, 60.

823 OLG Hamm StV 1985, 241.

In einigen Polizeigewahrsamsordnungen der Länder ist vorgesehen, daß der Verteidiger erst dann das Recht zum Gespräch mit dem Festgehaltenen hat, wenn er sich durch eine Vollmacht ausweisen kann.[824] In der Mehrzahl der Fälle kann aber noch kein Kontakt zwischen Festgehaltenem und Anwalt bestanden haben und folglich keine Vollmacht unterzeichnet worden sein. Würde man in dieser Situation den Anwalt wie einen normalen Besucher behandeln und ihm das Besuchsrecht unter den jeweiligen polizeigesetzlichen Voraussetzungen[825] verweigern, muß man zwangsläufig mit dem Grundgesetz in Konflikt kommen, denn dann würde der Festgehaltene zum Objekt des staatlichen Verfahrens erniedrigt.[826] Ersucht ein Verteidiger um ein Gespräch mit dem Festgehaltenen, obwohl er noch keine Vollmacht vorzeigen kann, ist entsprechend dem Rechtsstaatsprinzip von Seiten der Polizei zunächst alles zu tun, um die Unterzeichnung der Vollmacht zu erwirken.[827] Eine Versagung des Verkehrs zwischen Festgehaltenem und Verteidiger nur wegen der zur Zeit noch fehlenden Vollmacht ist nicht rechtmäßig. Sie kommt erst in Frage, wenn der Festgehaltene die Unterzeichnung trotz Vorlage durch Gewahrsamsbeamte ablehnt.[828]

### 5. *Sonstige Ordnungsvorschriften*

Nach den Vorschriften der Gewahrsamsordnungen muß sich der Festgehaltene bestimmten Regeln unterwerfen. So findet, wenn der Verwahrte nicht nach kurzer

---

824 § 22 Abs. 2 PGO NW; Ziff. 4.1.11 PGO Bremen; § 27 Abs. 3 S. 2 PGO Hessen; Ziff. 30.5. PGO LSA.

825 Vgl. die polizeigesetzlichen Eingriffsbefugnisse, die „der Zweck der Freiheitsentziehung oder die Ordnung im Gewahrsam erfordert“: § 32 Abs. 3 S. 3 ASOG; §15 Abs. 2 S. 3 SaarlPolG; § 13 b Abs. 3 S. 2 hmbSOG; § 1 Abs. 3 bwDVOPolG; Art. 19 Abs. 3 S. 3 bayPAG; § 19 Abs. 3 S. 3 bdgPolG; § 56 Abs. 4 SOG MV; § 37 Abs. 3 S. 3 PolGNW; § 205 Abs. 4 schlhLVwG; § 20 Abs. 4 NGefAG; § 15 Abs. 4 S. 2 bremPolG; § 22 Abs. 3 S. 2 SächsPolG; § 21 Abs. 3 S. 3 thürPAG; § 16 Abs. 3 S. 3 rhpfPOG; § 34 Abs. 3 S. 3 HSOG; § 39 Abs. 3 S. 3 SOG LSA.

826 Ähnlich Dietl, Grundrechte, S. 29, der von der Erniedrigung des Festgehaltenen zum „Objekt des Strafprozesses“ spricht.

827 Lüderssen in: Löwe/Rosenberg, StPO, § 148 Rz. 5; so sehen die Polizeigewahrsamsordnungen von MV (Ziff. 17.2) und Schleswig Holstein (Ziff. 19.2) vor, daß in dem Fall, daß sich der Anwalt nicht durch eine Vollmacht ausweisen kann, die eingelieferte Person darüber zu befragen ist, ob sie den Anwalt als Rechtsbeistand wünsche. Ebenso regelt die Polizeigewahrsamsordnung von Sachsen-Anhalt (Ziff. 30.5.), daß die Vollmacht „gegebenenfalls an Ort und Stelle eingeholt werden kann“.

828 Kleinknecht/Meyer, StPO, § 148 Rz. 6; Dietl, Grundrechte, S. 29.

Zeit[829] entlassen wird, die Verpflegung zu bestimmten Zeiten und in bestimmtem Umfang statt[830], unter besonderen Umständen besteht Rauchverbot[831], der Genuß von Alkohol und Rauschmitteln ist grundsätzlich untersagt[832] und die Beleuchtung wird zu bestimmten Zeiten abgeschaltet oder abgedämpft.[833]

Auch diese Vorschriften sind über die Freiheitsentziehungskompetenz hinausgehende Beschränkungen, die einen Eingriff in das Grundrecht des Art. 2 Abs. 1 GG begründen.

Dementsprechend können die Handlungen nur im Rahmen einer gesetzlichen Ermächtigung vorgenommen werden, also wiederum der polizeigesetzlichen Bestimmungen, die im Rahmen des Zweckes der Freiheitsentziehung oder der Ordnung im Gewahrsam die Auferlegung von Beschränkungen zulassen.[834]

Bequemlichkeiten sind im Polizeigewahrsam zu gestatten.[835] Bequemlichkeiten sind Vergünstigungen gegenüber der nach der Anstaltsordnung generell vorgeschriebenen Lebenshaltung, wie z.B. die eigene Verpflegung.[836] Dem Wunsch nach Zusatznahrung auf eigene Kosten wird immer stattzugeben sein, wenn zuverlässige Angehörige oder zuverlässige Betriebe die Verpflegung brin-

---

829 Nach § 19 PGO Hessen werden Personen in der Regel nicht verpflegt, „wenn sie am Tage innerhalb von sechs und bei einer Aufnahme nach 20.00 Uhr vor Ablauf von zwölf Stunden entlassen werden".

830 Grundsätzlich sind drei Mahlzeiten vorgesehen, deren Art und Umfang von den örtlichen Gegebenheiten abhängig ist: Ziff. 10 PGO SchlHol.; Ziff. 10 PGO MV; Ziff. 3.2.1 PGO Bdg.; Ziff. 18 PGO LSA; § 22 PGO Nds.; § 19 PGO Hessen; Ziff. 4.1.3 PGO Bremen; § 12 PGO NW.

831 Wenn Gründe der Sicherheit oder Ordnung entgegenstehen: § 20 PGO Hessen; § 13 PGO NW; Ziff. 4.1.4. PGO Bremen; Ziff. 19 PGO LSA; Ziff. 11 PGO MV; Ziff. 11 PGO SchlHol; Ziff. 3.3.1 PGO Bdg.

832 § 22 Abs. 3 PGO Nds.; § 21 PGO Hessen; § 14 PGO NW; Ziff. 4.1.4 PGO Bremen; Ziff. 20 PGO LSA; Ziff. 12 PGO MV; Ziff. 12 PGO SchlHol; Ziff. 3.3.2 PGO Bdg.

833 Zwischen 21.00 Uhr und 6.00 Uhr: § 27 i.V.m. § 28 PGO Nds., § 25 PGO NW; Ziff. 4.2.3 PGO Bremen, Ziff. 27 PGO MV, Ziff. 4.3. PGO Bdg.; Zwischen 21.00 Uhr und 7.00 Uhr: § 7 PGO Hessen. Keine solche Beschränkung in der PGO von Sachsen-Anhalt sowie Schleswig-Holstein.

834 § 32 Abs. 3 S. 3 ASOG; § 15 Abs. 2 S. 3 SaarlPolG; § 13 b Abs. 3 S. 2 hmbSOG; § 1 Abs. 3 bwDVOPolG; Art. 19 Abs. 3 S. 3 bayPAG; § 19 Abs. 3 S. 3 bdgPolG; § 56 Abs. 4 SOGMV; § 37 Abs. 3 S. 3 PolGNW; § 205 Abs. 4 schlhLVwG; § 20 Abs. 4 Abs. 3 NGefAG; § 15 Abs. 4 S. 2 bremPolG; § 22 Abs. S. 2 SächsPolG; § 21 Abs. 3 S. 3 thürPAG; § 16 Abs. 3 S. 3 rhpfPOG; § 34 Abs. 3 S. 3 HSOG; § 39 Abs. 3 S. 3 SOG LSA.

835 Vgl. Müller/Sax, StPO, § 119 Rz. 35.; zur Übertragung der im Rahmen von § 119 Abs. 3 StPO entwickelten Grundsätze auf die polizeigesetzliche Ingewahrsamnahmen vgl. Ausführungen unter Punkt 3.

836 Müller/Sax, StPO, § 119 Rz. 35.

gen[837], und zwar auch außerhalb der üblichen Zeiten.[838] Ebenso ist dem Festgehaltenen, der aus religiösen Gründen bestimmte Nahrungsmittel ablehnt, eine seinem religiösen Bekenntnis entsprechende Verpflegung anzubieten.[839]

Das Verbot des Rauchens ist gleichfalls auf die zuvor benannten Vorschriften der einzelnen Polizeigesetze zu stützen.[840] Diese Vorschriften finden kaum Anwendungsschwierigkeiten. Das Rauchen unter Aufsicht gefährdet die Sicherheit nicht und ist zu gestatten, wenn Aufsichtspersonal anwesend ist. Fehlendes Aufsichtspersonal kann ein Verbot rechtfertigen.[841]

Der Genuß von Alkohol und anderen Rauschmitteln wird in jedem Fall über die Ermächtigungen aus den entsprechenden polizeigesetzlichen Regelungen[842] zu verbieten sein. Sowohl Alkohol als auch andere Rauschmittel können wegen ihrer Wirkung zu Störungen in der Anstalt führen.[843] Doch müssen auch hier Ausnahmen zulässig sein.[844] So sind Fälle denkbar, daß Suchtkranke nach ärztlicher Anordnung mit Rauschmitteln versorgt werden.[845]

Ob eine Anwendung der Beleuchtungsvorschriften in der in den jeweiligen Vorschriften der Polizeigewahrsamsordnungen[846] bestimmten Form in Betracht kommt, ist fraglich. Bei der Beleuchtung muß der Lebensgewohnheit und Bequemlichkeit des Festgehaltenen Rechnung getragen werden.[847] Daher sollte dem Wunsch der eingelieferten Person entsprochen werden, wenn nicht andere in der Gewahrsamsanstalt festgehaltene Personen unmittelbar gestört werden.[848]

---

837 Kleinknecht/Meyer, StPO, § 119 Rz. 4; so bereits die Regelung in den PGOen von SOG LSA (Ziff. 18.3.), Hessen (§ 19 Abs. 2), Niedersachsen (§ 22 Abs. 3).

838 Kleinknecht/Meyer, StPO, § 119 Rz. 4.

839 So ausdrücklich die Regelung der PGO von Brandenburg (Ziff. 3.2.1).

840 Vgl. die Vorschriften in Fn. 799.

841 Lüderssen in: Löwe/Rosenberg, StPO, § 119 Rz. 128.

842 Vgl. die Vorschriften in Fn. 799.

843 Lüderssen in: Löwe/Rosenberg, StPO, § 119 Rz. 129.

844 Lüderssen in: Löwe/Rosenberg, StPO, § 119 Rz. 129.

845 Kleinknecht/Meyer, StPO, § 119 Rz. 4; So führt die PGO von Schleswig Holstein unter Ziff. 12 aus, daß „ ärztliche Entscheidungen davon unberührt bleiben".

846 Zwischen 21.00 Uhr und 6.00 Uhr: § 27 i.V.m. § 28 PGO Nds., § 25 PGO NW; Ziff. 4.2.3 PGO Bremen, Ziff. 27 PGO MV, Ziff. 4.3. PGO Bdg.; Zwischen 21.00 Uhr und 7.00 Uhr: § 7 PGO Hessen. Keine solche Beschränkung in der PGO von Sachsen-Anhalt sowie Schleswig-Holstein.

847 Lüderssen in: Löwe/Rosenberg, StPO, § 119 Rz. 119.

848 Kleinknecht/Meyer, StPO, § 119 Rz. 6; Grunau, Untersuchungshaftvollzugsordnung, Nr. 54 UVollzO, Rz. 3.

## *6. Sonstige Eingriffshandlungen*

Die weiteren Eingriffshandlungen, wie z.B. die Einzelunterbringung[849], Sicherungsmaßnahmen, wie z.B. die Fesselung des Festgehaltenen[850], sowie die Vorführung zu einem Arzt[851] sind im gesetzlichen Rahmen zulässig. Gesetzliche Ermächtigungsgrundlagen sind wiederum die jeweiligen polizeigesetzlichen Vorschriften, die die Auferlegung von Beschränkungen bei festgehaltenen Personen vorsehen, wenn es „der Zweck der Freiheitsentziehung oder die Ordnung im Gewahrsam erfordert“[852], und zudem die polizeigesetzlichen Vorschriften, die die Polizei zur Fesselung von festgehaltenen Personen ermächtigen.[853]

Die Fesselung ist nur zulässig, wenn Tatsachen die Annahme rechtfertigen, daß die Person eine der in diesen Vorschriften beschriebene Handlung (z.B. Gewalt gegen Personen oder Sachen, Selbstmord, Flucht) begehen wird.[854] Vermutungen reichen nicht aus.[855] Die Annahme kann sich beispielsweise darauf stützen, daß die Person glaubhaft androht, sie werde in dem Gewahrsamsraum alles zusammenschlagen.[856] Doch auch bei Vorliegen der gesetzlichen Voraussetzungen zur Fesselung gebietet der Grundsatz der Verhältnismäßigkeit vor der Fesselung zu prüfen, ob die „Gefahr durch keine andere, weniger einschneidende Maßnahme, abgewendet werden kann[857]; so z.B. die Gefahr der Beschädigung des Inventars des Gewahrsamsraums durch das Entfernen beweglicher Gegenstände.[858]

849 Vgl. Ziff. 9.1 PGO MV; Ziff. 3.1.1. PGO Bdg.; § 14 Abs. 1 PGO Nds.; Ziff. 9 PGO SchlHol; Ziff. 16 PGO LSA; § 18 Abs. 1 S. 1 PGO Hess; Ziff. 3.6.1. PGO Bremen; § 11 PGO NW .

850 § 32 PGO NW; Ziff. 8.4 PGO Bremen; Ziff. 5.4 PGO Bdg.; § 38 PGO Nds.; Ziff. 21 PGO MV; Ziff. 8 PGO SchlHol; § 24 PGO Hess.

851 § 13 Abs. 2 PGO Hess; § 6 Abs. 2 PGO NW; Ziff. 6.3. PGO MV; Ziff. 11.1 PGO LSA; Ziff. 2.2.2 PGO Bdg.; Ziff. 2.1.3 PGO Bremen.

852 Vgl. Vorschriften unter Fn. 799.

853 Vgl. § 50 Abs. 1 bwPolG; Art. 61 Abs. 1 bayPAG; § 60 Abs. 1 bdgPolG; § 41 Abs. 1 bremPolG; § 18 Abs. 1 hmbSOG; § 59 HSOG; § 102 Abs. 1 SOG MV; § 69 Abs. 1 NGefAG; § 62 PolGNW; § 58 Abs. 1 rhpfPOG; § 49 Abs. 2 SaarlPolG; § 31 Abs. 1 SächsPolG; § 58 Abs. 1 SOG LSA; § 251 Abs. 1 schlhLVwG; § 59 Abs. 2 thürPAG.

854 Vgl. Hansen Die Polizei 1990, 138.

855 Heise/Tegtmeyer, PolGNW, § 62 Rz. 3; Meixner, HSOG, § 59 Rz. 3.

856 Heise/Tegtmeyer, PolGNW, § 62 Rz. 3; Hansen Die Polizei 1990, 139.

857 Hansen Die Polizei 1990, 140; vgl. auch § 119 Abs. 5 S. 1 l. Hbs. StPO.

858 Hansen Die Polizei 1990, 139; Berner/Köhler, BayPAG, Art. 65 Rz. 4.

*d) Stellungnahme*

Im Ergebnis ist festzustellen, daß diese Eingriffshandlungen der Gewahrsamsordnungen im Hinblick auf ihre jeweilige polizeigesetzliche Grundlage mit den Grundsätzen des Rechtsstaates vereinbar sind. Für alle Eingriffshandlungen gilt ausnahmslos, daß sie im gesetzlichen Rahmen und unter Beachtung des verfassungsrechtlichen Übermaßverbots anzuwenden sind. Es ist stets zu prüfen, ob nicht mildere Mittel zur Sicherung der Freiheitsentziehung ausreichend sind; so z.B. vor einer Fesselung die Entfernung des gefährdeten Mobiliars oder vor Abweisung eines Besuchers seine Durchsuchung.

Darüber hinaus obliegt den Vollzugsbehörden die Durchführung eines menschenwürdigen Polizeigewahrsams. So müssen Unterbringungsmöglichkeiten, eine ausreichende Versorgung und akzeptable hygienische Verhältnisse vorhanden sein, sowie hinreichende Möglichkeiten, Vertrauenspersonen bzw. Anwälte und Verwandte zu informieren.[859] Die Unterbringung darf z.B. vor dem Hintergrund des Mißhandlungsverbots aus Art. 104 Abs. 1 S. 2 GG nicht in engen und feuchten Zellen erfolgen[860] und die Gewahrsamsräume müssen mit Ruhemöglichkeiten ausgestattet sein.[861] Der Verwahrungsraum muß grundsätzlich so beschaffen sein, daß er menschenwürdig ist und Nachteile für die Gesundheit nicht eintreten können.[862] Für den Verwahrten sind zudem eine Matratze, Wolldecken sowie Bettwäsche bereitzustellen.[863] Daß die praktische Durchführung der Ingewahrsamnahme gerade bei Masseningewahrsamnahmen den verfassungsrechtlichen Anforderungen an einen menschenwürdigen Polizeigewahrsam häufig nicht

---

859 Göddeke Die Polizei 1997, 168.

860 Vgl. Ausführungen in diesem Kapitel unter B I d).

861 Vgl. § 26 PGO Nds.; Ziff. 25.1 PGO MV; § 5 PGO Hess.:„..mit sicher befestigten Liegen".

862 § 5 Abs. 2 PGO Hess. Darüber hinaus bestimmt § 5 Abs. 3 PGO Hess: „Der Verwahrungsraum muß ausbruchsicher und so gelegen und beschaffen sein, daß die verwahrte Person mit der Außenwelt nicht in Verbindung treten kann. Die Tür muß massiv und nach innen mit einer Blechverkleidung ausgestattet sein, eine Einblicköffnung besitzen und soll mit einer Durchreicheklappe ausgestattet sein. Sie muß außerdem verschließbar und durch starke, nur von außen zugängliche Verriegelung zusätzlich zu sichern sein. Fenster sind zu vergittern oder mit anderen Sicherungskonstruktionen zu versehen. Vorhandene Glasscheiben dürfen der verwahrten Person nicht zugänglich sein."

863 § 5 Abs. 4 PGO Hess.; § 26 Abs. 2 PGO Nds.; § 23 Abs. 1 PGO NW; Ziff. 4.2.1. PGO Bremen; Ziff. 4.1.2. PGO Bdg.; Ziff. 25.2. PGO MV: „..sowie ein Handtuch mit Seife." Entsprechend diesen Regelungen kann von der Ausgabe dieser Gegenstände abgesehen werden, wenn der Verwahrte nur tagsüber oder nur kurzfristig untergebracht wird und kein Ruhebedürfnis besteht.

gerecht wird, soll ein Beispiel aus Bremen aus dem Jahre 1996[864] verdeutlichen: Anläßlich des Bremer Polizeieinsatzes bei den "Chaos-Tagen 1996" hatten die Beamten zur Vermeidung von Randalen „vorsorglich" 315 Personen über 17 Stunden in Kasernengaragen ohne Sitzgelegenheiten gesperrt.[865] Der Polizeipräsident von Bremen begründete das fehlende Mobiliar damit, daß Festgehaltene schon einmal mit Bänken Wände durchbrochen hätten.[866] Warum nicht zumindest Decken für das stundenlange Lagern auf kaltem Beton bereit lagen, blieb offen. Einige Festgehaltene erhielten elf Stunden lang nichts zu essen.[867] Betroffene berichteten, sie hätten darüber hinaus erst nach stundenlangem Drängen einen Anwalt oder Angehörigen benachrichtigen dürfen.[868]

Die Rechts- und Verfassungswidrigkeit dieser Ingewahrsamnahmen bedarf angesichts der vorgetragenen Fakten und der zuvor erfolgten Untersuchung der Anforderungen an einen verfassungskonformen Polizeigewahrsam keiner ausdrücklichen Erwähnung mehr[869] (z.B. Verstoß gegen die polizeigesetzliche Pflicht, dem Festgenommenen unverzüglich Gelegenheit zur Benachrichtigung einer Vertrauensperson zu geben; Verstoß gegen die grundgesetzliche Pflicht zur unverzüglichen richterlichen Vorführung gem. Art. 104 Abs. 2 GG). Kann die Polizei nicht gewährleisten, daß die Ingewahrsamnahmen im vorstehenden Sinne ordnungsgemäß durchgeführt werden, soll sie von einer derartigen Maßnahme gänzlich absehen müssen.[870] Die Menschenwürde gewährt einen sozialen Wert- und Achtungsanspruch, der dem Menschen um seinetwillen zukommt.[871] Dementsprechend schützt Art. 1 GG davor, unpersönlich wie ein Gegenstand behandelt zu werden.[872] Schutzobjekt ist der Mensch schlechthin, also auch der „völlig asoziale", der Verbrecher.[873] Die Menschenwürde verbietet, daß der einzelne zum bloßen Objekt erniedrigt oder im Zusammenhang mit einer staatlichen Maßnah-

---

864 Vgl. FAZ v. 17.8.1996.

865 Nach Angaben des Amtsgerichts, das seinen Wochenendnotdienst verstärkt hatte, dauerte es sogar 20 Stunden, vgl. Stuttgarter Zeitung v. 17.8.1996.

866 Vgl. Stuttgarter Zeitung v. 17.8.1996.

867 Vgl. FAZ v. 17.8.1996: Wie der Polizeipräsident erklärte, habe die Polizei um 9.00 Uhr unter 36 Personen 20 Lunchpakete verteilt; „die zweite Verpflegung wurde nach 22.00 Uhr ausgegeben".

868 Vgl. FAZ v. 17.8.1996: Nach Meinung des Bremer Innensenators habe die Polizei im Verlauf der Chaos-Tage „souverän und sehr engagiert gehandelt".

869 Vgl. auch die Aussage des SPD-Vorsitzenden in Bremen-Stadt:„...auf den ersten Blick ein eklatanter Verstoß gegen das Polizeigesetz", Stuttgarter Zeitung v. 17.8.1996.

870 Vgl. VG Hamburg NVwZ 1987, 829.

871 BGH NJW 1961, 1397, 1398.

872 BVerfGE 30, 1, 40.

873 Vgl. Pieroth/Schlink, Staatsrecht II: Grundrechte, S. 12.

me herabgewürdigt wird, gleich aus welchem Anlaß er mit der Staatsgewalt in Berührung gekommen ist. Im Vordergrund aller staatlichen Tätigkeit steht der Mensch; so ergibt sich die Vorrangstellung des Menschen vor den Zwecken des Staates.[874] Zum Schutz seiner Würde kann sich der einzelne auf seine Grundrechte berufen.[875] Wenn sich bei einer Masseningewahrsamnahme herausstellt, daß keine den verfassungsrechtlichen Anforderungen entsprechende Unterkunftsmöglichkeiten vorhanden sind und die Ingewahrsamnahmen nur unter menschenunwürdigen Bedingungen durchgeführt werden können (vgl. das Beispiel aus Bremen), sind die Betroffenen aus dem Gewahrsam zu entlassen; auch wenn dadurch der Strafanspruch des Staates nicht verwirklicht werden kann.[876] Kein staatliches Ziel ist so wertvoll, daß es unmenschliche Mittel rechtfertigt.[877]

874 Maunz/Dürig, GG, Art. 1 Rz. 45 ff.
875 Vgl. BVerfGE 35, 202, 208.
876 A.A. Göddeke Die Polizei 1997, 168, der im Hinblick auf den durchzusetzenden staatlichen Strafanspruch „gewisse räumliche Unzulänglichkeiten“ für hinnehmbar erachtet und auf „optimale Einrichtungen für Masseningewahrsamnahmen“ verzichten will.
877 Vgl. BVerfGE 30, 1, 40.

# 5. Kapitel: Das Rechtsschutzsystem

## A. Rechtsschutz gegen richterlich angeordnete Zwangsmaßnahmen

### *I. Vor Beendigung der Zwangsmaßnahme*

#### *a) Im Bereich des Strafverfahrensrechts*

Richterliche Entscheidungen, durch die Zwangsmaßnahmen angeordnet werden (z.B. die Festnahme oder die körperliche Untersuchung des Beschuldigten), sind grundsätzlich mit der Beschwerde gem. § 304 StPO anfechtbar.[878]

Die Beschwerde ist zulässig, wenn der Beschwerdeführer durch die angegriffene Entscheidung beschwert[879], die Maßnahme also noch gegenwärtig ist und fortdauert.[880] Beschwerdeberechtigt ist, wer durch die angefochtene Maßnahme in eigenen Rechten verletzt ist.[881] Das sind vor allem die Verfahrensbeteiligten, wie die Staatsanwaltschaft und der Festgenommene, aber nach § 304 Abs. 2 StPO auch Dritte, wie Zeugen und Sachverständige, wenn sie durch die Verfügung oder den Beschluß unmittelbar betroffen sind.[882]

Die Beschwerde ist nicht statthaft, soweit das Gesetz bestimmte Entscheidungen ausdrücklich für unanfechtbar erklärt.[883] Eine generelle Einschränkung der Beschwerdemöglichkeit enthält ferner die Bestimmung des § 305 S. 1 StPO. Danach unterliegen Entscheidungen der erkennenden Gerichte, die der Urteilsfäl-

---

878 Ausführlich hierzu Amelung NJW 1979, 1690. Dies gilt auch bei Zwangsmaßnahmen soweit das OLG im ersten Rechtszug oder der Ermittlungsrichter des BGH entschieden hat (§ 304 Abs. 4 S. 2 Nr. 1 u. Abs. 5 StPO) und soweit sie vom erkennenden Richter angeordnet worden sind (§ 305 S. 2 StPO).

879 Die Beschwer ist, wie bei allen Rechtsmitteln, nach Auffassung der Rechtsprechung Merkmal der Zulässigkeit und nicht erst der Begründetheit; BGHSt 16, 374, 376; BGHSt 28, 327, 330; a.A. E. Schmidt, Lehrbuch zur StPO, Rz. 14 vor § 296 StPO.

880 BGHSt 7, 153, 155; 13, 75, 77; 16, 374, 376.

881 BGHSt 7, 153, 155; 28, 327, 330.

882 Kleinknecht/Meyer, StPO, § 304 Rz. 7; a.A. Engelhardt in: Karlsruher Komm., StPO, § 304 Rz. 28 f., der eine mittelbare Betroffenheit, etwa als Familienangehöriger, für ausreichend hält.

883 Vgl. z.B. §§ 304 Abs. 4 S.1; 28 Abs. 1, 81 c Abs. 3 S. 4; 161a Abs. 3 S. 4, 163 a Abs. 3 S. 3 StPO; vgl. hierzu auch BVerfGE 1, 433, 437; BGH DRiZ 1963, 232.

lung vorausgehen, nicht der Beschwerde. Ausgenommen sind gem. § 305 S. 2 StPO u.a. Entscheidungen über Verhaftungen und die einstweilige Unterbringung. Diese Ausnahmen betreffen Fälle, in denen die Entscheidung Wirkungen entfaltet, die entweder nachträglich nicht mehr zu beseitigen sind (z.B. Freiheitsentziehungen) oder aber dritte Personen betreffen, denen ein Rechtsmittel gegen das abschließende Urteil nicht zusteht.[884] Die Beschwerde wird bei dem Gericht, von dem oder von dessen Vorsitzenden die angefochtene Entscheidung erlassen ist, schriftlich eingelegt (§ 306 Abs. 1 StPO).

*b) Im Bereich der Gefahrenabwehr*

Erging die richterliche Anordnung einer freiheitsentziehenden Maßnahme auf der Grundlage des Polizeirechts, kann der richterliche Beschluß gem. § 7 FEntzG[885] mit der sofortigen Beschwerde angefochten werden, die nach § 22 Abs. 1 FGG innerhalb einer Frist von zwei Wochen ab Bekanntmachung der Entscheidung einzulegen ist.[886] Über die sofortige Beschwerde entscheidet das Landgericht (§ 3 S. 2 FEntzG i.V.m. § 19 Abs. 2 FGG). Das Beschwerderecht steht dem Betroffenen sowie der Polizeibehörde, die den Antrag auf Freiheitsentziehung gestellt hat, als auch einer von dem Betroffenen benannten Vertrauensperson zu (§ 6 Abs. 2 FEntzG).

Die einfache Beschwerde (§§ 4 ff. FEntG i.V.m. § 19 FGG) ist gegen alle Entscheidungen des Gerichts möglich, die nicht die Freiheitsentziehung selbst betreffen, wie z.B. die Vorführung zur Anhörung gem. § 5 Abs. 1 FEntzG.[887]

Gegen die Entscheidung des Beschwerdegerichts ist das Rechtsmittel der weiteren Beschwerde (§§ 4 ff. FEntzG i.V.m. § 27 FGG) gegeben. Für das Be-

---

884 Engelhardt in: Karlsruher Komm., StPO, § 305 Rz. 1; OLG Koblenz NStZ 1994, 355; Gollwitzer in: Löwe/Rosenberg, StPO, § 305 Rz. 21; Kleinknecht/Meyer, StPO § 305 Rz. 7; Bloy JuS 1986, 588; Amelung, Rechtsschutz, S.19 ff.

885 Polizeigesetzliche Verweisung auf die Verfahrensvorschriften des FENtzG: § 38 Abs. 2 S. 2 SOG LSA; Art. 18 Abs. 3 S. 3 bayPAG; § 13a Abs. 2 S. 2 hmbgSOG; § 33 Abs. 2 S. 2 HSOG; § 15 Abs. 2 S. 2 rhpfPOG; § 20 Abs. 2 S. 2 thürPAG; § 181 Abs. 4 S. 4 schlhLVwG; § 31 Abs. 3 S. 2 ASOG; § 16 Abs. 3 S. 2 bremPolG; § 18 Abs. 2 S. 2 bdgPolG; § 14 Abs. 2 S. 2 SaarlPolG; § 38 Abs. 2 S. 2 PolGNW; § 29 Abs. 4 S. 4 SOGMV; direkte Verweisung auf die Verfahrensvorschriften des FGG und damit auf die Möglichkeit der sofortigen Beschwerde gem. § 22 FGG: § 28 Abs. 4 S. 2 bwPolG; § 22 Abs. 8 S. 2 SächsPolG; § 19 Abs. 3 NGefAG.

886 Vgl. Kritik hierzu im 3. Kapitel unter B III b): Wünschenswert sind verfahrensrechtliche Regelungen des Gesetzgebers und keine Verweisungstatbestände.

887 Saage/Göppinger, FEntzG, § 7 Rz. 2.

schwerdeverfahren einschließlich des Verfahrens der weiteren Beschwerde gelten die allgemeinen Regeln des FGGs (§§ 4 ff. FEntzG i.V.m. §§ 19 ff. FGG).

### *II. Nach Beendigung der Zwangsmaßnahme*

Ob und wie der Betroffene nachträglich Rechtsschutz erhalten kann, ist Gegenstand der nachfolgenden Untersuchung.

#### *a) Im Bereich des Strafverfahrensrechts*[888]

Die Rechtsprechung[889] lehnte früher eine Rechtsschutzmöglichkeit gegen bereits vollzogene, strafprozessuale Zwangsmaßnahmen von Richtern ab.[890] Ein Verstoß gegen Art. 19 Abs. 4 GG sei zu verneinen, weil sich aus Art. 19 Abs. 4 GG kein Anspruch auf eine mehrstufige richterliche Prüfung ergebe. Lediglich in Ausnahmefällen, etwa wegen der erheblichen Folgen des Eingriffs oder der Gefahr der Wiederholung, möglicherweise auch wegen der Schwere der Rechtsverletzung, könne ein Interesse des Betroffenen an der Feststellung der Rechtswidrigkeit der Maßnahme und damit ein nachwirkendes Bedürfnis für eine richterliche Überprüfung angenommen werden.[891]

An dieser Auffassung hält der 2. Senat des BVerfG nicht mehr fest.[892] Mit Beschluß v. 30.4.1997 hat er nunmehr entschieden, daß die Beschwerde gem. §§ 304 ff. StPO auch gegen die bereits beendete richterliche Durchsuchungsanordnung statthaft ist. Die in Art. 19 Abs. 4 GG verbürgte Effektivität des Rechtsschutzes[893] werde in erster Linie von den Prozeßordnungen gesichert. Sie treffe Vorkehrungen dafür, daß der Einzelne seine Rechte auch tatsächlich wirksam durchsetzen könne und die Folgen staatlicher Eingriffe im Regelfall nicht ohne fachgerechte Prüfung zu tragen habe.[894] Eröffne das Prozeßrecht eine weitere In-

---

888 Zum Erledigungsbegriff im Strafverfahren vgl. BGH NStZ 1989, 189.

889 Vgl. BVerfGE 49, 329, 337 ff.; BGHSt 28, 57; 28, 161; BGHSt 28, 57, 58; OLG Celle JR 1973, 339 m. abl. Anm. Peters.

890 Vgl. zum früheren Streitstand ausführlich Amelung, Rechtsschutz, S. 44 ff.; ders. in NJW 1979, 1691; ders. in ZZP 88 (1975), 81 f., 84; Dörr NJW 1984, 2261; Fezer Jura 1982, 135; Haffke NJW 1974, 1985; E. Schmidt JZ 1968, 363; Lisken in: Lisken/Denninger, HdbdPolR, K 56; Hilger JR 1990, 488; Roxin, Strafverfahrensrecht, § 29 D II; Bohlander AnwBl. 1996, 177.

891 BVerfGE 49, 329, 337 ff.

892 StV 1997, 393 ff., in Abweichung von BVerfGE 49, 329 ff.; s. hierzu auch Roxin StV 1997, 654 ff.; Anm. v. Amelung JR 1997, 384 ff.

893 Vgl. BVerfGE 67, 43, 58; st. Rspr.

894 BVerfG StV 1997, 393; vgl. BVerfGE 94, 166, 213.

stanz, so gewährleiste Art. 19 Abs. 4 GG dem Bürger in diesem Rahmen die Effektivität des Rechtsschutzes im Sinne eines Anspruchs auf eine wirksame gerichtliche Kontrolle.[895] Auch gebiete ein effektiver Grundrechtsschutz bei tiefgreifenden Grundrechtseingriffen, zu denen die Hausdurchsuchung und die Freiheitsentziehung zählen, daß der Betroffene die Berechtigung des schwerwiegenden Grundrechtseingriffs gerichtlich klären lassen kann.[896] Die Funktionsteilung zwischen der Fach- und Verfassungsgerichtsbarkeit lasse es nicht zu, daß der Betroffene, der von einem alsbald erledigten Eingriff schwerwiegend im Schutzbereich seines individuellen Grundrechtes betroffen sei, erst und nur im Wege der Verfassungsbeschwerde effektiven Grundrechtsschutz einfordern könne.[897] Das Beschwerdegericht habe zu prüfen, ob ungeachtet der eingetretenen Erledigung ein Rechtsschutzinteresse des Betroffenen bestehe. Ein solches Interesse ist nach der Auffassung des BVerfG wegen des Gewichts eines Eingriffs in die Grundrechte des Art. 13 und Art. 2 Abs. 2 GG zu bejahen.[898]

Dem Betroffenen steht somit auch nach Beendigung einer richterlich angeordneten Zwangsmaßnahme auf dem Gebiet des Strafverfahrensrechts das Rechtsmittel der Beschwerde gem. §§ 304 ff. StPO zur Verfügung.[899]

*b) Im Bereich der Gefahrenabwehr*[900]

Ist die richterliche Anordnung einer freiheitsentziehenden Maßnahme auf der Grundlage des Polizeirechts ergangen und der Betroffene (spätestens) nach Ablauf der durch die richterliche Anordnung gesetzten Frist aus dem Polizeigewahrsam wieder entlassen worden, lehnt die Rechtsprechung[901] mangels einschlägiger gesetzlicher Regelungen eine feststellende Entscheidung allein über die Rechtswidrigkeit der vorangegangenen Freiheitsentziehung im Verfahren nach dem FEntzG und dem FGG ab.[902] Das BVerwG[903] hat diese Rechtsprechung partiell modifiziert: Auch nach Erledigung (= Entlassung) sei ein Antrag auf richterliche Entscheidung gem. § 13 Abs. 2 FEntzG zulässig. Doch lag dieser Entscheidung

895 Vgl. auch BVerfGE 40, 272, 274 f.; 54, 94, 96 f.

896 BVerfG StV 1997, 394.

897 BVerfG StV 1997, 394 in Abweichung von BVerfGE 49, 329, 343.

898 BVerfG StV 1997, 394.

899 Vgl. auch Amelung, Rechtsschutz, S. 59; Lisken in: Lisken/Denninger, HdbdPolR, K 56; Roxin StV 1997, 654; Gössel GA 1995, 240.

900 Zum Begriff der 'Erledigung' im Verwaltungsverfahren vgl. Kopp, VwGO, § 113 Rz. 8 ff.

901 BayObLG BayVBl. 1986, 666 f.; BayObLG DÖV 1987, 252; KG NJW 1983, 690 m.w.N.

902 Im Ergebnis auch Saage/Göppinger, FEntzG, § 13 Rz. 19.

903 BVerwG NJW 1982, 536.

des BVerwG der Fall einer behördlich angeordneten und nicht der einer richterlich angeordneten Freiheitsentziehung zugrunde.[904]

Doch muß auch hier ein effektiver Grundrechtsschutz für den Betroffenen durch eine gerichtliche Kontrolle gewährleistet sein. Wenn dem Betroffenen im Bereich des Strafverfahrensrechts Rechtsschutz gegen bereits beendete, richterlich angeordnete Eingriffe gewährt wird[905], dann muß er diesen Rechtsschutz auch für den Bereich der Gefahrenabwehr beanspruchen können. Denn sonst würde sich das Handeln der Polizeibeamten entgegen der grundgesetzlichen Gewährleistung eines umfassenden Rechtsschutzes (Art. 19 Abs. 4 GG) in einem rechtsschutzfreien Raum bewegen.[906] Dem Betroffenen ist in Anlehnung an die grundsätzlichen Ausführungen des BVerfG[907] zum Rechtsschutz gegen bereits beendete, richterlich angeordnete Grundrechtseingriffe auch Rechtsschutz gegen diese Eingriffe zu gewähren, die auf dem Gebiet der Gefahrenabwehr angeordnet wurden. Der Betroffene kann somit auch noch nach Erledigung der Zwangsmaßnahme die Feststellung der Rechtswidrigkeit derselben im Verfahren nach dem FEntzG und dem FGG verlangen.[908] Die Rechtswegregelung des § 13 Abs. 2 FEntzG ist hier die geeignete, weil diese insbesondere die nachträgliche Feststellung der Rechtswidrigkeit behördlicher Freiheitsentziehungen betrifft[909], unter die auch solche richterliche Entscheidungen fallen, die nicht Akte der Rechtsprechung, sondern „Verwaltungsakte" darstellen.[910]

## B. Rechtsschutz gegen polizeibehördlich angeordnete Zwangsmaßnahmen

Nachfolgend werden die Rechtsschutzmöglichkeiten untersucht, die sich dem Betroffenen auf dem Gebiet des Strafverfahrensrechts und der Gefahrenabwehr gegen polizeibehördlich angeordnete Zwangsmaßnahmen eröffnen. Unterschieden wird wiederum zwischen dem Rechtsschutz gegen eine noch andauernde und gegen eine durch Vollzug oder anders erledigte Maßnahme.

---

904 In Abgrenzung zu BVerwG NJW 1982, 536 vgl. das KG NJW 1983, 690 ff.

905 Vgl. BVerfG StV 1997, 393 sowie die Ausführungen zuvor unter Punkt a).

906 Vgl. zur Rechtsschutzgewährung des Art. 19 Abs. 4 GG u.a. BVerfGE 60, 253, 294 ff.

907 StV 1998, 393.

908 Vgl. Lisken/Mokros NVwZ 1991, 612.

909 Vgl. Saage/Göppinger, FEntzG, § 13 Rz. 3.

910 Vgl. Lisken/Mokros NVwZ 1991, 612; vgl. auch Ausführungen über die richterliche Tätigkeit gem. Art. 104 Abs. 2 GG unter 3. Kapitel B I b.

### *I. Rechtswegfragen*

Für eine Rechtswegbestimmung ist zunächst entscheidend, in welcher Funktion die Polizei die Zwangsmaßnahme vorgenommen hat.[911] Wird sie aus eigener Kompetenz (§ 163 StPO) oder im Auftrag der Staatsanwaltschaft (§ 161 StPO, § 152 GVG) zum Zweck der Strafverfolgung tätig, so handelt sie auf dem Gebiet des Justizverwaltungsrechts. Sind dagegen die Zwangsmaßnahmen zur Abwehr von Gefahren angeordnet worden, dann handelt die Polizei auf dem Gebiet des Polizeirechts. Die Problematik folgt aus der doppelfunktionalen Tätigkeit der Polizei[912], sowohl „ordnungsbehördlich" Gefahren abzuwehren, also auch „strafverfolgend" für die Staatsanwaltschaft die Wahrheit zu ermitteln. Eine polizeiliche Maßnahme kann zudem doppelfunktional sein, wenn sie zugleich zum Zwecke der Gefahrenabwehr und der Ermittlung einer Straftat getroffen wird.[913]

Die Qualifizierung einer solchen Maßnahme als präventiv- oder repressivpolizeilich richtet sich nach der von der Polizei verfolgten Zwecksetzung und nach der Befugnis, auf die die Polizei ihre Maßnahme stützt. Maßgebend hierfür ist die Begründung, die die Polizei dem Betroffenen auf sein Verlangen gibt oder wie sich der konkrete Lebenssachverhalt einem verständigen Bürger in der Lage des Betroffenen bei natürlicher Betrachtungsweise darstellt. Dabei muß der Lebenssachverhalt einheitlich betrachtet werden, soweit nicht einzelne Teile objektiv abtrennbar sind.[914]

### *II. Vor Beendigung der Zwangsmaßnahme*

#### *a) Im Bereich des Strafverfahrensrechts*

#### *1. Rechtswegzuweisung für repressivpolizeiliche Zwangsmaßnahmen*

Ursprünglich war bei Maßnahmen nichtrichterlicher Strafverfolgungsorgane schon streitig, ob sie als Prozeßhandlungen überhaupt einer selbständigen Anfechtung unterliegen.[915] Doch ist die Ablehnung einer Anfechtungsmöglichkeit[916]

---

911 Zur Rechtswegunterscheidung bei polizeilichem Handeln vgl. BVerwGE 47, 255 ff.

912 Ausführlich hierzu Götz, Allgemeines Polizei- und Ordnungsrecht, Rz. 546 ff.; vgl. auch Emmerich DVBl. 1958, 338 ff.

913 Vgl. Götz, Allgemeines Polizei- und Ordnungsrecht, Rz. 546 ff.

914 St. Rspr. im Anschluß an BVerwG NJW 1975, 893 f. (E 47, 255, 264).

915 Vgl. Nachweise bei Amelung, Rechtsschutz, S. 26.

bereits nicht mit der Rechtsschutzgarantie des Art. 19 Abs. 4 GG vereinbar.[917] Uneinigkeit bestand zudem über die Frage der Rechtswegzuweisung, also ob gegen diese Eingriffe der Rechtsweg zu den ordentlichen Gerichten oder zu den Verwaltungsgerichten eröffnet ist.[918] Während die Staatsanwaltschaft als Justizbehörde zweifelsfrei der Kontrolle der ordentlichen Gerichte unterliegt, wurde bei strafprozessualen Eingriffen der Polizei dagegen vielfach behauptet, der Rechtsweg richte sich wie bei den Präventivmaßnahmen nach den §§ 40 ff. VwGO.[919] Erst mit der Erklärung des BVerwG[920], daß die Polizei bei repressiven Eingriffen als „Justizbehörde im funktionellen Sinne“ handelt, stand für diese Eingriffe die Rechtswegzuweisung zu den ordentlichen Gerichten fest.[921]

### 2. *Der Rechtsbehelf des § 98 Abs. 2 S. 2 StPO*

Für den Fall einer behördlichen Beschlagnahme ist gem. § 98 Abs. 2 S. 2 StPO ausdrücklich geregelt, daß der Betroffene diese Maßnahme jederzeit durch den primär zuständigen Richter überprüfen lassen kann. Dieses für die Beschlagnahme konzipierte Rechtsinstitut des § 98 Abs. 2 S. 2 StPO wird zunehmend als Ausdruck eines allgemeinen Rechtsgedankens empfunden und auch für die übrigen, nicht erledigten Maßnahmen, die die Staatsanwaltschaft und ihre Hilfsbeamten in Eilkompetenz treffen können, entsprechend angewandt.[922] Damit wird der Rechtsschutzgarantie des Art. 19 Abs. 4 GG Rechnung getragen.[923] Der Betroffene kann somit jederzeit die Entscheidung des an sich primär zuständigen Rich-

---

916 OLG Hamm NJW 1973, 1089; OLG Karlsruhe NJW 1976, 1417; OLG Stuttgart NJW 1977, 2276; weitere Nachweise bei Schäfer in: Löwe-Rosenberg, StPO, § 23 EGGVG Rz. 73.

917 So nunmehr BGHSt 28, 57, 58; BGH NJW 1978, 1013; vgl. ebenso Bottke StV 1986, 120 ff.

918 Vgl. Götz, Allgemeines Polizei- und Ordnungsrecht, Rz. 463 m.w.N.

919 OVG Berlin NJW 1971, 37; v. Feldmann VerwArch 62 (1971), 169 ff. m. krit. Anm. von Schenke VerwArch 62 (1971), 176 ff.; vgl. auch Markworth DVBl. 1975, 575 ff. ; a.A. den Rechtsweg gem. § 23 EGGVG zu den OLGen bejahend BVerwG JZ 1975, 523 f. m. Anm. v. Amelung; OVG Hamburg DVBl. 1971, 283 f.; BayVGH BayVBl. 1967, 97; VG Freiburg DVBl. 1965, 575; Schenke VerwArch 60 (1969), 338 f.

920 BVerwGE 47, 255, 258.

921 Vgl. Götz, Allgemeines Polizei- und Ordnungsrecht, Rz. 465 ff.

922 Vgl. BGHSt 28, 206, 209; BGH NJW 1978, 1013 m. Anm. Amelung; KG JR 1972, 298; OLG Karlsruhe NJW 1978, 1596; Schäfer in: Löwe-Rosenberg, StPO, § 98 Rz. 49; Schlüchter, Das Strafverfahren, Rz. 182; Rieß/Thym GA 1981, 199; Fezer Jura 1982, 128 f; Kleinknecht/Meyer, StPO, § 105 Rz. 16 m.w.N; a.A. Genzel NJW 1969, 1562, 1565.

923 Vgl. Amelung, Rechtsschutz, S. 33.

ters über die Zulässigkeit der noch fortdauernden Maßnahmen herbeiführen. Durch das Antragsrecht wird zugleich Rechtsschutz gegen die strafverfahrensbehördliche Maßnahme gewährt und das Verfahren dem zuständigen Entscheidungsorgan, nämlich dem Richter, zugeleitet.[924] Der Ermittlungsrichter ist somit kraft Sachzusammenhangs für die Überprüfung der noch andauernden Maßnahmen der Ermittlungsbehörden zuständig.[925]

*b) Im Bereich der Gefahrenabwehr*

Im Falle einer Freiheitsentziehung im Rahmen präventivpolizeilichen Handelns entscheidet der Amtsrichter nach dem Verfahren des FEntzG[926] bzw. des FGG[927] über die Zulässigkeit und Fortdauer der Freiheitsentziehung. Die hier von Amts wegen herbeizuführende richterliche Entscheidung verwirklicht die durch Art. 104 Abs. 2 S. 1 GG geforderte Primärzuständigkeit des Richters für Freiheitsentziehungen.[928] Eine verwaltungsgerichtliche Klage gegen die Freiheitsentziehung ist im Hinblick auf die Zuständigkeit des Amtsrichters unzulässig, solange die Freiheitsentziehung andauert.[929]

*III. Nach Beendigung der Zwangsmaßnahme*

Nachfolgend soll untersucht werden, welche Möglichkeiten der Betroffene hat, nachträglich die Rechtswidrigkeit der behördlich angeordneten Zwangsmaßnahme feststellen zu lassen, die auf dem Gebiet des Strafverfahrensrechts bzw. der Gefahrenabwehr erging.[930]

---

924 Vgl. Fezer Jura 1982, 128 f.

925 Kleinknecht/Meyer, StPO, § 23 EGGVG Rz. 10 und § 98 StPO Rz. 23; Lisken in: Lisken/Denninger, HdbdPolR, K 53.

926 § 38 Abs. 2 S. 2 SOG LSA; Art. 18 Abs. 3 S. 3 bayPAG; § 13a Abs. 2 S. 2 hmbSOG; § 33 Abs. 2 S. 2 HSOG; § 15 Abs. 2 S. 2 rhpfPOG; § 20 Abs. 2 S. 2 thürPAG; § 181 Abs. 4 S. 4 schlhLVwG; § 31 Abs. 3 S. 2 ASOG; § 16 Abs. 3 S. 2 bremPolG; § 18 Abs. 2 S. 2 bdgPolG; § 14 Abs. 2 S. 2 SaarlPolG; § 38 Abs. 2 S. 2 PolGNW; § 29 Abs. 4 S. 4 SOGMV.

927 § 28 Abs. 4 S. 2 bwPolG; § 22 Abs. 8 S. 2 SächsPolG; § 19 Abs. 3 NGefAG.

928 Vgl. Ausführungen 3. Kapitel B I b).

929 BVerwG NJW 1989, 1048.

930 Vgl. zu der Rechtsschutzproblematik bei erledigten, nichtrichterlichen Anordnungen für den strafprozessualen Bereich Amelung, Rechtsschutz, S. 40 ff.; Rieß/Thym GA 1981, S. 200 ff.; Fezer, Strafprozeßrecht I, S. 159, 161, 172; ders. Jura 1982, 18 ff.; Dörr NJW 1984, 2258 ff.; Schenke NJW 1976, 1816 ff. und für

*a) Im Bereich des Strafverfahrensrechts*

*1. Rechtsweg nach den §§ 23 ff. EGGVG*

Der BGH[931] und die überwiegende Anzahl der Senate der Oberlandesgerichte[932] verweisen auf den Rechtsweg im Verfahren nach den §§ 23 ff. EGGVG und damit an die Oberlandesgerichte, soweit der Betroffene die Art und Weise der bereits abgeschlossenen Vollziehung einer strafverfahrensrechtlichen Zwangsmaßnahme beanstandet.[933] Diese Verweisung steht jedoch im Widerspruch zu der Auffassung des BGH[934], daß bei Rügen über die Art und Weise des Eingriffs während der Dauer der Zwangsmaßnahmen der Ermittlungsrichter gem. § 98 Abs. 2 S. 2 StPO analog zuständig sein soll. Wäre somit vor Beendigung der Maßnahme der Ermittlungsrichter und nach Beendigung das OLG für die Art und Weise der Vollziehung derselben zuständig, könnten die Ermittlungsbehörden durch den raschen Abschluß ihrer Maßnahmen nach eigenem Belieben die Zuständigkeit für den Rechtsschutz vom nahen Amtsgericht auf das ferne Oberlandesgericht verschieben.[935] In Göttingen oder Trier wäre beispielsweise statt des „Amtsgerichts um die Ecke“[936] das über 100 km entfernte Oberlandesgericht in Celle oder Koblenz zuständig. Das würde in der Praxis den Rechtsschutz gegen vollendete Grundrechtseingriffe behindern[937] und den Strafverfolgungsbehörden Manipulationsmöglichkeiten eröffnen.[938] Der innere Zusammenhang dieser Maßnahmen legt es nahe, auch das nachträgliche Rechtsschutzbegehren, das sich nicht selten auf die Eingriffsweise bezieht („alles kurz und klein geschlagen“),

---

den präventivpolizeilichen Bereich Götz, Allgemeines Polizei- und Ordnungsrecht, Rz. 559 ff.

931 BGH MDR 1990, 940 ff.; BGHSt 37, 79, 82 m.w.N.

932 OLG Stuttgart NStZ 1986, 567; OLG Oldenburg NdsRpfl. 1990, 157; OLGSt § 23 EGGVG S. 85; OVG Hamburg NJW 1970, 1699; a.A. vgl. OLG Celle StV 1985, 137; OLG Hamm NStZ 1984, 136; OLG Karlsruhe NStZ 1986, 567; NJW 1988, 84.

933 Ebenso Schäfer in: Löwe/Rosenberg, StPO, § 98 Rz. 72-75; Kleinknecht/Meyer, StPO, § 98 Rz. 23, § 23 EGGVG Rz. 12; a.A. Lisken ZRP 1980, 145; Amelung NJW 1978, 1013; Fezer Jura 1982, 132.

934 BGH NJW 1979, 822.

935 Vgl. Amelung, Rechtsschutz, S. 50 f.

936 Amelung NJW 1979, 1689.

937 Vgl. aber BVerGE 10, 264, 268: Der Weg zu den Gerichten darf nicht unzumutbar erschwert werden.

938 Amelung (NJW 1979, 1689) führt hierzu aus, daß ihm von einem Strafverteidiger ein Fall berichtet wurde, in dem die Strafverfolgungsorgane den Rechtsschutz gegen eine Hausdurchsuchung durch raschen Abschluß der Maßnahme beim Auftauchen des Anwalts zu beeinflussen suchten. S. auch Lisken DRiZ 1979, 277.

dem selben Richter zuzuweisen, der auch für die Anordnung und Ausführung des Eingriffs zuständig ist, also dem Ermittlungsrichter gem. § 98 Abs. 2 S. 2 StPO.[939]

Bei den bereits erledigten strafprozessualen Zwangsmaßnahmen ist hinsichtlich des Rechtsschutzes zudem danach zu unterscheiden, ob es sich um einen Eingriff handelt, den die Strafverfolgungsbehörde im Rahmen der ihr zustehenden Eilkompetenz oder aufgrund ihrer originären Kompetenz angeordnet hat.

### 2. *Aufgrund strafverfahrensbehördlicher Eilkompetenz*

Eilkompetenzen der Hilfsbeamten der Staatsanwaltschaft bestehen insbesondere für die Beschlagnahme (§ 98 Abs. 2 StPO), Durchsuchung (§ 105 Abs. 1 StPO) sowie körperliche Untersuchungen (§ 81 a Abs. 2 StPO) einschließlich der Entnahme von Blutproben und anderen körperlichen Eingriffen.

Die Notwendigkeit, auch gegen erledigte Eingriffsmaßnahmen der Exekutiven Rechtsschutz zu gewähren, hat sich entgegen der früher vorherrschenden Praxis[940] durchgesetzt.[941] Dagegen ist nach wie vor umstritten, ob der Betroffene bei berechtigtem Interesse an der Feststellung der Rechtswidrigkeit der bereits erledigten Zwangsmaßnahme der Staatsanwaltschaft und ihrer Hilfsbeamten den „sachnäheren“[942] Ermittlungsrichter gem. § 98 Abs. 2 S. 2 StPO[943] anrufen kann oder sich mit seinem Begehren an das OLG gem. § 23 EGGVG[944] wenden muß.

Im Zuständigkeitsbereich der ordentlichen Gerichte enthält nur § 28 Abs. 1 S. 4 EGGVG eine Regelung über den Rechtsschutz gegen vollzogene Grundrechtseingriffe der Justizbehörden, die jedoch bei einer großen Anzahl von strafprozessualen Maßnahmen keine Anwendung findet.[945] Die überwiegende Anzahl

---

939 Amelung NJW 1979, 1689; Lisken in: Lisken/Denninger, HdbdPolR, K 53.

940 Vgl. statt vieler OLG Karlsruhe NJW 1976, 1417 m.w.N.

941 Ausführlich hierzu Amelung, Rechtsschutz, S. 40 ff.; Rieß/Thym GA 1981, 200 ff.

942 Schöch-AK-StPO, § 163 Rz. 35.

943 BGHSt 28, 57 ff.; 28, 160 ff.; 28, 206 ff.; 37, 79 ff.; NJW 1978, 1013; GA 81, 223; MDR 1990, 940; OLG Karlsruhe GA 1979, 231; NStZ 1986, 567, NJW 1988, 84; StV 1992, 264; OLG Stuttgart MDR 1986, 689; LG Köln StV 1993, 574; Schäfer in: Löwe/Rosenberg, StPO, § 98 Rz. 75; Kleinknecht/Meyer, StPO, § 98 Rz. 23; Rieß/Thym GA 1981, 203; Amelung NJW 1979, 1691; Götz JuS 1985, 871; Lisken DRiZ 1979, 277; Nelles StV 1991, 488, Fn. 1; vgl. auch Roxin, Strafverfahrensrecht, § 29 D III; Laufhütte in: Karlsruher Komm., StPO, § 98 Rz. 21 m.w.N.

944 So OLG Celle StV 1982, 513; OLG Nürnberg NStZ 1986, 575; KG JR 1982, 297; 1983, 304; Dörr NJW 1984, 2258 ff.; Krey, Strafverfahrensrecht, Rz. 378 m. Fn. 47.

945 Vgl. die Aufzählung bei Kleinknecht/Meyer, StPO, § 23 EGGVG Rz. 14 ff.

von strafprozessualen Zwangsmaßnahmen ist hingegen entsprechend § 98 Abs. 2 S. 2 StPO zu behandeln.[946] Diese Vorschrift enthält aber keine Regelung über die Verfahrensweise nach Erledigung einer Maßnahme. Auch greift die Funktion des Ermittlungsrichters, die primär darauf ausgerichtet ist, das Verfahren an sich zu ziehen, bei erledigten Maßnahmen nicht ein.[947] Wenig zur Klärung der Problematik trägt die Entscheidung des BGH[948] bei, der zwar auf dem Wege der verfassungskonformen Interpretation des Art. 19 Abs. 4 GG zu einer analogen Anwendbarkeit des § 98 Abs. 2 S. 2 StPO bei der Überprüfung der Rechtswidrigkeit der Anordnung der erledigten Maßnahme gelangt, aber denselben Rechtsweg dann ablehnt und den Betroffenen an das OLG (§ 23 EGGVG) verweist, wenn es um die nachträgliche Überprüfung der Rechtswidrigkeit der Vollziehung der Maßnahme geht, was somit zu einer Spaltung des Rechtsweges führt. Um die problematischen Implikationen einer Zuständigkeitsverschiebung zu vermeiden und schon dem strafprozessualen Beschleunigungs- und Konzentrationsinteresse[949] Rechnung zu tragen, ist es folgerichtig, grundsätzlich den Ermittlungsrichter entscheiden zu lassen.[950] Zum einen wäre der Betroffene sonst gezwungen, bei einem Rechtsschutzbegehren, das sich neben der Überprüfung der Rechtmäßigkeit der Anordnung auch auf die Eingriffsweise bezieht, zwei unterschiedliche Gerichte anzurufen, was ihm sein Rechtschutzbegehren unzumutbar erschwert.[951] Zum anderen wären entgegen dem Beschleunigungsgrundsatz im Strafprozeß und dem Grundsatz der Prozeßökonomie zwei Gerichte mit quasi „demselben" Sachverhalt befaßt. Dem steht auch nicht entgegen, daß § 98 Abs. 2 S. 2 StPO den Richter nicht ausdrücklich zur Feststellung der Rechtswidrigkeit einer vollzogenen Maßnahmen ermächtigt[952], weil hier im Hinblick auf andere nachkonstitutionelle Verfahrensordnungen, die durchgängig eine solche Ermächtigung enthalten[953], eine Regelungslücke besteht, die nach den Regeln der Rechtsanalogie zu

946 Vgl. Ausführungen in diesem Kapitel unter II a 2.

947 Götz, Allgemeines Polizei- und Ordnungsrecht, Rz. 561.

948 BGHSt 28, 206, 208.

949 Vgl. zu dem aus Art. 2 Abs. 2 GG abzuleitenden verfassungsrechtlichen Beschleunigungsgebot bei Freiheitsentziehungen BVerfG NStZ 1994, 93; s. dazu auch BayObLGZ 1994, 155, 158.

950 Amelung NJW 1979, 1690; Anm. Peters zu KG JZ 1972, 310 f.; Roxin, Strafverfahrensrecht, § 29 D III ; vgl. auch Gössel, Strafverfahrensrecht, S. 62.

951 Entgegen der Rechtsprechung des BVerfG zu Art. 19 Abs. 4 GG, daß der Weg zu den ordentlichen Gerichten „nicht in unzumutbarer, aus Sachgründen nicht zu rechtfertigender Weise" erschwert werden darf; vgl. BVerfGE 40, 272, 275; vgl. auch Ausführungen in diesem Kapitel unter A II a).

952 Darauf beruft sich aber BGHSt 28, 206, 208.

953 Vgl. § 113 Abs. 1 S. 4 VwGO; § 28 Abs. 1 S. 4 EGGVG, § 100 Abs. 1 S. 4 FGO; §131 Abs. 1 S. 3 SGG; § 115 Abs. 3 StVollzG.

schließen ist.[954] Dadurch werden die Befugnisse des Ermittlungsrichters auch nicht erweitert, weil die Feststellung der Rechtswidrigkeit einer Maßnahme notwendig auch in der Befugnis zu ihrer Aufhebung mit enthalten ist.[955] Aus diesen Gründen bietet sich in Analogie zu § 98 Abs. 2 S. 2 StPO der grundsätzliche Weg zum Ermittlungsrichter als Rechtsschutzrichter für erledigte strafprozessuale Zwangsmaßnahmen an.[956]

### *3. Aufgrund originärer Kompetenz*

Maßnahmen aufgrund originärer Kompetenz der Polizei im Strafverfahren sind die vorläufige Festnahme (§ 127 Abs. 2 StPO), erkennungsdienstliche Behandlung (§ 81 b 1. Alt StPO), Identitätsfeststellung (§ 163 b StPO) und Störerfestnahme (§164 StPO). Umstritten ist, ob für den nachträglichen Rechtsschutz gegen diese Maßnahme die Oberlandesgerichte nach den §§ 23 ff. EGGVG[957] oder der Ermittlungsrichter entsprechend § 98 Abs. 2 StPO[958] zuständig ist; wobei die Vertreter der ersten Auffassung bei der vorläufigen Festnahme wegen der richterlichen Primärkompetenz eine Ausnahme zulassen und auch in diesem Fall bei der Erledigung der Festnahme § 98 Abs. 2 S. 2 StPO entsprechend auf den Antrag auf Feststellung der Rechtswidrigkeit der Festnahme anwenden.[959] Für die übrigen Maßnahmen wird der Rechtsweg nach den §§ 23 ff. EGGVG befürwortet, da als „Maßnahme" (§ 28 Abs. 1 S. 4 EGGVG) im Sinne dieses Verfahrens nicht nur Verwaltungsakte, sondern auch faktisches Verwaltungshandeln mit beeinträchtigender Wirkung in Betracht komme[960] und es sich bei der Polizei jedenfalls im funktionellen Sinne um eine „Justizbehörde" i.S.v. § 23 EGGVG hande-

954 Vgl. Amelung NJW 1979, 1690; a.A Altenhain DRiZ 1970, 106, der § 23 EGGVG zur Schließung der vorhandenen Rechtsschutzlücke heranzieht.

955 Amelung, Rechtsschutz, S. 41 f., 51.

956 Amelung, Rechtsschutz, S. 41 f., 51; Lisken in: Lisken/Denninger, HdbdPolR, K 53; Anm. v. Peters zu KG JZ 1972, 300.

957 Götz, Allgemeines Polizei- und Ordnungsrecht, Rz. 563; Dahs in: Löwe/Rosenberg, StPO, § 81b m.w.N.

958 Lisken in: Lisken/Denninger, HdbdPolR, K 55; Götz, Allgemeines Polizei- und Ordnungsrecht, Rz. 424; a.A. Schäfer in: Löwe-Rosenberg, StPO, § 98 Rz. 50; Kleinknecht/Meyer, StPO, § 98 Rz. 23 jeweils ohne nähere Begründung.

959 BGH GA 1981, 223; Rieß/Thym GA 1981, 206 f.; Götz, Allgemeines Polizei- und Ordnungsrecht, Rz. 562 m.w.N.; a.A. OLG Celle StV 1982, 513; OLG Nürnberg BayVBl. 1987, 411 die auch hier das Rechtsschutzverfahren nach §§ 23 ff. EGGVG vorziehen.

960 Götz, Allgemeines Polizei- und Ordnungsrecht, Rz. 563; Kleinknecht/Meyer, GVG, § 23 EGGVG Rz. 6; Kissel in: Karlsruher Komm, § 23 EGGVG Rz. 21.

le.[961] Diese Auffassung schafft für den Betroffenen jedoch größere Verwirrung als Klarheit in dem ohnehin komplizierten Rechtsschutzsystem und erschwert ihm so den Zugang zu den Gerichten.[962] Der Rechtsschutz gegen erledigte polizeiliche Zwangsmaßnahmen im Strafverfahren aufgrund originärer Eingriffskompetenz sollte aus Gründen der Effektivität und Sachnähe ebenso gem. § 98 Abs. 2 S. 2 StPO durch den Ermittlungsrichter erfolgen.[963] Dadurch wäre nicht nur gewährleistet, daß der ohnehin mit der Anordnung stafprozessualer Eingriffe befaßte und somit auch für den Bereich der erledigten Eingriffe sachnahe Richter für das Rechtsschutzbegehren zuständig wäre, sondern auch, daß dieser Weg dem Betroffenen schnelle Hilfe ermöglicht.[964] Ferner würde eine einheitliche Rechtswegzuweisung an den Ermittlungsrichter für strafverfahrensbehördliche Zwangsmaßnahmen im Ermittlungsverfahren für mehr Transparenz und Klarheit im Rechtsschutzsystem gegen erledigte strafprozessuale Zwangsmaßnahmen sorgen. Bei einer am Grundrechtsschutz orientierten Novellierung der StPO würde der gesamte Rechtsschutz gegen strafverfahrensrechtlich angeordnete Zwangsmaßnahmen abschließend in der StPO geregelt werden und die Zuständigkeit des OLG nach §§ 23 ff. EGGVG nicht mehr in Betracht kommen.[965]

Demzufolge sollte auch im Falle originärer Eingriffskompetenz der Polizei im Strafverfahren der Rechtsschutz einheitlich gem. § 98 Abs. 2 S. 2 StPO durch den Ermittlungsrichter erfolgen.[966]

### 4. *Die Effektivität des Rechtsschutzes*

Mit der Rechtswegbestimmung ist noch nicht die gebotene Effektivität des Rechtsschutzes gesichert, da die angerufenen Gerichte[967] für erledigte strafpro-

961 Vgl. BVerwGE 47, 255, 258; Kissel in: Karlsruher Komm, § 23 EGGVG, Rz. 14 ff.

962 Entgegen dem vom BVerfG (E 49, 148, 164) geforderten Gebot klarer Rechtswegzuweisung.

963 Lisken in: Lisken/Denninger, HdbdPolR, K 55; Götz, Allgemeines Polizei- und Ordnungsrecht, Rz. 424; a.A. Schäfer in: Löwe-Rosenberg, StPO, § 98 Rz. 50; Kleinknecht/Meyer, StPO, § 98 Rz. 23 jeweils ohne nähere Begründung.

964 Auf den Aspekt der Ortsnähe und somit der Effektivität des Rechtsschutzbegehrens verweisend am Beispiel Trier/ AG - Koblenz/OLG und Göttingen/AG - Celle/OLG auch Amelung NJW 1979, 1689; im Ergebnis wie hier auch BGH NJW 1979, 881, bestätigt durch BGH NJW 1979, 882.

965 So bereits schon die ausdrückliche Begründung zum Referentenentwurf des BMJ für ein Gesetz zur Änderung der Strafprozeßordnung (Vereinheitlichung und Verbesserung des Rechtsschutzes gegen strafprozessuale Zwangsmaßnahmen - Stand: 15.1.1981), S. 17, 30; vgl. hierzu Darstellung von Rieß ZRP 1981, 103.

966 Vgl. auch Lisken in: Lisken/Denninger, HdbdPolR, K 55; Götz, Allgemeines Polizei- und Ordnungsrecht, Rz. 424.

zessuale Zwangsmaßnahmen jeweils ein besonderes Rechtsschutzinteresse fordern. Sie haben ein Rechtsschutzinteresse des Betroffenen bejaht, wenn wegen der erheblichen Folgen des Eingriffs, die auch im Fortwirken der „Diskriminierung“ liegen können[968] oder wegen der Gefahr der Wiederholung ein nachwirkendes Bedürfnis für die richterliche Überprüfung besteht.[969] Die Gerichte legten in den Entscheidungen jedoch nicht dar, was eine Diskriminierung wäre oder wie eine Wiederholungsgefahr prognostiziert werden könnte, etwa bei unberechtigten Festnahmen.

Entscheidend für das Rechtsschutzbedürfnis des Betroffenen muß sein, ob eine persönliche Anhörung des Betroffenen erfolgte und ein sachliches Rehabilitierungsbedürfnis besteht.[970] Da die Zwangsmaßnahmen der Strafverfolgungsbehörden „tiefgreifend und schwerwiegend“[971] in die individuellen Grundrechte des Betroffenen eingreifen, begründen sie bereits das Rehabilitations- und damit Rechtsschutzinteresse des Betroffenen.[972]

*b) Im Bereich der Gefahrenabwehr*

*1. Der Rechtsweg nach § 113 Abs. 1 S. 4 VwGO analog*

Entläßt die Polizei den Betroffenen aus dem Gewahrsam, bevor eine Entscheidung des Amtsgerichts ergehen konnte, kann nach überwiegender Ansicht[973] der Betroffene im Wege einer Fortsetzungsfeststellungsklage gem. § 113 Abs. 1 S. 4 VwGO analog gegen die polizeiliche Zwangsmaßnahme vorgehen und auf die

967 BGHSt 28, 57; 28, 160; 28, 206; 36, 30; BGH NJW 1978, 1013; BGH Ermittlungsrichter NJW 1990, 333; OLG Karlsruhe NJW 1976, 1417; OLG Stuttgart NJW 1977, 2276 jeweils m.w.N.

968 BGHSt 28, 57, 58; kritisch zu dem Erfordernis der „erheblichen Folgen“ Amelung NJW 1979, 1690.

969 BGHSt 28, 160, 161; 28, 206, 208.

970 Vgl. Ausführungen unter A II a); ebenso Lisken in: Lisken/Denninger, HdbdPolR, K 56.

971 Vgl. BVerfG StV 1997, 394.

972 Vgl. hierzu BVerfG StV 1997, 393 ff. sowie die Ausführungen in diesem Kapitel unter A II a).

973 BVerwGE 45, 51, 54; BVerwG BayVBl. 1988, 731; VGH Kassel DÖV 1984; 522; VG Berlin NVwZ-RR 1990, 189; OVG Münster NJW 1992, 2172; VG Hamburg, NVwZ 1987, 829; VG Frankfurt NVwZ 1994, 721; VG Mainz NVwZ-RR 1991, 243; OVG Bremen NVwZ-RR 1997, 474; Götz, Allgemeines Polizei- und Ordnungsrecht, Rz. 557; a.A. BVerwG NJW 1982, 536: Umfassender Ausschluß des Verwaltungsrechtswegs. Wird die Feststellung der Rechtswidrigkeit einer freiheitsentziehenden Maßnahme nach ihrer Erledigung begehrt, so ist dafür nach § 13 Abs. 2 FEntzG ebenfalls das AG zuständig.

Feststellung der Unzulässigkeit der (inzwischen erledigten) Ingewahrsamnahme klagen.[974] Eine Ausnahme sehen Art. 18 Abs. 2 bayPAG, § 31 Abs. 2, 3 S.1 ASOG und § 19 Abs. 1 S. 3 NGefAG[975] vor: Demnach kann der Betroffene in dem Fall, daß die Freiheitsentziehung vor Erlaß einer gerichtlichen Entscheidung beendet ist, bei dem jeweils zuständigen Amtsgericht innerhalb eines Monats nach Beendigung der Freiheitsentziehung die Feststellung beantragen, daß die Freiheitsentziehung rechtswidrig gewesen ist, wenn hierfür ein berechtigtes Interesse besteht. In Bayern stellte diese in der zweiten Novelle zum bayPAG vorgenommene Gesetzesänderung die Rechtswegfrage im Sinne der Rechtsprechung des VGH in München[976] klar und legte fest, daß im Verfahren der freiwilligen Gerichtsbarkeit auch ein Antrag auf Feststellung der Rechtswidrigkeit einer (bereits beendeten) Freiheitsentziehung zulässig ist.[977]

Die verwaltungsgerichtliche Rechtsprechung[978] und die Regelungen der Art. 18 Abs. 2 bayPAG, § 31 Abs. 2, 3 S. 1 ASOG und § 19 Abs. 1 S. 3 NGefAG[979], die in diesem Fall den Rechtsschutz den Amtsgerichten zuweisen, verstoßen gegen das Gebot eines effektiven Rechtsschutzes gegen Grundrechtseingriffe.[980] Für den Betroffenen sollte hier grundsätzlich der Weg zum Verwaltungsgericht gegeben sein. Zum einen ließe sich auch bei einer extensiven Auslegung der amtsgerichtlichen Zuständigkeit nicht vermeiden, daß derselbe Lebenssachverhalt zum Gegenstand richterlicher Erörterung in verschiedenen Verfahrensarten wird, nämlich dann, wenn der Betroffene auch die Modalitäten der Ingewahrsamnahme (Anwendung unmittelbaren Zwangs, Durchsuchung etc.) rügt und nicht nur deren Zulässigkeit.[981] Auch stehen präventivpolizeiliche Freiheitsentziehungen in der Regel in engem Sachzusammenhang mit weiteren polizei- und versammlungsrechtlichen Fragen, die ihrerseits wiederum Gegenstand verwaltungsgerichtlicher

---

974 § 13 a Abs. 2 S. 3 hmbSOG bestimmt, daß für die nachträgliche Überprüfung „die Verwaltungsgerichte zuständig bleiben".

975 Wenn eine Freiheitsentziehung länger als acht Stunden andauert.

976 VGH München BayVBl. 1988, 246; 1989, 244.

977 Vgl. Berner/Köhler, BayPAG, Art. 18 Rz. 10.

978 Vgl. VGH München BayVBl. 1988, 246; 1989, 244; vgl. auch BVerwG NJW 1982, 536.

979 Wenn eine Freiheitsentziehung länger als acht Stunden andauert.

980 Für § 16 Abs. 1 bremPolG vgl. OVG Bremen NVwZ-RR 1997, 474.

981 Fortsetzungsfeststellungsklage gem. § 113 Abs. 1 S. 4 VwGO analog, vgl. z.B. VG Hamburg NVwZ 1987, 829 ff.; nach VGH München (NJW 1989, 1754) gilt die amtsgerichtliche Zuständigkeit wegen des engen Sachzusammenhangs auch für freiheitsbeschränkende Maßnahmen während der Ingewahrsamnahme - z.B. für die Durchsuchung einer Person.

Kontrolle sein können (z.B. Versammlungsauflösungen, Platzverweise etc.).[982] Zum anderen stellt der Wortlaut der überwiegenden Anzahl der Polizeigesetze darauf ab, daß eine Person festgehalten „wird“.[983] Mit dem Fall, daß eine Freiheitsentziehung geendet hat, befassen sie sich nicht.[984] Das stützt die Annahme, die Gesetzgeber wollten den Amtsgerichten nur den Rechtsschutz bis zur Beendigung der Freiheitsentziehung zuweisen.[985] Für diese Annahme spricht auch, daß die Gewährung nachträglichen Rechtsschutzes nicht mehr unter dem Zeitdruck steht, der für die „unverzügliche“ Einholung einer richterlichen Entscheidung typisch ist[986], so daß ein Bedürfnis für eine rasche Entscheidung in ausschließlicher Zuständigkeit des Amtsgerichts nicht vorliegt.[987] Somit sollten grundsätzlich die Verwaltungsgerichte nach der Beendigung der polizeibehördlich angeordneten Maßnahmen zuständig sein, wenn eine richterliche Entscheidung nicht herbeigeführt wurde.[988]
Gem. § 113 Abs. 1 S. 4 wird als Voraussetzung für die Zulässigkeit der Fortsetzungsfeststellungsklage ein „berechtigtes Interesse“ des Betroffenen verlangt. Dieses kann sich bei polizeilichen Verwaltungsakten insbesondere aus der Wiederholungsgefahr oder aus dem Rehabilitationsinteresse bei Maßnahmen mit diskriminierender Wirkung ergeben[989], wie dies z.B. bei Zwangsanwendungen gegen Demonstranten der Fall sein kann.[990]

---

982 OVG Bremen NVwZ-RR 1997, 474; vgl. z.B. den Fall VG Berlin NVwZ-RR 1990, 188 ff. („Berliner-Kessel“).

983 Vgl. Art. 18 Abs. 1 bayPAG; § 31 Abs. 3 ASOG; § 21 Abs. 1 bdgPolG; § 16 Abs. 1 bremPolG; § 13 a Abs. 1 hmbSOG; § 33 Abs. 1 HSOG; § 19 Abs. 1 NGefAG; § 36 Abs. 1 PolGNW; § 15 Abs. 1 rhpfPOG; § 14 Abs. 1 SaarlPolG; § 38 Abs. 1 SOG LSA; § 20 Abs. 1 thürPAG; §§ 56 Abs. 2, 29 Abs. 4 SOGMV.

984 Außer in Bayern, Niedersachsen und Bremen.

985 So auch OVG Münster NJW 1990, 3224.

986 Vgl. Ausführungen 3. Kapitel, B a) 2. und 3.: Die örtlichen Zuständigkeitsregelungen begünstigen die schnellere Herbeiführung einer richterlichen Entscheidung.

987 OVG Bremen NVwZ-RR 1997, 474.

988 Sonst entscheiden die Amtsgerichte entsprechend § 13 Abs. 2 FEntzG, vgl. Ausführungen in diesem Kapitel unter B II b).

989 Vgl. hier die Ausführungen unter A II a) sowie B III 2 a), die auch auf den präventivpolizeilichen Bereich übertragbar sind, weil es für die Diskriminierungswirkung hoheitlicher Maßnahmen unbeachtlich ist, ob sie auf dem Gebiet des Strafverfahrensrechts oder des allgemeinen Polizeirechts angeordnet werden.

990 Vgl. BVerwGE 26, 161, 168; VG Hamburg NVwZ 1987, 829 ff.; VG Berlin NVwZ-RR 1990, 188 ff.; VG Mainz NVwZ-RR 1991, 242; Kopp, VwGO § 113 Rz. 58 m.w.N.

## 2. *Das Gebot einer nachträglichen richterlichen Entscheidung*

Die meisten Landespolizeigesetze[991] enthalten Regelungen, daß es keiner Herbeiführung einer richterlichen Entscheidung bedarf wenn anzunehmen ist, daß die Entscheidung des Richters erst nach Wegfall des Grundes der polizeilichen Maßnahme ergehen würde. Im Falle einer Freiheitsentziehung den Betroffenen vorher freizulassen, ist verfassungsrechtlich unbedenklich, weil sich sonst die freiheitsentziehende Maßnahme in die Länge ziehen würde.[992] Hier stellt sich aber die Frage, ob in diesen Fällen die Einholung einer nachträglichen richterlichen Entscheidung geboten ist. Überwiegend[993] wird die Erforderlichkeit einer nachträglichen Entscheidung verneint, weil es sich gem. Art. 104 Abs. 2 S. 3 GG um eine eigenverantwortliche Tätigkeit der Polizei handele, über die der Richter nicht zu entscheiden habe.[994] Nach der Gegenansicht[995] soll sich die Frage der Einbindung des Richters grundsätzlich auch nicht mit der Entlassung des Betroffenen erledigen. Art. 104 Abs. 2 S. 1 GG enthalte eine konstitutive Aussage, die in dem Begriff „Entscheidung" ausgedrückt werde. Entgegen dem Terminus der - begrifflich immer nur vorherigen - „Anordnung" meint dieser Begriff eben nicht die endgültige Kompetenzverlagerung auf die Exekutive, sondern will vielmehr die nicht aufhebbare und durch eine Verwaltungsentscheidung ersetzbare Verantwortung des Richters herausstellen.[996]

---

991 vgl. Art. 18 Abs. 1 Nr. 2 bayPAG; § 31 Abs. 1 S. 2 ASOG; § 21 Abs. 1 S. 2 bdgPolG; § 16 Abs. 2 bremPolG; § 13 a Abs. 1 S. 2 hmbSOG; § 33 Abs. 1 S. 2 HSOG; § 19 Abs. 1 S. 2 NGefAG; § 36 Abs. 1 S. 2 PolGNW; § 15 Abs. 1 S. 2 rhpfPOG; § 14 Abs. 1 S. 2 SaarlPolG; § 22 Abs. 7 S. 2 SächsPolG; § 38 Abs. 1 S. 2 SOG LSA; § 20 Abs. 1 S. 2 thürPAG.

992 Vgl. Ausführungen mit Nachweisen 3. Kapitel C I b).

993 OVG Berlin OVGE 12, 185; KG DVBl. 1968, 470, 471; Azzola-AK-GG, Art. 104 Rz. 36; Heise/Tegtmeyer, PolGNW, § 36 Rz. 6; Meixner, HSOG, § 33 Rz. 8; Koschwitz, Die kurzfristige polizeiliche Freiheitsentziehung, S. 108 ff.; Hantel JuS 1990, 871 m.w.N.

994 Vgl. auch Schreiben des Amtsgerichtspräsidenten in Düsseldorf an den Polizeipräsidenten v. 15.4.1987.

995 BVerwG NJW 1957, 922; OVG Münster NJW 1990, 3224; Arbeitskreis Polizeirecht, AE PolG, § 21 Anm. 3; Wagner, PolGNW, vor § 8 Rz. 69; Rachor in: Lisken/Denninger, HdbdPolR, F 318; Lisken Polizei-heute 1995, 126; ders. ZRP 1980, 145; Roos, RhPfPOG, § 15 Rz. 9.

996 Vgl. Rachor in: Lisken/Denninger, HdbdPolR, F 318; Lisken ZRP 1980, 145; im Ergebnis auch Roos, RhPfPOG, § 15 Rz. 9.

*Stellungnahme*

Eine Verpflichtung zur nachträglichen Herbeiführung einer richterlichen Entscheidung in den Fällen, in denen der Betroffene vorher entlassen wurde, ist grundsätzlich zu bejahen. Der Richter übernimmt mit seiner Entscheidung die Verantwortung für die Freiheitsentziehung.[997] Seine Entscheidung versteht sich nicht primär als Mittel der Rechtsschutzgewährung i.S.v. Art. 19 Abs. 4 GG.[998] Sinn und Zweck der richterlichen Entscheidung ist, daß ohne ein beliebiges Rechtsschutzbegehren des Betroffenen von Amts wegen über die Zulässigkeit eines Grundrechtseingriffs möglichst vorher, notfalls nachher von einer unabhängigen Instanz entschieden wird.[999] Der Festnehmende soll schon im Zeitpunkt seines Einschreitens mit einer richterlichen Überprüfung seines Handels rechnen müssen und die Gewißheit haben, daß über seine Freiheitsentziehung unverzüglich ein unabhängiger Richter entscheiden wird. Die Ansicht, daß mangels einer Dauerwirkung der Maßnahme die Einholung einer nachträglichen richterlichen Entscheidung überflüssig ist, weil sie „ins Leere“[1000] ginge, ist „verwaltungsfreundlich“[1001], entspricht aber nicht dem Schutzzweck des Art. 104 Abs. 2 S. 2 GG. Die strikte Beachtung des Art. 104 Abs. 2 GG hätte zur Folge, daß jeder Fall von Festnahme und Gewahrsam, auch das „kurzfristige“ Festhalten auf der Polizeiwache, dem Richter zu melden wäre.[1002] Das wäre „lästig“, wie ein Beispiel aus Düsseldorf zeigt. Im Jahre 1982 versuchte der Polizeipräsident beim jeweils zuständigen Amtsgericht eine nachträgliche richterliche Entscheidung in den zuvor benannten Fällen herbeizuführen; ein rechtsstaatliches Anliegen, das auf heftigen Widerstand seitens der Justiz führte.[1003] Nach jahrelangem Ringen um die gewünschte richterliche Bearbeitung der Gewahrsamsanzeigen übersandte der Polizeipräsident entsprechend einer zuvor mit dem Amtsgerichtspräsidenten ab-

---

997 Ausdrücklich BVerfG NJW 1991, 1283.

998 Vgl. Lisken Polizei-heute 1995, 126.

999 Lisken ZRP 1980, 148.

1000 Schnarr NStZ 1991, 213.

1001 Lisken ZRP 1980, 147.

1002 So zutreffend Scholler/Schloer, Grundzüge des Polizei- und Ordnungsrechts in der BRD, S. 129, 141.

1003 Vgl. z.B. Schreiben des Amtsgerichtspräsidenten von Düsseldorf v. 18.1.1982 an den Polizeipräsidenten; Schreiben des Polizeipräsidenten an den Amtsgerichtspräsidenten v. 1.2.1982; Schreiben des Bundesministers der Verteidigung an den Innenminister des Landes NW v. 8.12.1982; Schreiben des Innenministers an den Polizeipräsidenten von Düsseldorf v. 6.5.1983; Schreiben des Innenministers NW an den Bundesminister der Verteidigung v. 25.5.1983; Schreiben des Regierungspräsidenten von Düsseldorf an den Polizeipräsidenten v. 22.6.1983; Schreiben des Polizeipräsidenten an den Innenminister von NW v. 23.11.1983 etc.

gestimmten Regelung von Januar bis April 1986 Kopien der Anzeigen über polizeirechtliche Freiheitsentziehungen werktäglich dem Amtsgericht zur nachträglichen Herbeiführung der richterlichen Entscheidung.[1004] „Aus heute nicht mehr nachvollziehbaren Gründen"[1005] waren die Ermittlungsrichter für kurze Zeit im Jahre 1986 bereit, die Gewahrsamsanzeigen nachträglich auf ihre Rechtmäßigkeit zu überprüfen.[1006] Das geschah in etwa 2000 Fällen in der Weise, daß ohne Anhörung der Beteiligten (Polizei, Betroffener) allein unter Berücksichtigung des Inhalts der Gewahrsamsanzeige die Anzeige an den Polizeipräsidenten zurückgesandt wurde. Dann lehnten die zuständigen Richter eine derartige Prüfung mangels Rechtsschutzbedürfnisses als unzulässig ab.[1007] Sie verwiesen darauf, daß ihre Zuständigkeit auch dann nicht anzunehmen sei, wenn die freiheitsentziehende Maßnahme noch andauert, solange Anträge auf eine richterliche Entscheidung (z.B. auf Haftbefehl, Unterbringungsbefehl, Anordnung der Abschiebehaft) von den hierfür zuständigen Stellen nicht gestellt seien und die in Art. 104 Abs. 2 und 3 GG genannten absoluten Fristen auch nicht abzulaufen drohten.[1008] Die Verfassung wird seitens der Justiz gerne strapaziert, wenn sie anders nicht mehr weiterkommt.[1009] Wichtig ist und festzuhalten verdient, daß die Polizei versuchte, die richterlichen Entscheidungen entsprechend dem sich aus Art. 104 Abs. 2 GG ergebendem Gebot herbeizuführen.[1010] Nur wenn die Polizeibehörde, wie in Düsseldorf für kurze Zeit geschehen, jede polizeiliche Ingewahrsamnahme dem Richter zumindest aktenmäßig zur Entscheidung vorgelegt, wird auch dem vom BVerfG[1011] und BVerwG[1012] betonten Gebot zur nachträglichen Richterentscheidung bei vorausgegangenen Noteingriffen der Exekutiven Rechnung getragen.

---

1004 Vgl. u.a. das Schreiben des Polizeipräsidenten an das Innenministerium v. 6.12.1991.

1005 So der Präsident des Amtsgerichts Düsseldorf in seinem Schreiben an den Präsidenten des Oberlandesgerichts v. 15.7.1991.

1006 Vgl. Schreiben des Amtsgerichtspräsidenten v. 27.8.1991.

1007 Vgl. Schreiben des Amtsgerichtspräsidenten an den Polizeipäsidenten v. 15.4.1987.

1008 Vgl. Schreiben des Amtsgerichtspräsidenten an den Polizeipäsidenten v. 15.4.1987, Bl. 1 sowie Verfügung des Amtsgerichtspräsidenten v. 27.8.1991.

1009 Vgl. hierzu auch die Diskussion um eine richterliche Rufbereitschaft rund um die Uhr, 3. Kapitel, C b) 2. bb), 3.

1010 Auch der von dem Polizeipräsidenten 1990 erneute „Versuch", eine nachträgliche richterliche Entscheidung zu erhalten, stieß auf Widerstand der zuständigen Amtsrichter, vgl. Schreiben des Polizeipräsidenten an das Innenministerium v. 6.12.1991 sowie Schreiben des Amtsgerichtspräsidenten an den Präsidenten des Oberlandesgerichts v. 15.7.1991.

1011 BVerfGE 10, 302, 320.

1012 BVerwG NJW 1957, 992.

Auf eine sonst erforderliche persönliche Anhörung des Betroffenen[1013] kann bei nachträglicher richterlicher Entscheidung verzichtet werden, wenn der Betroffene selbst damit einverstanden ist.[1014]

Die Einhaltung der verfassungsmäßigen Kontrollmechanismen sollte schon zu rechtsstaatlichen Zeiten beachtet werden. Denn wenn diese schon zu Zeiten eines Rechtsstaats außer acht gelassen werden, dann können sie erst recht zu Zeiten eines Unrechtsstaates keine rechtsstaatswidrige Praxis verhindern.[1015]

## C. Zusammenfassung und Kritik

Betrachtet man die dargestellten Rechtsschutzmöglichkeiten gegen strafprozessuale und polizeirechtliche Zwangsmaßnahmen im Zusammenhang, ergibt sich folgendes Bild:

Gegen richterlich angeordnete Zwangsmaßnahmen auf dem Gebiet des Strafverfahrensrechts ist sowohl vor als auch nach der Beendigung der Maßnahme der Rechtsweg gem. §§ 304 ff. StPO statthaft. Beruht die Anordnung des strafverfahrensrechtlichen Eingriffs auf einer polizeibehördlichen Verfügung, ist der Ermittlungsrichter nicht nur während (gem. § 98 Abs. 2 S. 2 StPO), sondern auch nach Beendigung der Zwangsmaßnahme (gem. § 98 Abs. 2 S. 2 StPO analog) zuständig. Die Zuständigkeit des Ermittlungsrichters ist auch dann gegeben, wenn es um die richterliche Überprüfung der Art und Weise der Vollziehung der Maßnahme geht, unbeachtlich, ob die Vollziehung noch andauert oder bereits abgeschlossen ist.

Auf dem Gebiet der Gefahrenabwehr kann gegen eine noch andauernde, richterlich angeordnete Zwangsmaßnahme mit der sofortigen Beschwerde (§ 7 FEntzG) vorgegangen werden. Nach Beendigung dieser Zwangsmaßnahme sind die Amtsgerichte gem. § 13 FEntzG analog für die Überprüfung zuständig. Zwangsmaßnahmen, die aufgrund der polizeibehördlichen Eilkompetenz ergingen, sind vor ihrer Beendigung durch den Amtsrichter überprüfbar (§13 FEntzG). Nach Beendigung sind die Verwaltungsgerichte gem. § 113 Abs. 1 S. 4 VwGO analog die zuständigen Rechtsschutzgerichte.

Grundsätzlich läßt sich eine gesetzgeberische Konzeption für den Rechtsschutz gegen Grundrechtseingriffe lediglich in Teilbereichen erkennen. Einigermaßen klar erscheint die Regelung der Rechtsmittel gegen Anordnungen des Richters. Doch selbst hier sind die Bestimmungen über den Rechtsschutz so sehr

1013 Vgl. hierzu 3. Kapitel unter B III d).

1014 Rachor in: Lisken/Denninger, HdbdPolR, F 318; Lisken Polizei-heute 1995, 126.

1015 Lisken Polizei-heute 1995, 129; vgl. auch Kolmer Die Polizei 1996, 78.

mißglückt, daß bei vollzogenen Zwangsmaßnahmen der Grundrechtsschutz darunter leidet. Im Bereich des Rechtsschutzes gegen Maßnahmen der Strafverfolgungs- und der Gefahrenabwehrbehörden herrscht große Wirrnis. Als einheitlicher Gesichtspunkt ist nur das Bestreben zu erkennen, den einzelnen durch die obligatorische Einschaltung des Richters zu schützen, wo dieser ein Gericht nicht selbst erreichen kann. Diesem Zweck dient vor allem die präventive richterliche Tätigkeit, die in vielen strafverfahrensrechtlichen Eingriffsnormen vorgesehen ist, sowie die Pflicht der Ermittlungs- und Polizeibehörden, bei selbständig vollzogenen Maßnahmen unverzüglich eine richterliche Entscheidung herbeizuführen. Das geltende Recht versagt aber dort, wo der Betroffene selbst um Rechtsschutz nachsuchen muß. Beim Rechtsweg schwankt er planlos zwischen dem Amts- und dem Oberlandesgericht und dem Verwaltungsrichter. Der Gesetzgeber ist hier gefordert, endlich Klarheit und Übersichtlichkeit in das geltende Rechtsschutzsystem zu bringen.

Um dem Betroffenen den gerichtlichen Zugang zu erleichtern, sollte, wie eingangs vorgestellt und zuvor ausgeführt[1016], der gesamte strafverfahrensrechtliche Rechtsschutz im Bereich der StPO geregelt werden. Handelt die Behörde hingegen auf der Grundlage des allgemeinen Polizeirechts, sind die Amtsgerichte als die sach- und ortsnäheren Gerichte für die Entscheidung über die Anordnung freiheitsentziehender Maßnahmen zuständig. Daran ändert sich auch nichts, wenn eine richterliche Anordnung erfolgte und der Betroffene nunmehr nachträglich die Rechtswidrigkeit der Maßnahme festgestellt haben möchte. Etwas anderes gilt aber dann, wenn sich die Zwangsmaßnahme erledigt hat und keine richterliche Entscheidung herbeigeführt wurde. In diesen Fällen ist dem Betroffenen der Zugang zu den Verwaltungsgerichten eröffnet. Wurde die richterliche Entscheidung nicht eingeholt, weil es sich um eine „nur kurzfristige“ Maßnahme handelte, ist sie in jedem Fall nachträglich herbeizuführen.

---

1016 Vgl. Ausführungen unter A I a, II a, B II a, III a.

# 6. Kapitel: Zusammenfassung

*Bundesweite empirische Erhebung*

1. Eine Ingewahrsamnahme ohne richterliche Anordnung von über zwölf Stunden zur Durchsetzung der einzelnen präventivpolizeilichen Maßnahmen wird von den befragten Polizeiexperten überwiegend für nicht erforderlich gehalten.

2. In der Regel ist nach den Erfahrungswerten der befragten Polizeiexperten ein Gewahrsam von maximal sechs Stunden für alle polizeilichen Maßnahmen ausreichend; teilweise sogar weit darunter.

3. Der überwiegende Anteil der Polizeiexperten hält einen mehrtägigen, richterlich angeordneten Polizeigewahrsam für notwendig.

4. Ein großer Anteil der präventivpolizeilichen Ingewahrsamnahmen erfolgt zwischen 22.00 Uhr und 6.00 Uhr morgens sowie am Wochenende.

5. Im Falle einer nachträglichen richterlichen Entscheidung wurden die polizeilichen Anordnungen der Ingewahrsamnahmen bis auf eine verschwindend geringe Anzahl in keinem Fall für rechtswidrig erklärt.

6. In der polizeilichen sowie amtsgerichtlichen Praxis ist kein Fall bekannt, der einen bis zu 14-tägigen, richterlich angeordneten Polizeigewahrsam erfordert hätte.

7. In der polizeilichen Praxis ist die vorherige Einschaltung des Richters bei freiheitsentziehenden Maßnahmen die absolute Ausnahme. Die Polizei handelt überwiegend „aus eigener Machtvollkommenheit".

8. An keinem der befragten Amtsgerichte ist ein richterlicher Bereitschaftsdienst für präventivpolizeiliche Ingewahrsamnahmen außerhalb der üblichen Dienstzeiten (ca. 8.00 Uhr - 16.00 Uhr) eingerichtet.

*Die Rechtsgarantien bei Freiheitsentziehungen gem. Art. 104 GG*

9. Bei der Freiheitsbeschränkung wird die Freiheitsausübung nur partiell durch die staatliche Gewalt behindert. Dem Betroffenen bleibt noch ein Ausweg durch z.B. Wegänderung, Handlungsverzicht oder durch freiwillige Erfüllung gesetzlicher Ausübungsbedingungen.

10. Den Charakter einer Freiheitsentziehung erlangen hingegen solche Beschränkungen, welche einen bestimmten Erfolg aufweisen, nämlich daß eine Person an einem bestimmten Ort von staatlicher Gewalt festgehalten wird. Ob das

durch physischen oder psychischen Zwang erfolgt, ist unbeachtlich, weil es allein darauf ankommt, daß der Betroffene gegen oder ohne seinen Willen in seiner körperlich-räumlichen Bewegungsfreiheit durch die staatliche Gewalt allumfassend beschränkt ist.

11. Zwangsmaßnahmen, welche der Durchsetzung einer Pflicht dienen, wie z.B. die Vorführung oder Abschiebung, sind freiheitsentziehende Maßnahmen i.S.v. Art. 104 Abs. 2 GG.

12. Die rechtsstaatlichen Anforderungen an die richterliche Entscheidung gelten auch in Eilfällen.

13. Gegen die Verweisung auf Verfahrensvorschriften außerhalb des FEntzGs und der Polizeigesetze bestehen wegen der Bedeutung des Grundrechts auf Freiheit (Art. 2 Abs. 2 GG) verfassungsrechtliche Bedenken. Der Gesetzgeber sollte seinem Regelungsauftrag aus Art. 104 Abs. 2 S. 4 GG entsprechend das gerichtliche Verfahren bei Entscheidungen über die Zulässigkeit und Fortdauer von Freiheitsentziehungen gesetzlich regeln.

14. Die persönliche mündliche Anhörung des Betroffenen ist bei einer richterlichen Entscheidung nach Art. 104 Abs. 2 und 3 GG unerläßlich. Das gilt auch bei sog. 'Masseningewahrsamnahmen'.

15. Eine Ausnahme vom Grundsatz der persönlichen mündlichen Anhörung ist in eilbedürftigen Gerichtsverfahren nur dann zulässig, wenn der Betroffene erkennbar seine Erklärung für das Gericht bestimmt hat und ihm dabei bewußt ist, daß er mit seinen Aussagen auf die richterliche Entscheidung Einfluß nehmen kann.

16. Die „unverzügliche" Herbeiführung der richterlichen Entscheidung gem. Art. 104 GG ist dann nicht mehr gegeben, wenn die Verzögerung auf organisatorische Schwierigkeiten seitens der Polizei zurückzuführen ist sowie bei Verzögerungen, die dem justiziellen Bereich entstammen. Letzteres liegt dann vor, wenn außerhalb der Dienststunden oder des Bereitschaftsdienstes des Amtsgerichts kein Richter erreichbar ist. In diesen Fällen ist der Betroffene aus dem Gewahrsam zu entlassen.

17. Nicht erforderlich ist, an jedem Amtsgericht einen richterlichen Bereitschaftsdienst außerhalb der Dienstzeiten einzurichten. Vielmehr reicht es aus, wenn an einem Amtsgericht im Dienstbezirk eines jeden Verwaltungsgerichts ein richterlicher Bereitschaftsdienst für präventivpolizeiliche Festnahmen rund um die Uhr besteht.

18. In Städten mit mehr als 200.000 Einwohnern könnte es aufgrund einer möglicherweise erhöhten Anzahl von Ingewahrsamnahmen empfehlenswert sein, einen eigenen richterlichen Notdienst am jeweiligen Amtsgericht einzurichten.

19. Wird die in Art. 104 Abs. 3 GG normierte Vorführungsgrenze in den Landesverfassungen zugunsten des Betroffenen unterschritten (z.B. 24 Stunden), gelten diese Bestimmungen gem. Art. 142 GG für bundesrechtliche Verfahren weiter.

20. Ein mehrtägiger, richterlich angeordneter Polizeigewahrsam verstößt nicht gegen Art. 5 Abs. 1 lit. c i.V.m. Abs. 3 EMRK.

21. Unter Berücksichtigung der EMRK im Rahmen der jeweiligen Landesverfassungen ist nichts gegen die polizeigesetzlichen Regelungen einzuwenden, die eine Ingewahrsamnahme zur Verhinderung einer Ordnungswidrigkeit mit erheblicher Bedeutung für die Allgemeinheit vorsehen.

22. Die Ingewahrsamnahme zur Abwendung einer „bereits eingetretenen" erheblichen Störung ist nicht geeignet, den gewünschten Erfolg (Effektivität der Gefahrenabwehr) zu fördern, weil es sich hierbei nur um Fälle der Strafverfolgung und nicht der Gefahrenabwehr handeln kann.

23. Ein mehrtägiger, richterlich angeordneter Polizeigewahrsam zur Verhinderung einer „unmittelbar bevorstehenden Störung" verstößt, gemessen am Maßstab der Geeignetheit, gegen das Übermaßverbot, weil darunter immer nur Fälle einer kurzfristigen, über wenige Stunden andauernde Störung zu verstehen sind.

24. Die polizeigesetzlichen Regelungen, die einen 48 Stunden übersteigenden, richterlich angeordneten Polizeigewahrsam vorsehen, sind verfassungswidrig, weil sie weder erforderlich noch angemessen sind. Längerfristige Freiheitsentziehungen sind in speziellen Gesetzen und unter besonderen Voraussetzungen zu regeln, nicht im allgemeinen Polizeirecht.

25. Bei den Polizeigesetzen, die keine Höchstfrist für den richterlich angeordneten Polizeigewahrsam regeln, ergibt sich die Höchstdauer aus der entsprechenden Anwendung des Art. 104 Abs. 2 S. 3 GG und kann somit auch bei richterlicher Anordnung höchstens 48 Stunden betragen.

26. Auch in den Geltungsbereichen der Polizeigesetze, die eine Rechtsmittelbelehrung nicht ausdrücklich normiert haben, darf auf eine entsprechende Auskunftserteilung nicht verzichtet werden.

27. Der Betroffene ist nicht zur Auskunft verpflichtet, wenn keine gesetzliche Obliegenheit besteht sowie dort, wo er nicht sich selbst, sondern einen Angehörigen belasten würde. Er muß Auskunft erteilen, wenn ausgeschlossen ist, daß die staatlichen Strafverfolgungsbehörden weiter gehende Möglichkeiten erlangen, als in anderen Fällen der Strafverfolgung.

28. Die Auskünfte, die den Pflichtigen der Gefahr der Strafverfolgung aussetzen, müssen nach Abschluß der polizeilichen Maßnahme gelöscht werden.

29. Dem Betroffenen ist auch im Polizeigewahrsam freier schriftlicher oder mündlicher Verkehr mit seinem Anwalt zu gestatten.

30. Die untersuchten Eingriffshandlungen der Gewahrsamsordnungen der Länder sind im Hinblick auf ihre jeweilige polizeigesetzliche Grundlage mit den Grundsätzen des Rechtsstaates vereinbar. Für alle Eingriffshandlungen gilt ausnahmslos, daß sie im gesetzlichen Rahmen und unter Beachtung des verfassungsrechtlichen Übermaßverbots anzuwenden sind.

31. Den Vollzugsbehörden obliegt auch bei sog. Massenfestnahmen die Durchführung eines menschenwürdigen Polizeigewahrsams. Kann die Polizei eine ordnungsgemäße Durchführung der Ingewahrsamnahme nicht gewährleisten, sind die Betroffenen aus dem Polizeigewahrsam zu entlassen.

*Das Rechtsschutzsystem*

32. Richterliche Entscheidungen, durch die Zwangsmaßnahmen im Bereich des Strafverfahrensrechts angeordnet werden, sind während der Dauer der Zwangsmaßnahme mit der Beschwerde gem. § 304 StPO anfechtbar.

33. Im Bereich des Strafverfahrensrechts kann die Rechtswidrigkeit der Freiheitsentziehung auch bei richterlicher Anordnung noch nachträglich mit der Beschwerde gem. §§ 304 ff. StPO festgestellt werden.

34. Erging die richterliche Anordnung einer freiheitsentziehenden Maßnahme auf der Grundlage des Polizeirechts, kann der richterliche Beschluß gem. § 7 FEntzG mit der sofortigen Beschwerde angefochten werden.

35. Im Bereich der Gefahrenabwehr ist die Rechtswegregelung des § 13 FEntzG analog die geeignete für die Feststellung der Rechtswidrigkeit bei bereits erledigten, richterlich angeordneten Maßnahmen.

36. Hat die Polizeibehörde die freiheitsentziehende Maßnahme auf dem Gebiet des Strafverfahrensrechts angeordnet, kann der Betroffene jede Maßnahme entsprechend § 98 Abs. 2 S. 2 StPO richterlich überprüfen lassen, unbeachtlich ob sie noch andauert oder bereits beendet ist.

37. Das gilt auch, soweit der Betroffene die Art und Weise der Vollziehung einer strafverfahrensrechtlichen Zwangsmaßnahme beanstandet.

38. Im Falle einer Freiheitsentziehung im Rahmen präventivpolizeilichen Handelns entscheidet der Amtsrichter nach dem Verfahren des FEntzG bzw. des FGG über die Zulässigkeit und Fortdauer der Freiheitsentziehung.

39. Im Bereich der Gefahrenabwehr sind die Verwaltungsgerichte gem. § 113 Abs. 1 S. 4 VwGO analog zuständig, wenn es um die Feststellung der Rechtswidrigkeit der behördlich angeordneten Maßnahme geht, die sich im Zeitpunkt der richterlichen Entscheidung bereits erledigt hat.

40. In allen Fällen, in denen von der Einholung einer richterlichen Entscheidung abgesehen wurde, weil anzunehmen war, daß die Entscheidung erst nach Wegfall des Grundes der polizeilichen Maßnahmen ergehen würde, ist *von Amts wegen* nachträglich eine richterliche Entscheidung herbeizuführen. Auf die sonst erforderliche persönliche Anhörung des Betroffenen kann verzichtet werden, wenn der Betroffene damit einverstanden ist.

# Literaturverzeichnis

Altenhain, Gustav: Die Rechtsprechung der Strafsenate zum Rechtsschutz gegen Justizverwaltungsakte auf dem Gebiet des Strafrechts, DRiZ 1970, 105 ff.

Alternativkommentar: Kommentar zum Grundgesetz für die Bundesrepublik Deutschland, hrsg. v. Rudolf Wassermann, Neuwied und Darmstadt, 2. Aufl. 1989 (zit.: „Bearbeiter-AK-GG")

Alternativkommentar: Kommentar zur Strafprozeßordnung in drei Bänden, Bd. 2 Teilband 1, hrsg. v. Rudolf Wassermann, Neuwied und Berlin 1992 (zit.: „Bearbeiter-AK-StPO)

Amelung, Knut: Probleme des Rechtsschutzes gegen strafprozessuale Grundrechtseingriffe, NJW 1979, 1687 ff.

–: Rechtsschutz gegen strafprozessuale Grundrechtseingriffe, Berlin 1976 (zit.: „Rechtsschutz")

–: Zur Frage der Vereinbarkeit vollstreckungsrechtlicher Durchsuchungen mit dem Richtervorbehalt des Art. 13 Abs. 2 GG, ZZP 88 (1975), 74 ff.

Anschütz, Gerhard: Die Verfassung des Deutschen Reichs, Kommentar, 14. Aufl., Berlin 1933

Baerensprung, Wolf v.: Die Freiheit der Person nach dem Bonner Grundgesetz, Dissertation, Heidelberg 1953

Baumann, Jürgen: Unterbringungsrecht und systematischer und synoptischer Kommentar zu den Unterbringungsgesetzen der Länder, Tübingen 1966 (zit.: „UnterbringungsR")

Baumann, Jürgen: Die Bedeutung des Artikels 2 GG für die Freiheitsbeschränkungen im Strafprozeß in: Fs f. Eberhard Schmidt, Hrsg. Paul Bockelmann, Göttingen 1961, 520 ff.

Beckstein, Günther: Polizeigewahrsam durch Richterentscheid? Zum Zweiten Änderungsgesetz zum Bayerischen Polizeiaufgabengesetz, ZRP 1989, 287 ff.

Belz, Reiner: Polizeigesetz des Freistaates Sachsen: Textauszug mit Erläuterungen, 2. Aufl., Dresden 1994 (zit.: „SächsPolG")

Belz, Reiner/ Mußmann, Eike: Polizeigesetz für Baden-Württemberg, 5. Aufl., Stuttgart, München, Hannover, Berlin, Weimar, Dresden 1996 (zit.: „BwPolG")

Benda, Ernst: § 17, Der soziale Rechtsstaat, in: Handbuch des Verfassungsrechts der Bundesrepublik Deutschland, hrsg. v. Benda, Ernst/ Maihofer, Werner/ Vogel, Hans-Jochen, 2. Aufl., Berlin 1994, 719 ff. (zit. nach Rdnr.)

Berber, Friedrich: Lehrbuch des Völkerrechts, Bd.1, München 1960
Berg, Günter: Allgemeines Polizei- und Ordnungsrecht für Berlin; Kommentar für Ausbildung und Praxis, 6. Aufl., Bonn 1990 (zit.: „ASOG")
Bergstraesser, Ludwig: Die Verfassung des Deutschen Reichs vom Jahre 1849, Bonn 1913
Berner, Georg / Köhler, Gerd Michael: Polizeiaufgabengesetz (BayPAG), Kommentar, 14. Aufl., München 1995 (zit.: „BayPAG")
Bernet, Peter / Groß, Rolf/ Mende, Wolfgang: Polizeirecht in Hessen, Loseblattsammlung, Wiesbaden, Stand 1997
Beseler, Dora von / Jacobs- Wüstefeld, Martin: Law Dictionary: technical dictionary of the Anglo - American legal terminology including commercial and political terms, Berlin 1986 (zit.: „Law Dictionary")
Bettermann, Karl August / Nipperdey, Hans Carl/ Scheuner, Ulrich (Hrsg.): Die Grundrechte: Handbuch der Theorie und Praxis der Grundrechte, Bd. III, Berlin 1972 (zit.: „Die Grundrechte")
Blankenagel, Alexander: Verlängerung des polizeilichen Unterbindungsgewahrsams in Bayern, DÖV 1989, 689 ff.
Bloy, René: Die Ausgestaltung der Rechtsmittel im deutschen Strafprozeßrecht, JuS 1986, 585 ff.
Böckenförde, Ernst - Wolfgang: Staatsrecht und Staatsrechtslehre im Dritten Reich, Heidelberg 1985
Bohlander, Michael: Grundrechtswidrige Durchsuchungs- und Beschlagnahmebeschlüsse - Probleme bei prozessualer Erledigung -, AnwBl. 1996, 177 ff.
Bonner Kommentar zum Grundgesetz, hrsg. v. Rudolf Dolzer und Klaus Vogel, Bd. 8, Hamburg 1950 ff. (zit.: „Bearbeiter, Bonner Komm".)
Bottke, Wilfried: Rechtsbehelfe der Verteidigung im Ermittlungsverfahren - eine Systematisierung, StV 1986, 120 ff.
Botzenhart, Manfred: Deutsche Verfassungsgeschichte 1906-1949, Stuttgart 1993
Brösamle, Walter: Welcher Richter ist zur Entscheidung über die Zulässigkeit und Fortdauer einer Freiheitsentziehung im Sinne des Art. 104 Abs. 2 GG zuständig?, DÖV 1952, 169 f.
Broszat, Martin: Der Staat Hitlers. Grundlegung und Entwicklung seiner inneren Verfassung, 10. Aufl., München 1983
Brünneck, Wiltraud v.: Die Verfassung des Landes Hessen v. 1.12.1946, JöR N.F., Bd. 3 (1954), 213 ff.
Bucher, Peter : Der Parlamentarische Rat 1948 -1949, Bd. 2 - Der Verfassungskonvent auf Herrenchiemsee, Boppard am Rhein 1981
Bumiller, Ursula/ Winkler, Karl: Freiwillige Gerichtsbarkeit: Gesetz über die Angelegenheiten der freiwilligen Gerichtsbarkeit, FGG, 6. Aufl. München 1995 (zit.: „FGG")

Calker, Walter v.: Das Staatsrecht des Großherzogtums Hessen, in: Das öff. R. d. Gegenwart, Bd. XIX, Berlin 1913

Commentaries on the Law of England, Oxford 1768

Dahm, Georg: Völkerrecht, Bd. 3, Stuttgart 1961

Das Bürgerliche Gesetzbuch: mit besonderer Berücksichtigung der Rechtsprechung der Reichsgerichte und des Bundesgerichtshofs; Kommentar, hrsg. v. den Reichsgerichtsräten und Bundesrichtern, 10./ 11. Aufl., Berlin 1962 (zit.: „RGRK")

Denninger, Erhard: Strafverfahren und Polizeibefugnisse, in: Denninger, Erhard/ Lüderssen, Klaus, Polizei und Strafprozeß im demokratischen Rechtsstaat, Frankfurt/M. 1978, 300 ff.

–: Schriftsatz im Verfahren vor dem Sächsischen Verfassungsgerichtshof zur Prüfung der Verfassungsmäßigkeit von Vorschriften des Sächsischen Polizeigesetzes, in: Paeffgen, Hans-Ullrich/ Schumer, Tom (Hrsg.): Das Sächsische Polizeigesetz vor dem Verfassungsgerichtshof des Freistaates Sachsen: Rechtliche Grenzen moderner Polizeiarbeit, Dresden 1997

Denninger, Erhard/Dürkop, Marlies/ Hoffmann-Riem, Wolfgang/Klug, Ulrich/ Podlech, Adalbert/ Rittstieg, Helmut/ Schneider, Hans-Peter/ Seebode, Manfred: Alternativentwurf einheitlicher Polizeigesetze des Bundes und der Länder, Neuwied und Darmstadt 1979

Dietel, Alfred: Grundrechte, Lübeck 1980

Doemming, Klaus-Berto v.: Art. 104 GG in: Entstehungsgeschichte der Artikel des Grundgesetzes, JöR n.F., Bd. 1 (1951), 745 ff.

Dörr, Dieter: Rechtsschutz gegen vollzogene Durchsuchungen und Beschlagnahmen im Strafermittlungsverfahren, NJW 1984, 2258 ff.

Doucet, Michel / Fleck, Klaus E. W.: Wörterbuch der Rechts- und Wirtschaftssprache, Teil 1, München 1988 (zit.: „Wörterbuch")

Drews, Bill / Wacke, Gerhard / Vogel, Klaus/ Martens, Wolfgang: Gefahrenabwehr: allgemeines Polizeirecht (Ordnungsrecht) des Bundes und der Länder, 9. Aufl., Köln 1986 (zit.: „Gefahrenabwehr")

Dumey, Raymond / Plasa, Wolfgang: Dictionnaire Juridique, Paris 1983

Ebert, Frank /Honnacker, Heinz: Thüringer Gesetz über die Aufgaben und Befugnisse der Polizei: Polizeiaufgabengesetz - PAG; mit Erläuterungen und ergänzenden Vorschriften, Stuttgart, München, Hannover, Berlin 1993 (zit.: „ThürPAG")

Echterhölter, Rudolf: Die Europäische Menschenrechtskonvention in der juristischen Praxis, JZ 1956, 142 ff.

Ekrem Ehrun: La Convention européenne des Droits de l´homme, Thèse, Paris 1953

Emmerich, Ernst: Die Doppelfunktion der Polizei, DVBl. 1958, 338 ff.

Feldmann, Peter v.: Nochmals: Rechtsschutz gegen Strafverfolgungsmaßnahmen der Polizei, VerwArch 62 (1971), 169 ff.
Fezer, Gerhard: Rechtsschutz gegen erledigte strafprozessuale Zwangsmaßnahmen, Jura 1982, 126 ff.
–: Strafprozeßrecht I, 2. Aufl., München 1995
Franz, Otto: Gesetzlicher Richter und richterlicher Eildienst, DRiZ 1965, 157 f.
–: Die kurzfristige Freiheitsentziehung durch die Polizei, NJW 1966, 240 f.
Friauf, Karl Heinrich: Polizei- und Ordnungsrecht, in: von Münch (Hrsg.), Besonderes Verwaltungsrecht, 7. Aufl. Stuttgart 1985
Frowein, Jochen/Peukert, Wolfgang: Europäische MenschenRechtsKonvention, EMRK-Kommentar, Kehl, Straßburg, Arlington, 2. Aufl. 1996 (zit.: „EMRK")
Genzel, Herbert: Zulässigkeit des Rechtswegs gegen Maßnahmen der Staatsanwaltschaft nach § 81 a StPO, NJW 1969, 1562 ff.
George, Joachim: Polizeiliche Großlagen - Probleme der Beweissicherung aus der Sicht der Kriminalpolizei, DPolBl. 1994, 22 ff.
Giese, Friedrich / Schunck, Egon: Grundgesetz für die Bundesrepublik Deutschland v. 23.5.1949, Kommentar, 7. Aufl., Frankfurt 1965 (zit.: „GG")
Göddeke, Dieter: Zur Problematik von Masseningewahrsamnahmen, Die Polizei 1997, 166 ff.
Göhler, Erich: Gesetz über Ordnungswidrigkeiten, 12. Aufl., München 1998
Gössel, Karl Heinz: Strafverfahrensrecht, Stuttgart 1977
Götz, Volkmar: Allgemeines Polizei- und Ordnungsrecht, 12. Aufl., Göttingen 1995 (zit. nach Rz.)
–: Rechtsschutz gegen Maßnahmen der Polizei, JuS 1985, 869 ff.
Grabitz, Eberhard: § 130, Freiheit der Person in: Handbuch des Staatsrechts der BRD, Band VI - Freiheitsrechte-, hrsg. v. Isensee, Josef/Kirchhof, Paul, Heidelberg 1989, 119 ff. (zit. nach Rz.)
Grand Larousse: Encyclopèdique, Bd. 6, Paris 1962
Grunau, Theodor: Untersuchungshaftvollzugsordnung, 2. Aufl., Köln, Berlin, Bonn, München 1972
Guradze, Heinz: Die Europäische Menschenrechtskonvention, Konvention zum Schutz der Menschenrechte und Grundfreiheiten nebst Zusatzprotokollen, Berlin und Frankfurt 1987 (zit.: „EMRK")
Gusy, Christoph: Freiheitsentziehung und Grundgesetz, NJW 1992, 457 ff.
Haffke, Bernhard: Zum Rechtsschutz bei bevorstehender richterlicher Durchsicht beschlagnahmefreier Papiere, NJW 1974, 1983 ff.
Hamann, Andreas / Lenz, Helmut: Das Grundgesetz für die Bundesrepublik Deutschland vom 23. Mai 1949; ein Kommentar für Wissenschaft und Praxis, 3. Aufl., Neuwied und Berlin 1970 (zit.: „GG")

Hansemann, Dieter: Die deutsche Verfassung vom 28.3.1849, 6. Aufl. Berlin 1949

Hansen, Peter: Die polizeiliche Fesselung von Personen am Beispiel der Fesselung zur Beweismittelsicherung im Strafverfahren - Eine polizeibezogene rechtswissenschaftliche Betrachtung, Die Polizei 1990, 137 ff.

Hantel, Peter: Der Begriff der Freiheitsentziehung in Art. 104 II GG, Stuttgart, 1988

–: Das Grundrecht der Freiheit der Person nach Art. 2 II, 104 GG, JuS 1990, 865 ff.

Heidelmeyer, Wolfgang (Hrsg.): Die Menschenrechte: Erklärungen, Verfassungsartikel, internationale Abkommen; mit einer Einführung, 3. Aufl., Paderborn 1992

Heise, Gerd/ Riegel, Reinhard: Musterentwurf eines einheitlichen Polizeigesetzes, 2. Aufl., Stuttgart, München, Hannover 1978 (zit.: „ME PolG")

Heise, Gerd/ Tegtmeyer, Henning: Polizeigesetz Nordrhein-Westfalen: mit Erläuterungen, 7. Aufl., Boorberg 1990 (zit.: „PolGNW")

Herbst, Robert: Dictionary of Commercial, Financial and Legal Terms, Vol. I, Luzern 1958

Herzog, Roman: Der Freiheitsentzug nach dem Polizeiaufgabengesetz im Lichte der Menschenrechtskonvention, BayVBl. 1959, 44 ff.

–: Das Grundrecht auf Freiheit in der MRK, AöR 86 (1961), 194 ff.

Heuer, Konrad: Die Geheime Staatspolizei, Stuttgart 1994

Hilger, Hans: Über den „Richtervorbehalt" im Ermittlungsverfahren, JR 1990, 485 ff.

Hirsch, Burkhard: 14 Tage Polizeigewahrsam? Anmerkung zum Entwurf eines 2. Gesetzes zur Änderung des Bayerischen Polizeiaufgabengesetzes, ZRP 1989, 81 ff.

Hoffmann, Reinhard: Polizeiliche „Schutzhaft" und Grundrechte, DVBl. 1970, 473 ff.

Huber, Ernst- Rudolf: Deutsche Verfassungsgeschichte, Bd. I - Reform und Restauration 1789 - 1830, 2. Aufl., Stuttgart, Berlin, Köln, Mainz 1990

–: Deutsche Verfassungsgeschichte, Bd. II - Der Kampf um Einheit und Freiheit 1830 - 1850, 3. Aufl., Stuttgart, Berlin, Köln, Mainz 1988

–: Deutsche Verfassungsgeschichte, Bd. III - Bismarck und das Reich, 3. Aufl., Stuttgart, Berlin, Köln, Mainz 1988

–: Deutsche Verfassungsgeschichte, Bd. VI - Die Weimarer Reichsverfassung, Stuttgart, Berlin, Köln, Mainz 1981

–: Deutsche Verfassungsgeschichte, Bd. VII - Ausbau, Schutz und Untergang der Weimarer Republik, Stuttgart, Berlin, Köln, Mainz 1984

Ingelton, Roy (Hrsg.): Elsevier´s Dictionary of Police and Criminal Law, Amsterdam, London, New York, Tokyo 1992
Jacobs, Francis G.: The European Convention on Human Rights, Oxford 1975
Jahn, Ralf: Das zweite Gesetz zur Änderung des bayerischen Polizeiaufgabengesetzes - Verfassungskonforme Polizeigesetzgebung? -, DVBl. 1989, 1038 ff.
Jarass, Hans D. / Pieroth, Bodo: Grundgesetz für die Bundesrepublik Deutschland: Kommentar, 4. Aufl., München 1997 (zit.: „GG")
Jellinek, Walter: Die Verfassung des Landes Hessen, DRZ 1947, 2 ff.
Jentsch, Volker / Würthwein, Reinhard, Kurdendemonstration in Mannheim, DPolBl. 1994, 26 ff.
Jescheck, Hans Heinrich: Die europäische Konvention zum Schutz der Menschenrechte und Grundfreiheiten, NJW 1954, 783 ff.
Kaiser, Eberhard: Zwangsmaßnahmen der Polizei gem. § 81 a StPO, NJW 1964, 581 f.
Karlsruher Kommentar: Strafprozeßordnung und Gerichtsverfassungsgesetz mit Einführungsgesetz, hrsg. v. Gerd Pfeiffer, 3. Aufl., München 1993 (zit.: Karlsruher Komm.)
Kaufmann, Erich: Der polizeiliche Eingriff in Freiheiten und Rechte, Frankfurt/M. 1951
Kimminich, Otto: Deutsche Verfassungsgeschichte, 2. Aufl., Baden-Baden 1987
Kleinknecht, Theodor: Die Anwendung unmittelbaren Zwangs bei der Blutentnahme nach § 81 a StPO, NJW 1964, 2181 ff.
Kleinknecht, Theodor/Meyer, Karlheinz: Strafprozeßordnung: Gerichtsverfassungsgesetz, Nebengesetze und ergänzende Bestimmungen, fortgeführt von Lutz Meyer-Gossner, 43. Aufl., München 1997 (zit.: „StPO")
Knemeyer, Franz-Ludwig: Polizeigewahrsam und Richterentscheid - Zur Neufassung der gesetzlichen Regelung in Bayern, NVwZ 1990, 138 ff.
–: Polizei- und Ordnungsrecht: Lehr- und Arbeitsbuch mit Anleitung für die Klausur. Systematik des Polizeirechts, 7. Aufl., München 1998
Kolmer, Johannes: Identitätsfeststellung, Vorläufige Festnahme, Gewahrsam - Anwendung in der polizeilichen Praxis unter besonderer Beachtung der Förmlichkeiten, Die Polizei 1996, 76 ff.
Kopp, Ferdinand Otto.: Verwaltungsgerichtsordnung, 10. Aufl., München 1994 (zit.: „VwGO")
Koschwitz, Jürgen: Die kurzfristige polizeiliche Freiheitsentziehung: Freiheitsentziehung durch die Vollzugspolizei der Länder und des Bundesgrenzschutzes unter besonderer Berücksichtigung des Art. 5 der Menschenrechtskonvention, Berlin 1969 (zit.: „Die kurzfristige Freiheitsentziehung")
Kracht, Ernst: Die Bedeutung des Art. 104 GG in der öffentlichen Fürsorge, DVBl. 1950, 517 ff.

Krauss, Rupprecht v.: Der Grundsatz der Verhältnismäßigkeit in seiner Bedeutung für die Notwendigkeit des Mittels im Verwaltungsrecht, Hamburg 1955 (zit.: „Der Grundsatz der Verhältnismäßigkeit“)

Krey, Volker: Strafverfahrensrecht: Studienbuch, Bd 1, 2. Aufl., Stuttgart 1990

Kühne, Joachim - Dieter: Die Reichsverfassung der Paulskirche, Frankfurt 1985

Kuhlenkampff, Engelbert/Coenen, Helmut: Die Landesverfassung der Freien Hansestadt Bremen v. 21.10.1947, Berlin 1950

Lampe, Joachim: Grenzen des Festhalterechts gegenüber vorgeführten Beschuldigten und Zeugen im Ermittlungsverfahren, MDR 1974, 536 ff.

Lang-Hinrichsen, Dietrich: Zur Tragweite der Bestimmung des Art. 104 Abs. 2 des Grundgesetzes, nach welcher über die Zulässigkeit und Fortdauer der Freiheitsentziehung nur der Richter zu entscheiden hat, JR 1959, 321 ff.

Leusser, Claus: Die Verfassung des Freistaates Bayern v. 2.12.1946, JöR N.F., Bd. 3, 1954, 149 ff.

Lisken, Hans: Freiheitsentziehungsfristen im Polizeirecht, ZRP 1996, 332 ff.

–: Polizeiliche Freiheitsentziehung in der Praxis, Polizei-heute 1995, 126 ff.

–: Grundgesetz und neues Polizeirecht, Gedanken zu den Grenzen der Regelungsmacht, ZRP 1980, 145 ff.

–: Richtervorbehalt bei Freiheitsentziehung, NJW 1982, 1268 f.

Lisken, Hans/Denninger, Erhard: Handbuch des Polizeirechts, 2. Aufl. 1996 (zit.: „Bearbeiter in: HdbdPolR“)

Lisken, Hans/Mokros, Reinhard: Richter- und Behördenleitervorbehalte im neuen Polizeirecht, NVwZ 1991, 609 ff.

Löwe-Rosenberg: Die Strafprozeßordnung und das Gerichtsverfassungsgesetz, Großkommentar, Hrsg. von Peter Riess, 24. Aufl., Berlin 1988 - 1997 (zit.: „StPO“)

Lympius, Walter: Die Verfassung und Verwaltung in Preußen und im Deutschen Reich, Berlin 1925

Mandelartz, Herbert/ Sauer, Helmut/Strube, Bernhard: Polizeigesetz Saarland: Text und Kommentar, Lübeck 1990 (zit.: „SaarlPolG“)

Mangoldt, Hermann v.: Das Bonner Grundgesetz, Kommentar, Berlin 1950

Markworth, Volker: Rechtsschutz gegen eigenverantwortliche Strafverfolgungsmaßnahmen der Polizei, DVBl. 1975, 575 ff.

Martens, Wolfgang: Wandlungen im Recht der Gefahrenabwehr, DÖV 1982, 89 ff.

Maunz, Theodor/ Dürig, Günter: Grundgesetz, Kommentar, Bd. 4, München, Stand: 1998

Mayer, Paul Claus: Die Verfassungen Europas, 2. Aufl., Baden-Baden 1975

Meixner, Kurt: Hessisches Gesetz über die öffentliche Sicherheit und Ordnung (HSOG) und Gesetz über die Anwendung unmittelbaren Zwangs bei Aus-

übung öffentlicher Gewalt (ZZwG), 7. Aufl., Stuttgart, München, Hannover, Berlin, Weimar, Dresden 1995 (zit.: „HSOG“)
Meixner, Kurt / Martell, Jörg-Michael: Gesetz über die öffentliche Sicherheit und Ordnung des Landes Sachsen-Anhalt (SOG LSA): mit Erläuterungen und ergänzenden Vorschriften, 2. Aufl., Stuttgart, München, Hannover, Berlin, Weimar, Dresden, 1996 (zit.: „SOG LSA)
Michalka, Wilhelm (Hrsg.): Die nationalsozialistische Machtergreifung, Frankfurt 1984
Möller, Manfred / Wilhelm, Jürgen: Allgemeines Polizei- und Ordnungsrecht: Mit Verwaltungszwang und Rechtsschutz, 4. Aufl., Köln 1995
Moritz, Karl-Heinz: Vereinbarkeit des Vorführrechts der Staatsanwaltschaft mit Art. 104 GG?, NJW 1977, 796 ff.
Morvay, Werner: Rechtsprechung nationaler Gerichte zur Europäischen Konvention zum Schutz der Menschenrechte und Grundfreiheiten zum 4. Nov. 1950 (MRK) nebst Zusatzprotokollen vom 20. März 1952, ZaöRV 21 (1961), 89 ff.
Müller, Hermann/ Sax, Walter (Hrsg.): Kommentar zur Strafprozessordnung und zum Gerichtsverfassungs- u. Ordnungswidrigkeitengesetz, 6. Aufl., Darmstadt 1966 (zit.: „StPO“)
Münch, Ingo v.: Grundgesetzkommentar, Bd. 3, hrsg. v. Philip Kunig, 3. Aufl., München 1996 (zit.: „Bearbeiter in: v. Münch, GG“)
Nawiasky, Reinhard/Leusser, Claus: Die Verfassung des Freistaates Bayern, Kommentar, München und Berlin 1946
Nelles, Ursula: Strafprozessuale Eingriffe in das Hausrecht von Angehörigen, StV 1991, 488 ff.
Ostendorf, Heribert: Strafverteidigung im „Dritten Reich“, StV 1983, 120 ff.
Paeffgen, Hans-Ullrich: Polizeirecht und Grundgesetz, Anmerkung zum Urteil des Sächsischen Verfassungsgerichtshofes vom 14.5.1996, Neue Justiz 1996, 454 ff.
Palandt, Otto (Begr.): Bürgerliches Gesetzbuch, Kommentar, 56. Aufl., München 1997 (zit.: „ Bearbeiter in: Palandt, BGB“)
Parlamentarischer Rat, Bonn 1948/49: Schriftlicher Bericht zum Entwurf des Grundgesetzes für die Bundesrepublik Deutschland, Bonn 1949
Partsch, Karl Josef: Die Rechte und Freiheiten der europäischen Menschenrechtskonvention, Berlin 1966
Pieroth, Bodo/ Schlink, Bernhard: Staatsrecht II: Grundrechte, 13. Aufl., Heidelberg 1997
Reiff, Hermann/ Wöhrle, Günter/ Wolf, Heinz: Polizeigesetz für Baden-Württemberg: Kommentar, 4. Aufl., Stuttgart 1995 (zit.: „BWPolG“)
Riedel, Eibe H.: Die Habeas-Corpus-Akte, EuGRZ 1980, 192 ff.
–: Kontrolle der Verwaltung im englischen Rechtssystem, Heidelberg 1976

Rieß, Peter: Neuordnung des Rechtsschutzes gegen strafprozessuale Zwangsmaßnahmen, ZRP 1981, 101 ff.
Rieß, Peter / Thym, Jörg: Rechtsschutz gegen strafprozessuale Zwangsmaßnahmen, GA 1981, 189 ff.
Roos, Jürgen: Polizei- und Ordnungsbehördengesetz Rheinland-Pfalz: POG/ erl. von Jürgen Roos, Stuttgart, München, Hannover, Berlin, Weimar, Dresden 1995 (zit: „RhPfPOG")
Roxin, Claus: Strafverfahrensrecht: Ein Studienbuch, 24. Aufl., München 1995
–: Zur richterlichen Kontrolle von Durchsuchungen und Beschlagnahmen, StV 1997, 654 ff.
Rupprecht, Reinhard (Hrsg.): Polizei Lexikon, Heidelberg 1986
Saage, Erwin: Der Anwendungsbereich des Bundesgesetzes über das gerichtliche Verfahren bei Freiheitsentziehungen, JR 1956, 282 ff.
Saage, Erwin/ Göppinger, Horst: Freiheitsentziehung und Unterbringung - Materielles Recht und Verfahrensrecht -, Kurzkommentar, 3. Aufl., München 1994 (zit.: „FEntzG")
Sachs, Michael: Die Gesetzesvorbehalte der Grundrechte des Grundgesetzes, JuS 1995, 693 ff.
Samper, Rudolf / Honacker, Heinz: Polizeiorganisationsgesetz: POG: Gesetz über die Organisation der Bayerischen Staatlichen Polizei, 5. Aufl., Stuttgart 1994 (zit.: „BayPAG")
Schätzel, Erwin: Die neue rheinisch-pfälzische Verfassung, DRZ 1947, 245 ff.
Schenke, Wolf-Rüdiger: Rechtsschutz bei strafprozessualen Eingriffen von Staatsanwaltschaft und Polizei, NJW 1976, 1816 ff.
–: Rechtsschutz gegen Strafverfolgungsmaßnahmen der Polizei, VerwArch 60 (1969), 332 ff.
Schipper, Dieter / Bock, Klaus / Kobza, Jürgen / Kripgans, Hans / Schneider, Jürgen: Polizei- und Ordnungsrecht in Schleswig Holstein unter Berücksichtigung des allgemeinen Verwaltungsrechts und des Vollzugsrechts, 3. Aufl., Stuttgart 1994 (zit.: „Polizeirecht in Schleswig-Holstein")
Schlüchter, Ellen: Das Strafverfahren, 2. Aufl., Köln, Berlin, Bonn, München 1983
Schmidt, Eberhard: Der Vorführungsbefehl des Ermittlungsrichters - Androhung und Vollzug, JZ 1968, 354 ff.
Schmidt, Eberhard: Lehrkommentar zur Strafprozeßordnung und zum Gerichtsverfassungsgesetz, Göttingen 1962
–: Zur Lehre von den strafprozessualen Zwangsmaßnahmen, NJW 1962, 664 ff.
Schmidt-Bleibtreu, Bruno / Klein, Franz: Kommentar zum Grundgesetz, 8. Aufl., Neuwied, Kriftel, Berlin 1995 (zit.: „GG")

Schmitt-Glaeser, Walter: Zweites Gesetz zur Änderung des Polizeiaufgabengesetzes, Gesetzesentwurf der Staatsregierung (BayLT-Drs. 11/9078 vom 6.8.1988, BayVBl. 1989, 129 ff.

Schnarr, Karl Heinz: Zur Verknüpfung von Richtervorbehalt, staatsanwaltschaftlicher Eilanordnung und richterlicher Bestätigung, NStZ 1991, 209 ff.

Schnickmann, Ulrike: Das Vorführungsrecht der Staatsanwaltschaft und seine Vereinbarkeit mit Art. 104 GG, MDR 1979, 363 ff.

Schönke, Adolf/ Schröder, Horst: Strafgesetzbuch: Kommentar, 25. Aufl., München 1997 (zit.: „StGB“)

Scholler, Heinrich/ Schloer, Bernhard: Grundzüge des Polizei- und Ordnungsrechts in der BRD, 4. Aufl., Heidelberg 1993

Schorn, Hubert: Die Europäische Konvention zum Schutz der Menschenrechte und Grundfreiheiten und ihr Zusatzprotokoll in Einwirkung auf das deutsche Recht, Frankfurt 1965 (zit: „ Die EMRK zum Schutz der Menschenrechte und Grundfreiheiten“)

Schramm, Theodor: Staatsrechtliche Klausuren und Hausarbeiten, Bd. II, 3. Aufl., Köln 1980 (zit.: „Staatsrecht“)

Schultes, Karl: Die süddeutschen Länderverfassungen, Berlin 1948

Schulz, Gerhard: Stufen der Machtergreifung, in: Bracher/Sauer/Schulz, Die nationalsozialistische Machtergreifung, 2. Aufl., Köln und Opladen 1962

Schulze, Martin: Die polizeiliche Generalklausel, Dissertation, Erlangen-Nürnberg 1975

Schwabe, Jürgen: Bundesverfassungsgericht und „Drittwirkung“ der Grundrechte, AöR 100 (1975), 442 ff.

Schwan, Eggert: Identitätsfeststellung, Sistierung und Razzia, AöR 102 (1977), 243 ff.

Seidl-Hohenveldern, Ignaz: Völkerrecht, 9. Aufl., Köln 1997

Seifert, Karl-Heinz / Hömig, Dieter (Hrsg.): Grundgesetz für die BRD: Taschenkommentar, 5. Aufl., Baden-Baden 1995 (zit.: „GG“)

Sigrist, Hans: Kurzfristige polizeiliche Freiheitsentziehung und polizeiliche Vorladung, Die Polizei 1978, 65 f.

Soergel, Hans-Theodor (Begr.): Bürgerliches Gesetzbuch mit Einführungsgesetz und Nebengesetzen, Bd. 1, 12. Aufl., Stuttgart, Berlin, Köln, Mainz 1988 (zit: „Bearbeiter in: Soergel, BGB“)

Spohr, Werner: Das Recht der Schutzhaft, in: Deutsche Justiz 96 (1934)

Staff, Ilse: Justiz im Dritten Reich: Eine Dokumentation, Frankfurt/M. 1978

Staudinger, Julius v. (Begr.): Kommentar zum Bürgerlichen Gesetzbuch: mit Einführungsgesetz und Nebengesetzen, 1. Buch, Allgemeiner Teil, 12. Aufl., Köln 1980

Stein, Ekkehart: Staatsrecht, 15. Aufl., Tübingen 1995

Stern, Klaus: Das Staatsrecht der Bundesrepublik Deutschland, Bd I, 2. Aufl., München 1984 (zit.: „Staatsrecht I“)

Stober, Rolf: Quellen zur Entstehungsgeschichte der Sächsischen Verfassung, Dokumentation, 1. Aufl., Dresden 1993

Terhorst, Karl-Leo: Polizeiliche planmäßige Überwachung und polizeiliche Vorbeugehaft im Dritten Reich, Ein Beitrag zur Rechtsgeschichte vorbeugender Verbrechensbekämpfung, Heidelberg 1985

Thompson, Faith: Magna Charta. Its Role In The Making Of The English Constitution 1300-1629, University of Minnesota Press, Minneapolis, 1950

Thoma, Richard: Badische Gesetze staats- und verwaltungsrechtlichen Inhalts, Berlin 1926

–: Die juristische Bedeutung der grundrechtlichen Sätze der deutschen Reichsverfassung im allgemeinen, in: H.C. Nipperdey (Hrsg.), Die Grundrechte und Grundpflichten der Reichsverfassung, Bd.1, 1929, 1 ff.

Trechsel, Stefan: Die europäische Menschenrechtskonvention, ihr Schutz der persönlichen Freiheit und die schweizerischen Strafprozessrechte, Bern 1974 (zit: „ Die EMRK“)

United Nations: General Assembly, Official Records third Session (part I), New York 1949

United Nations: Yearbook on Human Rights - 1949, New York 1975

Volkmann, Uwe: Qualifizierte Blankettnormen. Zur Problematik einer legislativen Verweisungstechnik, ZRP 1995, 220 ff.

Wagner, Heinz: Polizeirecht - Kritisch dargestellt am Berliner ASOG, Stuttgart 1982 (zit.: „PolizeiR“)

Wagner, Heinz: Kommentar zum Polizeigesetz von Nordrhein-Westfalen und zum Musterentwurf eines einheitlichen Polizeigesetzes des Bundes und der Länder, Neuwied und Darmstadt 1987 (zit.: „PolG-NW“)

Weber, Helmut v.: Die strafrechtliche Bedeutung der europäischen Menschenrechtskonvention, ZStrW Bd. 65 (1953), 334 ff.

Weber, Werner: Betrachtungen über die neue Verfassung Deutschlands und deren Ausführung, Göttingen 1949

Welp, Jürgen: Die Überwachung des Strafverteidigers, GA 1977, 129 ff.

Wigard, Friedrich: Stenographischer Bericht über die Verhandlungen der deutschen konstituierenden Nationalversammlung zu Frankfurt a.M., Sitzung v. 17.8.1848, Bonn 1949

Willms, Günther: Die deutschen Länderverfassungen, Frankfurter Hefte, August 1946, Heft 5, 14 ff.

Willoweit, Dietmar: Deutsche Verfassungsgeschichte, Vom Frankenreich bis zur Teilung Deutschlands, München 1990

Wolff, Hans J.: Das Verfahren bei Freiheitsentziehungen, DÖV 1951, 313 ff.

Wolff, Hans J./ Bachof, Otto: Verwaltungsrecht: Ein Studienbuch, Bd. 1, Bd. 3, 4. Aufl., München 1978
Zimmermann, Herbert: Zur Abgrenzung der öffentlichrechtlichen Streitverfahren in der freiwilligen Gerichtsbarkeit, Rpfleger 1978, 285 ff.

## FRANKFURTER ÖFFENTLICH-RECHTLICHE STUDIEN

Band 1 Georg-Wulf Linder: Grenzen der Anwendung unmittelbaren Zwanges durch die Vollzugspolizei. Dargestellt an Hand der in Hessen und im Bund geltenden Vorschriften. 1973.

Band 2 Siegfried Stange: Die aufenthaltsrechtliche Stellung der Fremden in der Bundesrepublik Deutschland unter besonderer Berücksichtigung von Ehe und Familie. 1973.

Band 3 Robert Brehm: Benutzungsregelungen gemeindlicher öffentlicher Einrichtungen. Rechtsstellung der Benutzer und ihre öffentlich-rechtliche Regelung. 1975.

Band 4 Wolfgang Schatzschneider: Ermittlungstätigkeit der Ämter für Verfassungschutz und Grundrechte. 1979.

Band 5 Hans-Günther Wartusch: Bestandsschutzerweiterungen für Gewerbebetriebe im unbeplanten Innenbereich. Zur Problematik des § 34 Abs. 3 BauGB. 1991.

Band 6 Uwe Wolf: Spötter vor Gericht. Eine vergleichende Studie zur Behandlung von Satire und Karikatur im Recht der Bundesrepublik, Frankreichs, Englands und der USA. 1996.

Band 7 Birgit Piendl: Die verwaltungsprozessuale Bedeutung des § 113 Abs. 3 VwGO. 1998.

Band 8 Iris Hartlaub: Theorie und Praxis der Freiheitsentziehungen nach Strafverfahrens- und Polizeirecht – im Lichte des Habeas-Corpus-Artikels des Grundgesetzes, Art. 104 GG. 2000.

Band 9 Claus Kellenberger: Der verfassungsrechtliche Schutz des eingerichteten und ausgeübten Gewerbebetriebs. 1999.

Printed by
CPI books GmbH, Leck

FSC
www.fsc.org
MIX
Papier | Fördert
gute Waldnutzung
FSC® C083411

Kolibri 360 GmbH
Ferdinand-Jühlke-Straße 7
99095 Erfurt, Deutschland
produktsicherheit@kolibri360.de